JN134104

保育原理

新 基本保育シリーズ ①

監修
公益財団法人
児童育成協会

編集
天野 珠路
北野 幸子

中央法規

新・基本保育シリーズ
刊行にあたって

　認可保育所を利用したくても利用できない、いわゆる「保育所待機児童」は、依然として社会問題になっています。国は、その解消のために「子育て安心プラン」のなかで、保育の受け皿の拡大について大きく謳っています。まず、2020年度末までに全国の待機児童を解消するため、東京都ほか意欲的な自治体への支援として、2018年度から2019年度末までの2年間で必要な受け皿約22万人分の予算を確保するとしています。さらに、女性就業率80％に対応できる約32万人分の受け皿整備を、2020年度末までに行うこととしています。

　子育て安心プランのなかの「保育人材確保」については、保育補助者を育成し、保育士の業務負担を軽減するための主な取り組みとして、次の内容を掲げています。

・処遇改善を踏まえたキャリアアップの仕組みの構築
・保育補助者から保育士になるための雇上げ支援の拡充
・保育士の子どもの預かり支援の推進
・保育士の業務負担軽減のための支援

　また、保育士には、社会的養護、児童虐待を受けた子どもや障害のある子どもなどへの支援、保護者対応や地域の子育て支援など、ますます多様な役割が求められており、保育士の資質および専門性の向上は喫緊の課題となっています。

　このような状況のなか、2017（平成29）年3月の保育所保育指針、幼稚園教育要領、幼保連携型認定こども園教育・保育要領の改定・改訂、2018（平成30）年4月の新たな保育士養成課程の制定を受け、これまでの『基本保育シリーズ』を全面的に刷新し、『新・基本保育シリーズ』として刊行することになりました。

　本シリーズは、2018（平成30）年4月に新たに制定された保育士養成課程の教科目の教授内容等に準拠し、保育士や幼稚園教諭など保育者に必要な基礎知識の習得を基本に、学生が理解しやすく、自ら考えることにも重点をおいたテキストです。さらに、養成校での講義を想定した目次構成になっており、使いやすさにも配慮しました。

　本シリーズが、保育者養成の現場で、保育者をめざす学生に広く活用されることをこころから願っております。

　　　　　　　　　　　　　　　　　　　　　　　　　公益財団法人　児童育成協会

はじめに

　保育者の仕事は、もっとも魅力的な仕事の1つであると考える。次世代育成の根幹(こんかん)を担う、未来につながる、希望ある仕事である。いのちを守る責任ある仕事であり、こころのいのちを育む尊(とうと)い仕事である。保育者は、子どもと笑顔を分かち合い、子どもの育ちをともに喜ぶ。子どもとふれ合い、人の尊さを互いに知る。保育者は子どもの育ちを支え、うながしながら、自らも日々子どもとともに育つ。

　少子高齢社会の到来に加え、子どもが育つ家庭や地域の環境が急激に変化し、かつ、多様化している今日、保育への期待は社会的にもますます高まっている。

　保育を考える場合、就労家庭を支援する意味のみならず、乳幼児期の保育は子どもの最善の利益の確保をめざし、権利保障の観点、格差是正の観点をもつことも重要である。

　保護者の就労形態や考え方、家庭の経済状況、クラスの違いや地域の違いによらず、すべての子どもの権利保障として、最低基準をクリアした保育が提供されるべきである。そしてそれは、日本のすべての子どもたちに保障されるべきである。

　保育の質の確保には、その体制の整備状況や実践、保育者が大切な鍵(かぎ)を握る。特に大きな鍵を握るのは保育者である。保育者は、常にその専門性の向上を図ることが期待されている。そのための法規定を整備し、個々の保育者が研鑽(けんさん)を積むことができる環境を整備し、実際に研鑽を積むことができるようにすることが期待される。

　本書は、以上をふまえて、保育者をめざす方にとって第一歩となる「保育とは何か」を学ぶために必要な基礎的事項を、わかりやすく提示している。

　まず、前提事項として、保育の理念や役割、制度、実践を概説している。これらをしっかりと理解してほしいと願っている。保育所保育指針をしっかりふまえることが、保育者の第一歩であるとも思われる。自らの仕事がどのように位置づけられ、何が期待されているのか。その実践はどのようなものなのかについての基礎をじっくりと学んでほしい。

　次に、実践の基盤づくりとして、保育の特性をしっかり学び、保育の目標、方法、計画とその評価について学んでほしい。小学校以降の教育とは異なり、子どもの発達に適した、子どもの主体性を尊重(そんちょう)し環境を通して行われる保育とは何かを理解してほしい。小学校では、授業時間と休憩時間に区分され、授業ではそこでの目的を意識し、同じ時間に、同じ内容を、同じ方法で、同じ教材（教科書等）を活

用して学ぶ。一方で、保育では授業とはいわない。一人ひとりの子ども自らの興味関心、好奇心、探求心を基軸とした、体験中心の保育を通じて子どもたちは無自覚に学んでいく。このような保育の特徴を学ぶことが、保育実践の礎になると考える。

　さらには、発展的な視点をもつことにつながる学びを期待している。国内外の保育の実際を知り、より広い視野で保育の機能と、その意義や課題を考えてほしい。国内外の保育を知ることは、明日の保育の課題の解決に即、直接役立つものではないかもしれない。しかし、より長い目でみれば、保育の実践に多大に寄与するものである。子どもと自分、クラスや自園といった身近な狭い世界にとどまっていては越えられない壁を感じたり、日常の保育で行き詰った時に、より広い視野で俯瞰的に見たり考えたりすることが、問題解決の糸口になることがあると思われる。

　この新・基本保育シリーズでは、2018年4月施行の保育所保育指針および2019年4月施行の「指定保育士養成施設の指定及び運営の基準について」をふまえ、同養成課程の内容に則って構成されている。特に、養護の大切さの確認、乳児（0歳児）と1、2歳児の保育に関する記載の充実、3歳以上児の幼児教育の園種を越えた共通化ならびに小学校との接続をはじめ、育みたい資質・能力の明示による次世代育成の一貫性について、内容を一新した。また、保育所に求められる子育て支援についての内容も含んでいる。

　保育は楽しく、やりがいがあり、喜びに満ちた仕事の側面がある一方で、大変責任のある、厳しい、難しい仕事でもある。保育の原理をしっかり学ぶことが、その厳しさ、難しさを乗り越え、より深い楽しみや、やりがい、喜び、大きな自己実現につながると考える。本書が一人でも多くの方の保育の原理の学びを支えることができればと、こころから願っている。

2018年12月

天野珠路・北野幸子

本書の特徴

- 3Stepによる内容構成で、基礎から学べる。
- 国が定める養成課程に準拠した学習内容。
- 各講は見開きで、見やすく、わかりやすい構成。

Step1

基本的な学習内容

保育者として必ず押さえておきたい
基本的な事項や特に重要な内容を学ぶ

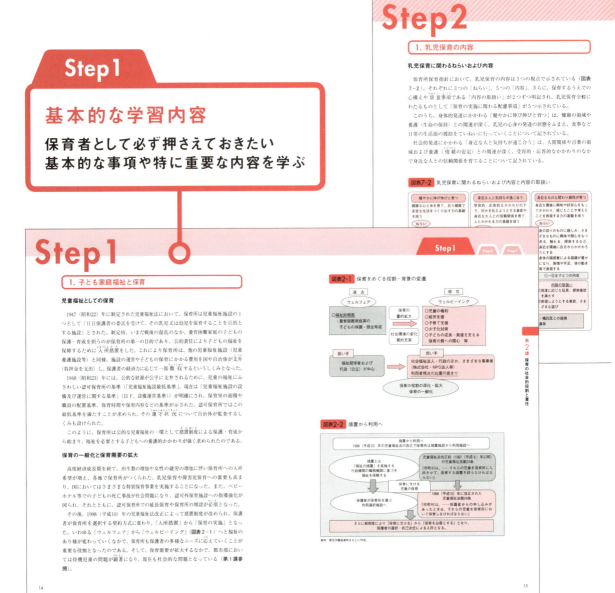

Step3

1. 障害のある子どもの理解と保育

障害のある子どもの保育は、必要に応じて個別の指導計画を作成するとともに、指導計画のなかにも位置づけ、関連づけることが大切である。そのために、保育者は、障害のある子どもが抱えている課題を理解し、必要な支援を考えるとともに、クラスの子どもと一緒に成長していくための支援を考えることも必要である。

また、障害のある子どもの理解と援助には、家庭との連携が欠かせない。家庭と連携する際は、子どもの抱えている課題の共有だけでなく、得意とすることなども共有し、子ども理解を互いに深めていける関係を築くことが大切である。さらに、園と家庭と専門機関が協力し、よりよい支援体制を整えることも必要である。

障害のある子どもをもつ保護者の最も身近な専門家は保育者である。障害のある子どもの小学校就学に関しても保護者の相談に応じるなど、適切な支援ができる体制を園全体で構築していくと同時に、就学後も専門機関と保護者との連携が継続していけるよう、就学に向けた資料を作成することも重要である。

2. 小学校教育との接続

保育の根幹を示す全体的な計画は、入園から修了までの長期的な計画である。しかし、子どもの育ちは小学校就学後も続いていくものであり、そこに切れ目があってはならない。学びの連続性を意識した計画が必要である。

2017（平成29）年の告示で、保育所保育指針・幼稚園教育要領等に新たに加わった資質・能力の3本の柱は、小学校以降の学びで培われる資質・能力につながる基礎として、乳幼児期の遊びを通して育まれなければならない。また、幼児期の終わりまでに育ってほしい姿も重要である。これらの姿は幼稚園教育要領等にもわかりやすく示しており、随所に幼児期の教育と

「幼児期の終わりまでに育ってほしい姿」は、幼稚園教育要領等に基づく活動を実施し、児童が主体的に自己を発揮しながら学びに向かうことが可能となるようにすること」と記述して明示されている。さらに、「幼児期までに育ってほしい姿との関連を考慮すること」との記載がある。

このように、乳幼児期に培われてきた学びは小学校以降の教育のなかでも発揮されることが期待されており、今後、ますます小学校教育との接続が求められていく。

小学校の入学当初は学びの連続性を意識した「スタート・カリキュラム」を作成し、実践することが求められている。スタート・カリキュラムの編成に関しては、小学校学習指導要領解説「生活編」で、「幼稚園・認定こども園・保育所への訪問や教職員との意見交換、指導要録を活用するなど、幼児期の学びや育ちの様子や指導の在り方を把握することが重要である」とされている。

幼児期の教育は決して小学校教育を前倒しすることではなく、保育者は、幼児期の教育のあり方について小学校教員に伝え、子どもの育ちを一緒に考えていくことが重要である。

3. PDCAサイクルの方法

次の日の保育をよりよいものにしていくために、保育を振り返ることが保育者にとって欠かせない専門性の1つである。この保育を振り返る際に活用できるのが、PDCAサイクルである。

保育では、子どもが主体的に遊びを展開するための環境を整えることが重要である。そのためにまず、子どもの実態を把握し、必要なねらいを立て、ねらいを実現するための遊びの内容を計画する（Plan）。また、計画した内容にそって子どもが望ましい体験ができるよう、保育者の援助についても計画を行う。これらの計画に基づき、保育を実践し（Do）、実践後には、子どもの活動時の姿や保育者の援助の方法について振り返り（Check）、保育内容について省察を行う（Act）。この省察の際には、活動時の子どもの姿についてていねいに振り返ることも重要だが、保育者自身の子どもへのかかわり方と、その時に示した子どもの姿を併せて振り返ることが大事である。最後に、振り返りの内容を反映させた新たな計画を作成し、次の保育につなげていくことへとつながる。

単に計画を立て、実践をすることだけでは保育は成り立たず、子どもの成長のみならず保育者自身の成長も見込めない。保育の振り返りをもとに、次の計画を立てることにより充実した計画することができ、子どもの望ましい成長と保育者自身の成長につながるのである。

Step3 発展的な学習内容
近年の動向、関連領域の知識など、発展的な内容を学ぶ

Step2 基本を深めた学習内容
Step1をふまえ、より詳しい内容、多様化する保育者の役割、児童福祉や教育との関連などを学ぶ

保育士養成課程──本書の目次
対応表

　指定保育士養成施設の修業教科目については国で定められており、養成課程を構成する教科目については、通知「指定保育士養成施設の指定及び運営の基準について」（平成15年雇児発第1209001号）において、その教授内容が示されている。

　本書は保育士養成課程における「教科目の教授内容」に準拠しつつ、授業で使いやすいよう全15講に目次を再構成している。

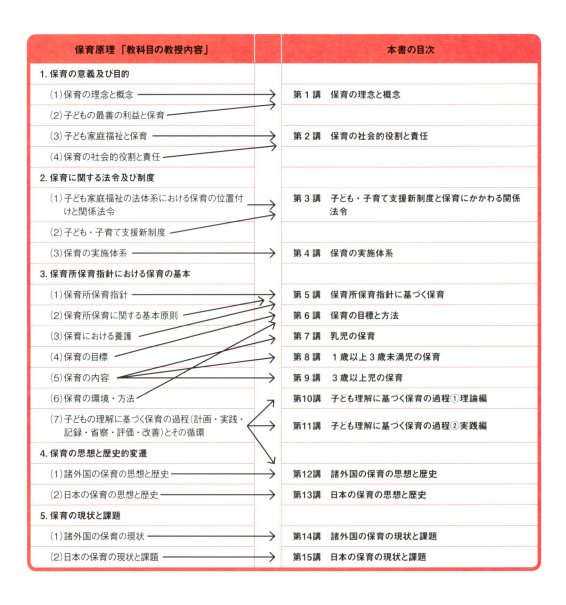

CONTENTS

新・基本保育シリーズ　刊行にあたって
はじめに
本書の特徴
保育士養成課程——本書の目次　対応表

第1講　保育の理念と概念

Step1
1. 育つこと・育てること ……… 2
2. 保育の理念 ……… 3
3. 保育の概念 ……… 6

Step2　保育と教育 ……… 8

Step3　保育の倫理と保育マインド ……… 10

COLUMN「共に育ち、共に生きるために」 ……… 12

第2講　保育の社会的役割と責任

Step1
1. 子ども家庭福祉と保育 ……… 14
2. 公的施設としての社会的責任 ……… 18

Step2
1. 子どもの虐待防止と保育 ……… 20
2. 子どもの権利擁護と地域子育て支援 ……… 22

Step3　保育所等の安全・防災対策 ……… 24

COLUMN　自然災害と保育 ……… 26

第3講　子ども・子育て支援新制度と保育にかかわる関係法令

Step1　子ども・子育て支援新制度について ……… 28

Step2
1. 施設型保育 ……… 30
2. 地域型保育 ……… 31
3. 地域子ども・子育て支援事業 ……… 33

Step3　社会的養護と保育 ……… 36

COLUMN　保育士の確保策 ……… 38

第4講　保育の実施体系

- **Step1**　保育施設の設置および運営の基準 ……………………………………… 40
- **Step2**　1. 支給認定 ……………………………………………………………… 44
　　　　　2. 保育の必要性の認定 …………………………………………………… 45
　　　　　3. 利用手続きのプロセス ………………………………………………… 46
- **Step3**　1. 子どものための教育・保育給付のしくみ …………………………… 48
　　　　　2. 新制度がよりよいものになるように ………………………………… 49
- **COLUMN**　待機児童と保活問題 ……………………………………………………… 50

第5講　保育所保育指針に基づく保育

- **Step1**　1. 保育所保育指針とは何か ……………………………………………… 52
　　　　　2. 改定保育指針の内容 …………………………………………………… 53
　　　　　3. 保育指針に基づく保育の展開 ………………………………………… 59
- **Step2**　保育所保育指針と幼稚園教育要領 ……………………………………… 62
- **Step3**　幼保連携型認定こども園教育・保育要領 ……………………………… 64
- **COLUMN**　保育所保育指針の周知と学び合い ……………………………………… 66

第6講　保育の目標と方法

- **Step1**　1. 保育所保育指針にみる保育の目標 …………………………………… 68
　　　　　2. 保育指針にみる保育の方法 …………………………………………… 69
　　　　　3. 環境を通した保育 ……………………………………………………… 70
- **Step2**　1. 生活と遊びを通した総合的な保育 …………………………………… 72
　　　　　2. 主体的に没頭して遊ぶとは …………………………………………… 73
　　　　　3. 個と集団 ………………………………………………………………… 74
- **Step3**　1. 生活のなかでの学び …………………………………………………… 76
　　　　　2. 学びの連続性 …………………………………………………………… 77
　　　　　3. 保幼小の接続 …………………………………………………………… 77
- **COLUMN**　保育所保育指針、幼保連携型認定こども園教育・保育要領、幼稚園教育要領にみる「保育の目標と方法」 ……………………………………… 78

第7講　乳児の保育

Step 1
1. 乳児保育の基本 ……………………………………………………… 80
2. 乳児期の発達をふまえて …………………………………………… 81

Step 2
1. 乳児保育の内容 ……………………………………………………… 82
2. 乳児保育の計画および評価 ………………………………………… 85

Step 3
1. 乳児保育の配慮事項 ………………………………………………… 86
2. 乳児保育と保護者支援 ……………………………………………… 87
3. 地域子育て支援と乳児保育 ………………………………………… 89

COLUMN 乳児の環境としての「わらべうた」 ……………………………… 90

第8講　1歳以上3歳未満児の保育

Step 1
1. 1歳以上3歳未満児の保育の基本 …………………………………… 92
2. 1歳以上3歳未満児の保育の内容 …………………………………… 93

Step 2
1. 1歳以上3歳未満児の保育の実施にかかわる配慮事項 …………… 96
2. 1、2歳児の遊び ……………………………………………………… 97

Step 3
1. 1歳以上3歳未満児の生活 ………………………………………… 100
2. 1、2歳児の事故防止と安全対策 ………………………………… 101

COLUMN 「内容の取扱い」とは何か？ ………………………………………… 102

第9講　3歳以上児の保育

Step 1
1. 3歳以上児の保育の基礎 …………………………………………… 104
2. 乳幼児期において育みたい資質・能力 …………………………… 105
3. 幼児期の終わりまでに育ってほしい姿 …………………………… 106
4. 3歳以上児の保育5領域のねらいおよび内容、内容の取扱い …… 107

Step 2
1. 個々の子どもの実際と背景 ………………………………………… 110
2. 小学校との連携、接続 ……………………………………………… 111
3. 家庭および地域社会との連携 ……………………………………… 111

Step 3
1. 幼児期の終わりまでに育ってほしい姿を活用した保育の可視化と発信 … 112
2. アクティブ・ラーニングの促進 …………………………………… 112

COLUMN 神戸大学附属幼稚園の10視点カリキュラム ……… 114

第10講　子ども理解に基づく保育の過程①理論編

Step1
1. 子ども理解の視点 ……… 116
2. 子ども理解に基づく保育の計画 ……… 117
3. 保育の計画の種類 ……… 118

Step2
1. 子ども理解と「ねらい」の設定 ……… 122
2. 保育の環境構成と再構成、援助の工夫 ……… 122

Step3
1. 保育実践における省察と評価 ……… 124
2. カリキュラム・マネジメント ……… 125

COLUMN 公開保育 ……… 126

第11講　子ども理解に基づく保育の過程②実践編

Step1
1. 子ども理解の方法 ……… 128
2. 子どもの個人記録の方法 ……… 128
3. 保育実践を記録する方法 ……… 129
4. 保育実践記録の活用方法 ……… 130

Step2
1. 教育課程・全体的な計画の方法 ……… 132
2. 長期指導計画と短期指導計画の作成について ……… 132
3. 発達をふまえた保育計画の作成 ……… 134

Step3
1. 障害のある子どもの理解と保育 ……… 136
2. 小学校教育との接続 ……… 136
3. PDCAサイクルの方法 ……… 137

COLUMN 環境を構成する ……… 138

第12講　諸外国の保育の思想と歴史

Step1
1. 近代以前の保育と保育思想 ……… 140
2. 近代市民社会への転換期における保育思想 ……… 142

Step2
1. 国民教育制度の発展と保育 ……… 144
2. 児童中心主義の思想の広がり ……… 146

Step3	1. 保育の思想家たちの共通点	148
	2. 心理学研究・脳科学研究の発展による保育への影響	148
	3. 保育思想を学ぶ必要性	149

COLUMN ロックの教育思想 — 150

第13講　日本の保育の思想と歴史

Step1	1. 近代までの日本の保育の思想と歴史	152
	2. 江戸時代の施設教育の発展	153
	3. 保育施設の構想	155
Step2	日本の近代的な保育制度と施設保育のはじまり	156
Step3	1. 日本の新教育運動（大正自由主義教育運動）	158
	2. 東京女子高等師範学校における保育改革	158
	3. 及川平治と「分団式動的教育法」	160

COLUMN 及川平治と日本の新教育運動 — 162

第14講　諸外国の保育の現状と課題

Step1	1. 世界の保育の制度	164
	2. 保育の機能：子どもの福祉	164
	3. 保育の社会経済的な効果への注目	165
	4. 女性の就労と子育て支援	165
Step2	世界の保育	166
Step3	1. 保育の提供と量的拡大	172
	2. 保育の質の維持と向上	172

COLUMN 保育の実践の質の評価――世界の事例 — 174

第15講　日本の保育の現状と課題

Step1	1. 子育てにかかわる現状と課題――待機児童問題	176
	2. 子育てにかかわる現状と課題――少子社会問題	176
	3. 近年の少子社会および待機児童対策	177

Step2 　1. 子ども・子育て支援新制度のこれから──子ども・子育て支援新制度の特徴 …… 180
　　　　　2. 家庭教育環境の現状と課題 …………………………………………………… 181

Step3 　1. 地域でともに子どもを育てる──子育ての私事性と公共性の融合をめざして …… 184
　　　　　2. すべての子どもの教育・保育保障──一元化をめざして ………………… 184

COLUMN 保育士のキャリアアップと研修 ……………………………………………… 186

参考資料

　　　　　保育所保育指針 ……………………………………………………………… 188

索引
企画委員一覧
編集・執筆者一覧

第1講

保育の理念と概念

「保育」とは何か。特に、現代において、「保育」はどのようにとらえられ、その意義や果たすべき役割は何なのか。保育者や保育者を志す者は、保育の基盤を成す理念や概念について熟知していなければならない。

本講ではまず、人が育つこと、人を育てることに思いをはせながら、保育の理念や概念について学んでいく。さらに、現代における保育をめぐる状況をふまえ、保育の成り立ちやそのしくみについても理解を深めていく。

Step 1

1. 育つこと・育てること

人を育てるということ

　誕生したいのちが、健やかに育っていくためには、両親の愛情や適切な世話が必要である。大切な子宝を守り、育てる喜びと苦労を味わいながら深い愛情で結ばれるのが親子であり、子育ての第一義的責任はその親（父と母）にある。

　しかし、子どもは実の親だけでなく、さまざまな人と出会い、かかわり、その影響を受けながら人として育っていく。また、育った土地や自然環境、所属する社会の文化や価値観などの影響を受け、それらを無意識に取り込みながら成長していく。大人に依存し、生きていく術を徐々に身につけながら、自立や自己実現をめざす成長の過程は実に意義深く、一人ひとりにかけがえのない人生がある。かけがえのない人生を歩む一人ひとりの存在が社会を形成しているといえるだろう。

　だからこそ、私たちは一人ひとりの子どもが大切にされ、その可能性を伸ばし、豊かな人生を送ることができるよう育てていかなければならない。それはすべての大人の責任であり、2016（平成28）年に改正された児童福祉法第2条第1項には、次のように明記されている。

　「全て国民は、児童が良好な環境において生まれ、かつ、社会のあらゆる分野において、児童の年齢及び発達の程度に応じて、その意見が尊重され、その最善の利益が優先して考慮され、心身ともに健やかに育成されるよう努めなければならない。」

人が育つということ

　子どもは親（大人）によって保護され、手をたずさえて育てられなければ生きていくことが難しい。衣食住を与え、危険を避け、安心・安全な環境があってこそ、幼いいのちは育まれる。

　一方で、子どもの存在やその生命力は大人を魅了し、思わず抱きしめたり、声をかけたり、大事に育てようとする気持ちを引き出していく。そして、子どもの求めに応じた世話や育てる行為がうながされていく。自ら乳を吸い、身体を動かし、視線を合わせたり、さまざまな表情を投げかけたりする乳児の存在はいのちの輝きに満ちており、子どもには自ら生きようとする力がある。子どもは育てられる存在であるが、自ら育つ存在であり、かけがえのない人生を生きる主体である。

　わが国の保育の礎を築いた倉橋惣三は、「自ら育つものを育てようとする心、

それが育ての心である」と記したが、まさに、育つ者と育てる者との相互的やりとりのなかで子どもは育つのである。

2. 保育の理念

保育とは何か

　育つことと育てることの往還が日々繰り広げられるのが保育の現場であり、この意味でも「保育」という言葉は意義深い。

　図表1-1にあるように、保育の「保」として、保育者が子どもを守り、その健康と安全に配慮し、心地よく、安心して過ごせるようにするための養護的な営みがある。また、「育」のなかに、保育者が育てる行為と、子ども自身が環境にかかわり、自ら育ち学ぶ行為が教育的な営みとしてあることが見てとれる。

　保育は、子どもと保育者の相互的やりとりにより行われるが、保育者の行為にある「保」と「育」が関連性をもって、あるいは一体的に行われるものであり、保育者のはたらきかけにより、子ども自身の生命力や主体性が引き出されていくともいえる。これは、保育を英語で「Educare」（Education & Care）と呼ぶことにも通じるだろう。

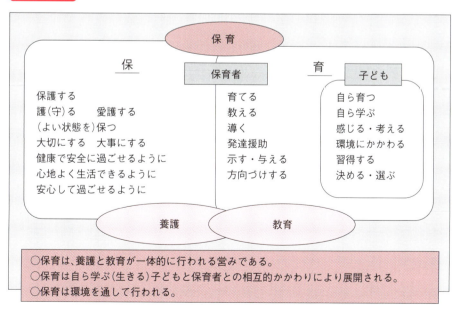

図表1-1　保育における養護と教育

保育という言葉をめぐって

「保育」という言葉は、すでに明治時代から使われ、その後も「保育所保育」「集団保育」「家庭保育」などさまざまに表されてきたが、おおよそ、保護、養育、教育を含んだ意味合いで使われてきたといえる。

例えば、岡田正章は『保育学大辞典』で、「保育は保護育成、保護教育が簡略にされたものであるとされる」[*1]としている。網野武博は「保育が意味する内容を具体的にみていくと、次の3つになる」[*2]として「保護」「養育」「教育」を説明している。さらに、千羽喜代子は「養護（care）と教育（education）が一体となって働きかけるという基本線にそってなされる人間形成」[*3]としている。

1965（昭和40）年に初めて制定された保育所保育指針（以下、保育指針）の前文には、「養護と教育が一体となって、豊かな人間性をもった子どもを育成するところに、保育所における保育の基本的性格がある」とある。このことは、今日にも引き継がれ、「児童福祉施設の設備及び運営に関する基準」の第35条（保育の内容）には、「保育所における保育は、養護及び教育を一体的に行うことをその特性とし」と記されている。2017（平成29）年に改定された保育指針においてもこの基本原則は変わらない。

このように、「養護と教育の一体性」は保育の特性であり、先にみた「保」と「育」とも合致する。特に、幼い乳幼児を慈しみ、温かく見守りながら一個の人間として大切に育てていく意識、態度、行為の総体は「教育」という言葉より「保育」のほうがふさわしく、長らく保育現場で大事にされてきた所以であるといえよう。

子どもの最善の利益と保育

保育指針では保育所の目的を、子どもの「健全な心身の発達を図る」ことであるとし、保育所は「入所する子どもの最善の利益を考慮し、その福祉を積極的に増進することに最もふさわしい生活の場でなければならない」（保育指針第1章「総則」1－(1)）としている。ここにある「最善の利益」は、子どもの権利を象徴する言葉として広く浸透しているが、これは、1989年に国連が採択し、1994年に日本政府が

[*1] 岡田正章「教育と保育」岡田正章・平井信義編著『保育学大事典　第1巻』第一法規, pp.4～11, 1983.
[*2] 網野武博・無藤隆ほか『これからの保育者にもとめられること』ひかりのくに, p.13, 2006.
[*3] 岡田正章ほか編『現代保育用語辞典』フレーベル館, p.385, 1997.

批准した「児童の権利に関する条約」（子どもの権利条約）に依拠している。

　児童の権利に関する条約は、世界中の子どもの尊厳を守り、その権利を保障することを目的に定められたが、その第3条第1項には「児童に関するすべての措置をとるに当たっては（中略）、児童の最善の利益が主として考慮されるものとする」とある。また、第12条には児童が自己の意見を表明する権利について、第13条には児童の表現の自由についての権利、第23条には障害のある子どもの権利について定めている。図表1-2はこれらの権利を4つの柱で表したものである。

　子どもの権利を守り人権を尊重することは、児童福祉の理念そのものであるが、それは保育の理念でもある。特に、大人の利益が優先されたり、大人の都合により子どもの生活が脅かされたりすることのないよう、保育者は子どものこころの声を聴き取り、一人ひとりの子どもの最善の利益を考慮して保育しなければならない。また、子どもの代弁者として発言することも必要だろう。

　保育指針では「保育所の社会的責任」として、「子どもの人権に十分配慮するとともに、子ども一人一人の人格を尊重して保育を行わなければならない」（保育指針第1章「総則」1-(5)）としている。また、第5章「職員の資質向上」には、そ

図表1-2　児童の権利に関する条約（子どもの権利条約）の4つの柱

「児童の権利に関する条約」（子どもの権利条約）
1989年国際連合採択、1990年発効、1994年日本政府批准

条約にみる子どもの権利 4つの柱

1　生きる権利
　十分な栄養等を与えられ、病気などで命を奪われないこと。病気やけがをしたら治療を受けられることなど。

2　育つ権利
　教育を受け、休んだり遊んだりできること。
　考えや信じることの自由が守られ、自分らしく育つことができることなど。

3　守られる権利
　あらゆる種類の虐待や搾取などから守られること。
　障害のある子どもや少数民族の子どもなどは特に守られることなど。

4　参加する権利
　自由に意見を表したり、集まってグループをつくったり、自由な活動を行ったりできることなど。

2016年現在、196の国と地域が条約締結。全54条から成る。
児童（18歳未満）を保護する責任やその内容とともに権利行使の主体としての子ども観を打ち出す。

資料：日本ユニセフ協会資料をもとに作成。

第1講　保育の理念と概念

の基本的事項として、「子どもの最善の利益を考慮し、人権に配慮した保育を行うためには、職員一人一人の倫理観、人間性並びに保育所職員としての職務及び責任の理解と自覚が基盤となる」とある。

　乳幼児の健やかな成長を願い、支え、うながす保育の現場において、一人ひとりの子どもの最善の利益が考慮され、その福祉が積極的に増進されるよう努めていくことが肝要である。

3. 保育の概念

保育をめぐる状況

　「保育」という言葉に込められた人が育つことへの思いや人を育てることの奥深さは、過去も現在も変わっていない。しかし、時代は刻一刻と変化し、人々の暮らしぶりも地域の環境も大きく様変わりしている。特に近年、少子高齢化や核家族化が進むとともに、女性（母親）の就労が増え、家族のあり様が多様化するなかで、保育をめぐる状況も変化し、保育に求められるものが深化・拡大している。

　児童福祉法の制定時、児童福祉の重大な課題は戦災孤児や養育困難家庭の子どもの保護・健全育成であり、保育所も児童福祉施設として彼らを入所措置した。保育の担い手は福祉関係者や行政であり、公的責任により子どもの福祉を保障するといった「ウェルフェア」の意味合いが強かった。また、同居する祖父母や周囲の大人たちが子どもを見守りながら、地域のなかで子どもたちがともに育ち合う光景がみられた。その後、高度経済成長期を経て人々の生活はより便利に合理的になったが、地域社会の助け合いや人間関係は希薄になったといえよう。

　現在、保育の需要は拡大し、都市部においては「待機児童」の問題が顕在化している。保育に求められるものも多様化し、よりよく生きるための個々の権利や選択といった「ウェルビーイング」の意味合いが強まったといえる。

保育の役割と概念

　社会状況や子育て環境の変化にともない、保護者の子育てを支援することが保育の重要な役割となった。引き金になったのは、出生率の低下や保護者による児童虐待の増加であり、国によりさまざまな対策が講じられる一方、「社会全体で子育て支援を」という機運が高まっていった。

　こうしたなかで、2001（平成13）年に児童福祉法が改正され、保育士の定義が

「児童の保育に従事する者」から「児童の保育及び児童の保護者に対する保育に関する指導を行うことを業とする者」（第18条の4）と改められた。そして、同法第48条の4において、保育所は「保育に関する相談に応じ、及び援助を行うよう努めなければならない」とされ、これに基づき、保育指針においても子育て支援に関する規定がなされている（**図表1-3**）。

　子どもの健やかな成長には、保護者の気持ちや生活の安定とともに、家庭と保育所との連携が欠かせない。保育者は、子どもの様子をていねいに伝えたり、保育の内容を具体的に伝えたりしていくことが重要である。子どもを真ん中に、保護者と保育者がつながり、信頼関係を深めていくことが求められる。

図表1-3 児童福祉法にみる保育士と保育所の役割

児童福祉法
第18条の4　この法律で、保育士とは、第18条の18第1項の登録を受け、保育士の名称を用いて、専門的知識及び技術をもつて、児童の保育及び児童の保護者に対する保育に関する指導を行うことを業とする者をいう。
第48条の4　保育所は、当該保育所が主として利用される地域の住民に対してその行う保育に関し情報の提供を行い、並びにその行う保育に支障がない限りにおいて、乳児、幼児等の保育に関する相談に応じ、及び助言を行うよう努めなければならない。

図表1-4 保育の役割

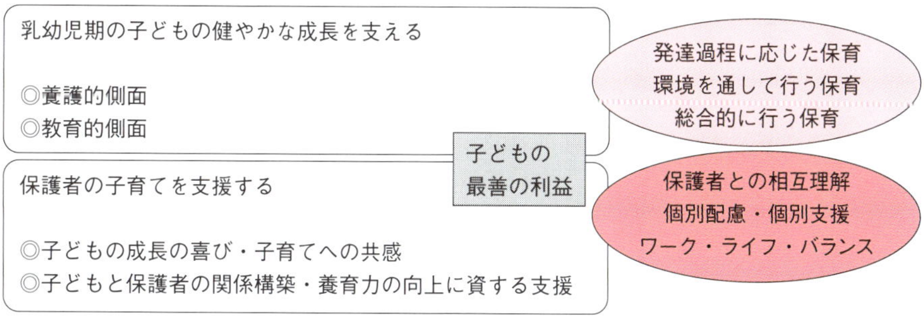

乳幼児期の子どもの健やかな成長を支える
◎養護的側面
◎教育的側面

保護者の子育てを支援する
◎子どもの成長の喜び・子育てへの共感
◎子どもと保護者の関係構築・養育力の向上に資する支援

子どもの最善の利益

発達過程に応じた保育
環境を通して行う保育
総合的に行う保育

保護者との相互理解
個別配慮・個別支援
ワーク・ライフ・バランス

Step2

保育と教育

幼稚園における保育

「保育」という言葉が公の文書に登場したのは、1876（明治9）年に創設されたわが国最初の幼稚園、東京女子師範学校附属幼稚園（現在のお茶の水女子大学附属幼稚園）の幼稚園規則である。このなかで、「保姆小児保育ノ責ニ任ス」とされ、保育を担う者を幼稚園の保姆と規定したのである。

現在の幼稚園はどうであろうか。幼稚園は、保姆ではなく幼稚園教諭がその任にあたる。しかし、学校教育法第27条第9項には「教諭は、幼児の保育をつかさどる」とあり、第22条でも「幼稚園は、義務教育及びその後の教育の基礎を培うものとして、幼児を保育し、幼児の健やかな成長のために適当な環境を与えて、その心身の発達を助長することを目的とする」と規定している。すなわち、現在も幼稚園は保育する場であるといえる。

しかし、幼稚園を規定しているのは学校教育法であり、幼稚園は学校種の１つである。このため、幼稚園教諭が保育を通して幼児を教育するという説明も成り立つ。「教育」や「保育」をどのようにとらえ、その範疇をどのように定義するかによりさまざまな解釈が成り立つが、現在では、幼稚園も保育所も認定こども園も、「幼児教育を行う施設」であることが指針や要領に明記されている。

教育基本法について

児童福祉法と前後して1947（昭和22）年に制定された教育基本法には、教育の理想や目的が示されており、2006（平成18）年の改正においてもその内容は踏襲されている。すなわち、教育は「民主的で文化的な国家を更に発展させるとともに、世界の平和と人類の福祉の向上に貢献する」という理想を実現するために、「個人の尊厳を重んじ、真理と正義を希求し、公共の精神を尊び、豊かな人間性と創造性を備えた人間の育成を期する」（教育基本法前文）としている。

また、教育の目的を「人格の完成を目指し、平和で民主的な国家及び社会の形成者として必要な資質を備えた心身ともに健康な国民の育成を期して行わなければならない」（第１条）と定めている。そして、教育の目標や機会均等等の理念および学校教育、家庭教育、社会教育などさまざまな教育の実施に関する基本を示している。全18条からなるこの教育基本法は、児童福祉法とともに保育者が理解しておかなければならない重要な法律である。

人格形成の基礎を培う幼児期の教育

教育基本法第11条には「幼児期の教育」について記されている。この条文は2006（平成18）年の改正で新たに規定され、「幼児期の教育は、生涯にわたる人格形成の基礎を培う重要なものであることにかんがみ、国及び地方公共団体は、幼児の健やかな成長に資する良好な環境の整備その他適当な方法によって、その振興に努めなければならない」とされた。国および地方公共団体のみならず、子どもにかかわるすべての人が、人生の初期である幼児期の重要性をふまえ、人格形成の基礎が培（つちか）われるよう役割と責任を果たしていかなければならないだろう。

なお、2017（平成29）年に同時に改訂（定）された幼稚園教育要領、幼保連携型認定こども園教育・保育要領、保育所保育指針においては、ともに幼児教育を担う施設として、「育みたい資質・能力」および「幼児期の終わりまでに育ってほしい姿」が同様に明記された（**図表1-5**）。また、保育の「ねらい及び内容」においても整合性が図られている。

図表1-5 幼児教育を行う施設として共有すべき事項

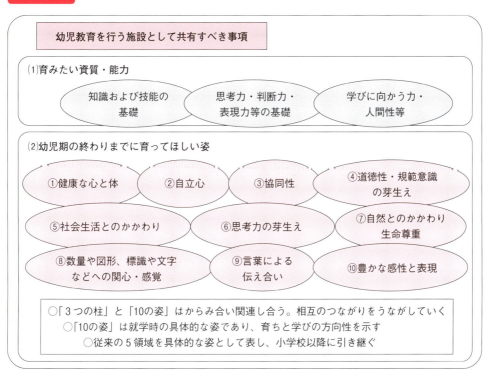

資料：保育所保育指針をもとに作成。

Step 3

保育の倫理と保育マインド

倫理とは何か

　保育現場では子どもや子育てを取り巻く状況をふまえ、常に子どもの最善の利益を考慮し、保護者や地域社会からの信頼を得て保育することが求められる。保育所等は保護者から頼られ、子育て家庭から信頼され、その運営や実施体制には社会的信用がともなう。公的な施設として社会的信用を失うことがあってはならない。

　保育所保育指針（以下、保育指針）の第1章「総則」では、保育所の役割として保育士の「倫理観に裏付けられた専門的知識、技術及び判断」を求めている。また、同第5章「職員の資質向上」では「職員一人一人の倫理観」等について規定している。ここにある「倫理観」は人として、保育者としての基本を成すものであり、人（子どもや保護者等）と向き合い、人とかかわるすべての保育施設に必要とされるものである。

　倫理とは、人々の間で守るべき秩序であり、人としての道義的責任でもある。道徳と相まって、私たちは他者と共にどう生きるか、どのように行動するのかを問いつつ、社会に存在する規範や普遍的な基準をふまえて生きているといえる。

多様性を認め合う

　現代においては、人々の暮らしや価値観が多様化し、家庭のありようや保護者の働き方などもさまざまである。また、子どもたちも一人ひとりさまざまであり、同

図表1-6 保育における倫理

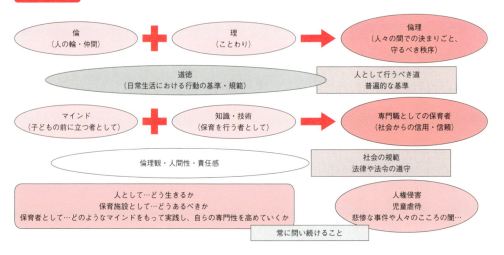

じ年齢であってもその発達や個性は異なる。障がいのある子どももいる。食物アレルギーのある子どももいる。発達上の課題や生活するうえでの困難が伴う子どももいる。外国籍の子どもや特定の宗教や文化をもつ家庭の子どももいるだろう。さらに保護者の心身の状態、家庭の経済状況などが子どもに影響を及ぼしているケースも少なからずある。

　保育現場においては、こうした子どもや家庭の多様性を認め、一人ひとりの子どもや保護者に寄り添いながら対応していくことが必要であり、それは保育の倫理でもある。人として、保育者として相手を思いやり、そのこころの声を聴き取りながら相手にふさわしい援助をしていくことが求められる。子どもや保護者との信頼関係はすぐに築けるものではない。日常的かつ継続的なかかわりにより対話が生まれ、相互的なやりとりのなかで徐々に信頼感が芽生え、適切な援助やかかわりが功を奏していくのである。一方通行ではないこうした積み重ねが保育への社会的信用につながっていく。

保育マインドと保育の専門性

　保育指針に示されている保育の目標の1つに「人との関わりの中で、人に対する愛情と信頼感、そして人権を大切にする心を育てるとともに、自主、自立及び協調の態度を養い、道徳性の芽生えを培うこと」（保育指針第1章「総則」1-(2)-ア(ウ)）とある。子どもたちが遊びや生活のなかで十分に自己発揮しながら他者を受容し、人への信頼感や互いに尊重するこころを育てることは保育の大きな課題であり、目標である。

　こうしたことを目標に保育する者が、人を差別したり、威圧的な言葉を発したり、上から目線で指示してはならないのは当然であり、倫理観に裏づけられた豊かな人間性が常に求められる。子ども一人ひとりを大切にし、一人ひとりの幸せを願い、その成長を支えながら子どもの可能性を伸ばそうとする、そのための知識や技術でありたい。保育士が子どもに寄り添い、共に過ごすなかで行われる援助や教育的な営みは子どもとの生活のなかに溶け込んでいるために外部からはわかりにくい。しかし、同僚と共に子どもの育ちの過程を可視化したり、保育実践やその成果をさまざまな方法で表したりしていくことは、専門職としての保育士には特に重要なことである。

　子どもも保育者も保護者も、それぞれの違いや多様性を認め合い、人を許したり求めたりする懐の深さや他者への寛容を養いながら共に生きる喜びを味わっていきたいものである。

参考文献

- 内閣府『少子化社会対策白書 平成30年版』2018.
- 倉橋惣三『育ての心(上)』フレーベル館, 2008.
- 倉橋惣三『育ての心(下)』フレーベル館, 2008.
- 岡田正章・平井信義編著『保育学大事典』第一法規, 1983.
- 網野武博・無藤隆ほか『これからの保育者にもとめられること』ひかりのくに, 2006.

COLUMN 「共に育ち、共に生きるために」

　子どもは「親の背中を見て育つ」といわれる。親だけでなく身近な大人が何を考え、どういう心持ちでいるのか。自分のことをどう思い、何を期待しているのか。こうしたことに子どもはとても敏感であり、言葉だけでなく、声のトーンや表情、その場の雰囲気などを全身でとらえ、感じとる。

　特に、長時間一緒に過ごす保育者のありようは子どもに大きな影響を及ぼす。醸し出す雰囲気や話し方、物の扱いや自然への接し方、同僚や保護者とのやりとりや物事に取り組む姿勢など、まさに子どもにとって保育者は1つのモデルである。

　保育現場において保育者のマインドや共に生きる姿勢が試されているといえるだろう。人との相互的なかかわりやつながりを求め、身近な人への理解を深めていこうとする根っこには常に子どもの幸せとその成長を真に願う保育のマインドがある。保育現場は人が共に育ち、共に生きる場であることを改めて確認したい。

　　　　　　　　　　　　　　　　　　　　　　　　　　（天野珠路）

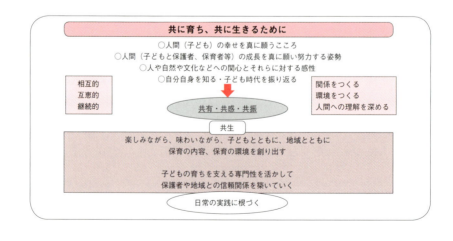

第2講

保育の社会的役割と責任

保育は子どもを預かるという個人的な行為ではなく、子ども家庭福祉にかかわる法律や制度に裏づけられた公的な営みであり、社会的な信用があってこそ成り立つ。

本講では、保育所等に求められる社会的責任について学び、保育が果たす社会的な意義や役割について理解を深めていく。また、現在、特に必要とされる虐待防止（ぎゃくたいぼうし）の取り組みや、保育現場における「災害への備え」について、社会的責任という観点から具体的に学んでいく。

Step 1

1. 子ども家庭福祉と保育

児童福祉としての保育

　1947（昭和22）年に制定された児童福祉法において、保育所は児童福祉施設の1つとして「日日保護者の委託を受けて、その乳児又は幼児を保育することを目的とする施設」とされた。制定時、いまだ戦後の混乱のなか、養育困難家庭の子どもの保護・育成を担うのが保育所の第一の目的であり、公的責任により子どもの福祉を保障するために入所措置をした。これにより保育所は、他の児童福祉施設（児童養護施設等）と同様、施設の運営や子どもの保育にかかる費用を国や自治体が支弁（負担金を支出）し、保護者の経済力に応じて一部徴収するというしくみとなった。

　1948（昭和23）年には、公的な財源が公平に支弁されるために、児童の福祉にふさわしい認可保育所の基準（「児童福祉施設最低基準」、現在は「児童福祉施設の設備及び運営に関する基準」（以下、設備運営基準））が明確にされ、保育室の面積や職員の配置基準、保育時間や保育内容などの基準が示された。認可保育所ではこの最低基準を満たすことが求められ、その遵守状況について自治体が監査するしくみも設けられた。

　このように、保育所は公的な児童福祉の一環として措置制度による保護・育成から始まり、福祉を必要とする子どもへの養護的かかわりが強く求められたのである。

保育の一般化と保育需要の拡大

　高度経済成長期を経て、出生数の増加や女性の就労の増加に伴い保育所への入所希望が増え、各地で保育所がつくられた。乳児保育や障害児保育への需要も高まり、国においてはさまざまな特別保育事業を実施することになった。また、ベビーホテル等での子どもの死亡事故が社会問題になり、認可外保育施設への指導強化が図られ、それとともに、認可保育所での延長保育や保育所の増設が必須となった。

　その後、1998（平成10）年の児童福祉法改正によって措置制度が改められ、保護者が保育所を選択する契約方式に変わり、「入所措置」から「保育の実施」となった。いわゆる「ウェルフェア」から「ウェルビーイング」（図表2－1）へと福祉のあり様が変わっていくなかで、保育所も保護者の多様なニーズに応えていくことが重要な役割となったのである。そして、保育需要が拡大するなかで、都市部においては待機児童の問題が顕著になり、現在も社会的な問題となっている（第1講参照）。

図表2-1 保育をめぐる役割・背景の変遷

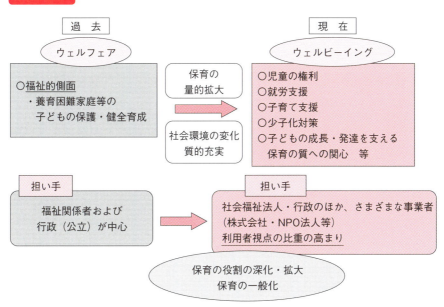

図表2-2 措置から利用へ

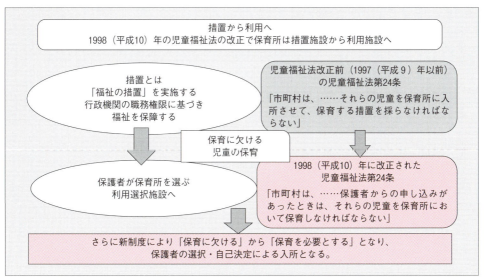

資料：厚生労働省資料をもとに作成。

保育と子育て支援

　1948（昭和23）年に制定された児童福祉法施行令では、「児童福祉施設において児童の保育に従事する女子」を「保母」と規定した。1977（昭和52）年には男性も保母になることが認められ、その後、1998（平成10）年には「保育士」と改められた。そして、2001（平成13）年に改正された児童福祉法において、保育士は名称独占の国家資格となり「専門的知識及び技術をもって、児童の保育及び児童の保護者に対する保育に関する指導を行うことを業とする者」と規定されている。

　従来の「児童の保育」に加え「児童の保護者に対する保育に関する指導」が保育士の業務とされた背景には、前項でみたように子育て支援へのニーズの高まりがある。特に、少子化のなかで、子育てに不安や負担感を感じる保護者が増え、わが子への虐待につながるケースが増加している状況をふまえ、虐待防止の役割を果たすことが保育所等に求められた。現在も、保育現場においては、子どもの最善の利益をふまえた子育て支援の充実が期待されているといえるだろう。

　なお、こうしたことを背景に、現在では「児童福祉」から家庭への支援等を視野に入れた「児童家庭福祉」へ、さらに「子ども家庭福祉」へと言い換えられることが多く、保育士養成課程の教科目も「子ども家庭福祉」に変更されている。

子ども・子育て支援と保育の専門性

　一人ひとりの子どもの状態や保護者や家庭の状況をふまえて、その気持ちに寄り添いながらかかわり支援することは保育の基本である。また、地域における保育の専門機関として、保育所等には保育実践の蓄積があり、その実践は、子育て支援の場面においても大いに役立つものである。目の前の子どものケアのみならず、家庭や地域社会を視野に入れたソーシャルワーク的な営みが保育士に求められる。

　こうしたことをふまえ、保育所に求められる今日的役割を3つの観点から示すと**図表2-3**のようになる。すなわち、子どもの最善の利益と子どもの人権や権利を保障する児童福祉施設としての役割、改定された保育所保育指針（以下、保育指針）にも規定されたように、子どもの育ちと学びを支えうながしていく幼児教育を行う施設としての役割、さらに、保護者や家庭の状況をとらえ、地域との連携を図りながら子育て支援を担う施設としての役割である。

　この3つの観点から保育をとらえると、社会的に求められ、必要とされている今日の保育所等の姿が見えてくる。また、保育士に求められる多様な役割やその専門性が現れるといえるだろう。

図表2-3 保育に求められる今日的役割

児童福祉施設として
児童福祉法、児童福祉施設の設備及び運営に関する基準、児童の権利に関する条約（子どもの権利条約）等をふまえる
子どもの最善の利益と子どもの人権、人格の尊重
公的施設としての説明責任、苦情解決等
格差でなく平等。互いに尊重する心を育てる

子育て支援を担う施設として
保護者・家庭との連携・協力
地域の関係機関等との連携・協働
虐待の防止と早期発見・対応
地域の子育て力の向上に寄与
保育の専門性を活かした相談・援助

幼児教育施設として
「育みたい資質・能力」「育ってほしい姿」を幼保こ小で共有する
「様々な社会的変化を乗り越え、豊かな人生を切り拓き、持続可能な社会の創り手となるよう…」（幼・小・中・高通じて）
アクティブラーニング、非認知能力の育成、情報活用
カリキュラム・マネジメント、意図的、継続的な取り組み

生涯にわたる生きる力の育成

ひらかれた保育の場

児童福祉法第48条の4第1項において、保育所は「地域の住民に対してその行う保育に関し情報の提供を行い、並びにその行う保育に支障がない限りにおいて、乳児、幼児等の保育に関する相談に応じ、及び助言を行うよう努めなければならない」とされている。実際、保育所では広報物や交流の機会などを通して、保育に関する情報を地域に提供し、近隣の子育て家庭に対し、子育て相談や育児講座、園庭の開放を行っている。また、地域の子どもの一時預かりを行う保育所も多い。

保育所には保育や子育てに関する知識や技術が蓄積されている。わらべうたや伝承遊び、発達に応じたさまざまな遊具や教材、離乳食や子どもの食育に関する取り組みなど、保育経験の厚さが保護者の信頼につながっているといえる。また、保育者のアドバイスや子どもへのかかわりが保護者の子育てを助け、支えとなる。入所する子どもの保護者への支援はもとより、広く地域の子育て家庭に対して門戸を広げ、その子育てを支援することが求められる。風通しのよいひらかれた保育の場であることは、地域社会への貢献につながるとともに、保育現場が地域の信頼を得ていくうえで大変重要である。

2. 公的施設としての社会的責任

子どもの人権の尊重

　保育指針の第1章「総則」には、「保育所の社会的責任」について3つの規定がある（図表2-4）。ここでまず示されているのは、子どもの人権の尊重についてである。すなわち、「子どもの人権に十分配慮するとともに、子ども一人一人の人格を尊重して保育を行わなければならない」ということであり、子どもの尊厳を守り、その人権を保障することは保育の社会的使命である。子どもの成育環境や国籍や文化の違い、障害の有無や性別などによって差別されたり、偏見をもつことがないよう人権に配慮した保育を行わなければならない。そして、互いの違いを認め合い、互いに尊重するこころを育てていくことが、今日では特に重要である。

　子どものいのちや権利が脅かされかねない現代社会において、子どもやいのちを大切にする文化や価値観を保護者とともに紡ぎ出していくことも保育所等の重大な役割であり、責任である。子どもの最善の利益を考慮することが常に求められる。

地域社会との交流と保護者への説明責任

　「保育所の社会的責任」において、次に規定されているのは、「地域社会との交流や連携を図り、保護者や地域社会に、当該保育所が行う保育の内容を適切に説明するよう努めなければならない」ことである。

　保育所等は地域に開かれた社会資源として、保護者や地域と連携・協力していくことが求められる。このことは長らく保育現場が大事にしてきたことであり、さまざまな人の協力を得て地域に根づいている保育所等も多い。地域の伝統行事に子どもや保育者が参加したり、保護者や地域の人とともに楽しいもよおしや行事を行ったりすることもある。近年では、地域の他の保育施設や小学校との交流を計画的に実施している保育所も増えている。保健所や医療機関との連携は、子どもの健康増進のために欠かすことができない。行政との連携も重要である。地域のさまざまな人や資源と結びついて、地域の福祉や子育て支援に貢献していくことが望まれる。

　さらに求められるのが、説明責任である。保育所等は、公費（施設型給付）を受けて運営されている。その多くは住民の税金であり、その税金の使い道を住民に適切に説明することが「説明責任」の発端である。保育所等においては、保育方針や保育内容等について保護者や地域の人にわかりやすく説明しなければならない。また、一方的な説明でなく、応答的な説明となるようにしていくことが大切である。

図表2-4 保育所の社会的責任

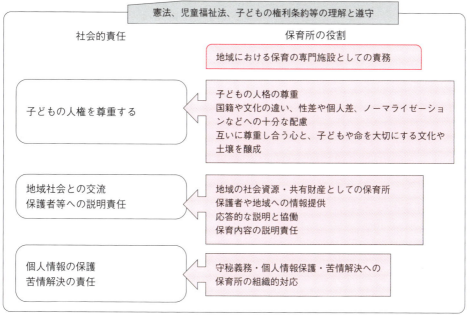

資料：保育所保育指針をもとに作成。

個人情報の保護と苦情解決の責任

　3つ目に規定されているのは、「入所する子ども等の個人情報を適切に取り扱うとともに、保護者の苦情などに対し、その解決を図るよう努めなければならない」ことである。

　個人情報の保護については、保育の信用問題にかかわることである。ネット社会といわれる今日、個人の情報等が拡散される危険性があり、十分に注意しなければならない。また、保育の記録や保育するうえで知り得た子どもや保護者に関する情報にも十分に留意する必要がある。児童福祉法第18条の22には保育士の秘密保持義務についての規定があり、設備運営基準第14条の2においても、児童福祉施設の職員の秘密保持義務を規定している。

　なお、児童虐待の防止等に関する法律に基づき、子どもへの虐待が疑われるなどの情報を児童相談所等に通告する義務は、秘密保持義務（守秘義務）より優先される。常に子どもの最善の利益を考慮して適切に対応することが必要である。

　苦情解決については、社会福祉法第82条および設備運営基準第14条の3に明記されている。保護者等からの苦情に適切に対応し、苦情解決に努めることが福祉や保育の公的責任であり、苦情を通して保育の改善を図っていくことが求められる。

Step2

1. 子どもの虐待防止と保育

児童虐待について

　子どものいのちを守り、育むことは保育の第一義的責任であり、それを阻むものを遠ざけ、一人ひとりの子どもの健やかな成長を支えることが保育の役割といえる。保育者は幼い子どもが大人の手によって生命を脅かされたり、いのちを落としたりすることのないよう、虐待防止に努めなければならない。

　しかし、全国の児童相談所における児童虐待に関する相談対応件数は年々増加し、平成29年度には13万3778件となった（**図表2-5**）。子どもの生命が奪われるなど重大な児童虐待事件も後を絶たず、特に実母による子どもへの虐待が多い。

　国においては、2000（平成12）年に児童虐待の防止に関する法律（児童虐待防止法）を定め、児童虐待の定義や虐待の早期発見、通告義務、立ち入り調査、虐待を行った保護者に対する指導等について規定している。さらに、虐待の早期発見と早期対応、虐待を受けた子どもの保護と自立支援に至るまで、切れ目のない総合的な支援に向けて関係機関や専門職が連携・協働し取り組んでいる。

図表2-5 児童相談所における児童虐待相談対応件数の推移および主たる虐待者の内訳

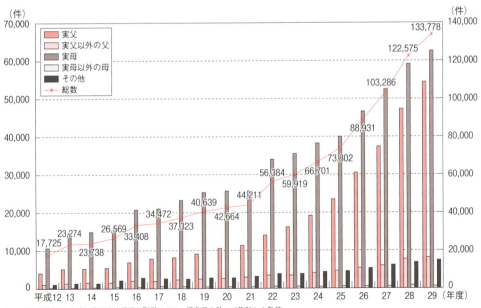

注：2010（平成22）年度は東日本大震災の影響により、福島県を除いて集計した数値
資料：内閣府『少子化社会対策白書 平成30年版』を一部改変。

保育所等における虐待の防止と適切な対応

　子どもや保護者と日常的にかかわり、その生活や親子関係、養育の状態を把握する機会の多い保育所等は、虐待につながりかねない徴候を発見しやすいといえるだろう。子どもの身体の状態、情緒面や行動を観察したり、子どもや保護者との日常会話を通して保護者の心身の状態を察したり、個別の相談・面談を行ったりしながら虐待の防止や早期発見に努めることは、保育所等の社会的責任である。

　こうしたなかで、保護者が何らかの困難を抱え、不適切な養育が疑われる場合には、関係機関と連携して支援にあたることが、保育所保育指針（以下、保育指針）において規定されている。

保育所保育指針
第3章　健康及び安全
1　子どもの健康支援
（1）子どもの健康状態並びに発育及び発達状態の把握
ウ　子どもの心身の状態等を観察し、不適切な養育の兆候が見られる場合には、市町村や関係機関と連携し、児童福祉法第25条に基づき、適切な対応を図ること。また、虐待が疑われる場合には、速やかに市町村又は児童相談所に通告し、適切な対応を図ること。

第4章　子育て支援
2　保育所を利用している保護者に対する子育て支援
（3）不適切な養育等が疑われる家庭への支援
イ　保護者に不適切な養育等が疑われる場合には、市町村や関係機関と連携し、要保護児童対策地域協議会で検討するなど適切な対応を図ること。また、虐待が疑われる場合には、速やかに市町村又は児童相談所に通告し、適切な対応を図ること。

　さらに、虐待が疑われる場合には、速やかに児童相談所等に通告することが必要であり、これについては保育指針のみならず、児童虐待防止法（第6条）および児童福祉法（第25条）において、「通告義務」として規定されている。

　虐待の早期発見と早期対応が重要であることはいうまでもないが、保育所等においては、常日頃から保護者と密接にかかわり、保護者の気持ちに寄り添い、ていねいに対応することが大切である。保護者の子育てを見守り、子どもに関する情報交換を細やかに行いながら、保育所と家庭が協力して子どもの成長を支えていくことが求められる。保護者の不安や負担感などを軽減するとともに、保護者同士のつながりを大切にしながら日々のコミュニケーションを大事にしていくことが、不適切な養育や虐待の防止につながると考えられる。

2. 子どもの権利擁護と地域子育て支援

要保護児童対策地域協議会

　前述したように、保育現場では関係機関と連携して虐待の防止に努めることが求められている。その際、要保護児童対策地域協議会（子どもを守る地域ネットワーク）に保育所所長等が参画し、保育所の入所児童のみならず、地域の子どもや子育て家庭をめぐる諸問題の発生を早期に予防し、その解決に寄与することが望まれる。

　要保護児童対策地域協議会（子どもを守る地域ネットワーク）とは、2004（平成16）年の児童福祉法の改正により法定化された協議会であり、虐待を受けた子どもをはじめとする要保護児童の早期発見や保護を図るため、地域の関係機関等が情報や考え方を共有し、適切な連携のもとで援助していくためのネットワークである（**図表2-6**）。現在、全国の市区町村のほぼ100％に設置されており、要保護児童の個別ケースの検討や問題解決に向けた取り組みがなされている。なお、参加機関や施設等には守秘義務が課せられている。保育所等は法令に従い、地域社会と協働し、子どもの最善の利益を図りながら社会的責任を果たしていくことが求められる。

乳児家庭全戸訪問事業

　保護者の子育てを支え、児童虐待の防止に努めることは、福祉や保育・教育にたずさわる者の社会的責任である。国においては、虐待防止につながる取り組みとして、妊娠・出産期にかかわる支援を推し進めている。安心して妊娠・出産ができる

図表2-6 要保護児童対策地域協議会の概要図

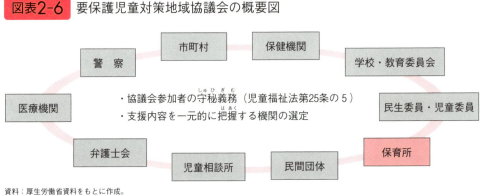

資料：厚生労働省資料をもとに作成。

ように経済的負担を軽減したり、周産期医療体制を整備し、母子保健の充実を図ることは、子どもが健やかに生まれ育つために欠かすことができない。

こうした一連の取り組みのなかで、生後4か月までの乳児がいるすべての家庭を訪問し、相談や援助に応じる「乳児家庭全戸訪問事業（こんにちは赤ちゃん事業）」が「地域子ども・子育て支援事業」として市町村により実施されている。訪問する保健師等は、子育てに関する情報を提供したり、養育環境を把握したりしながら、保護者と子どもへの支援に努める。また、特に養育支援が必要であると判断される家庭に対して、引き続き保健師、保育士等が訪問し、相談・指導等を行う「養育支援訪問事業」も実施されている。

乳児のいる家庭と地域をつなぎ、子育て家庭の孤立化を防ぐとともに、母子保健、保育、医療等が連携し、それぞれの状況やニーズに応じた支援が継続的に行われることが必要である。

アドボカシーと子どもの権利擁護

保護者の意向を受け止め、その支援にあたるためには、子どもや保護者がおかれている状況を把握し、見通しをもって取り組むことが必要である。さらに、子どもの気持ちに寄り添い、子どものこころの声を聴き取ることが大切であり、保育士等には幼い子どもの声を代弁する役割がある。

当人以外の人物や機関による権利擁護のための代弁を「アドボカシー」と呼ぶが、特に、発達障害者の権利を保障するための代弁活動が広く知られている。社会的に「弱者」とされる者の権利擁護の活動の1つであるが、保育士等も子どもの権利擁護のために、アドボケート（アドボカシーの実行者）として、職場内はもとより地域のなかで幼い子どもの気持ちを代弁することが時に求められる。

わが国においては、戦後、児童福祉法や教育基本法が制定され，「子どもは未来の希望」として大切に育てられてきた。また、高度経済成長期を経て「豊かな」先進国といわれるようになった。しかし現在、若者世代の収入は低く、「子どもの貧困」が問題となっている。特にひとり親家庭の子どもの貧困率は高く、貧困が経済格差のみならず、教育格差を生むことが指摘されている。

子どもの最善の利益を考慮し、子どもが生きる権利を保障しながら、子どもが子ども時代を生き生きと伸びやかに過ごせるようにしていかなければならない。課題はまだ多くある。保育が果たす役割や責任が社会においてより重要になっている。

Step 3

保育所等の安全・防災対策

子どものいのちを守るために

　子どものいのちを守ることは保育の第一義的責任であり、保育所等における安全・防災対策が重要なのはいうまでもない。特に、自然災害はいつ起こるかわからず、東日本大震災のように保育中に発生するケースもある。また、近年多発する自然災害を背景に、危機感や防災に対する意識が高まり、国や自治体においてもさまざまな方策が講じられている。

　こうしたことをふまえ、改定（訂）された保育所保育指針および認定こども園教育・保育要領において「災害への備え」の項目が新設された（**図表2-7**）。ここには、施設の安全対策や避難訓練の実施について規定され、地域の関係機関と連携を図りつつ保育所等の防災や危機管理体制づくりに努めることが明記されている。また、災害発生時の対応を保護者と共有することが求められている。

　保育現場においては、**図表2-8**のように防災対策を講じ、常日頃から避難訓練を実施するなど、安全・防災に関する取り組みを行っているが、さらにリスクマネジメントの観点からの組織的な対応が望まれる。また子どもの保育の視点と保育所等としての安全管理の視点を整理しながら、保育の計画に位置づけ、子どもの健康と安全を守る体制を整えていきたい。そして、取り組みの検証と評価を全職員で行い、次の計画に活かしていきたいものである。

図表2-7　保育所保育指針　第3章「健康及び安全」

4．災害への備え（要旨）

（1）施設・設備等の安全確保
　ア　防火設備、避難経路の安全性の確保と安全点検の実施
　イ　備品、遊具等の配置・保管、安全環境の整備

（2）災害発生時の対応体制および避難への備え
　ア　緊急時の対応、避難訓練計画等に関するマニュアルの作成
　イ　定期的な避難訓練の実施
　ウ　保護者への連絡体制や引き渡し方法の確認

（3）地域の関係機関等との連携
　ア　地域の関係機関との日常的な連携・協力
　イ　地域の関係機関や保護者との連携による避難訓練

（東日本大震災を経た、安全・防災に対する社会的意識の高まり）

（多発する自然災害への対策や避難訓練の重要性）

資料：保育所保育指針をもとに作成。

図表2-8　保育所等における防災対策

1）避難訓練の計画的実施とその評価
- 地震、火災、水害等災害に応じた行動
- 職員の役割分担の確認
- 訓練後の自己評価と改善

2）避難先・避難経路の確認
- 第一避難所、第二避難所、福祉避難所等の場所や経路を確認
- 地域の地形や特性を熟知する
- ストップウオッチと詳細な地図を持ち、複数の職員で歩く

3）食糧備蓄の見直し
- 食糧備蓄のリストを作成し、管理する
- ライフラインが止まった場合の対応を考慮（カセットコンロ、園庭での煮炊き、非常用電源、水等）
- アレルギーのある子どもの食糧確保
- 必要に応じ、食糧備蓄庫を2か所に分ける

4）持ち出し品、避難袋の確認
- 名簿、小型ラジオ、ハザードマップ、救急箱、笛、救急用品、タオル、毛布、メガホン、重要データ等
- 防災頭巾、ヘルメットを身近におく
- 避難袋の中身（飴や水、救急用品、小銭）は常に補充し、各クラスにおく

5）保護者や地域との連携・協力体制の構築
- ニュースや天気予報、警報、地元自治体の指示などの情報収集
- 普段から地域との協力・連携を図る
- 保護者への迅速な伝達。災害時、災害後の保護者との協力・連携

子どもへの安全教育
こころのケアへの配慮

※保育所の立地や地域性に応じて、さらに必要な対策を講じていく。

図表2-9　保育の計画にみる子どものいのちを守る責任（例）

理念・方針等
「子どもの最善の利益を考慮し、全職員で子どものいのちと生活を守りながら、その発達を保障する」
「子どもの心身の安定を基盤に、一人ひとりの子どもの生きる力の基礎を培う」
「環境を整え、子どもの健康と安全を守りながら子ども自らが育つ力を支えていく」

保育の内容（健康）
「健康・安全な生活に必要な習慣や態度を身につける」（全体のねらい）
「保育者の制止や指示により危険なことがわかり、保育者の言うことに耳を傾ける」（3歳）
「危険なことを理由とともに理解し、見通しをもって危険を避けるための行動を身につける」（5歳）

安全・防災対策等
「子どもの健康と安全に関わるマニュアルを作成し、職員間の共通理解を図る」
「月1回の避難訓練、年1回の防災訓練・消火訓練、救命・救急訓練を実施する」
「安全管理や事故防止対策を講じ、点検表に基づき毎日、毎週、毎月点検する」

※計画に基づく実践を自己評価し、計画を見直したり立て直しする。

参考文献

- 天野珠路『保育が織りなす豊かな世界——震災を経て生きる・遊ぶ・育ち合う』ひかりのくに, 2012.
- 天野珠路編著『写真で紹介 園の避難訓練ガイド』かもがわ出版, 2017.
- 内閣府『防災白書 平成30年版』2018.
- 網野武博・迫田圭子編『四訂 保育所運営マニュアル——保育指針を実践に活かす』中央法規出版, 2011.
- 内閣府『少子化社会対策白書 平成30年版』2018.

COLUMN　自然災害と保育

　2011（平成23）年3月11日に発生した東日本大震災は、わが国に甚大な被害をもたらした。私たちは、巨大地震と津波の恐ろしさに身震いしたが、その後も台風などによる水害や土石流による被害、地域によっては竜巻や雪害、火山灰による被害など、さまざまな自然災害に見舞われている。「防災白書」によると、世界中で発生したマグニチュード6.0以上の地震の約2割は日本で起こっている。

　わが国においては、全国どこにおいても「防災」と「減災」は地域の課題である。特に、幼い子どもが長時間生活する保育現場においては、災害への備えや防災対策がしっかりとなされていなければならない。子どものいのちを守ることは保育者に課せられた社会的責任である。避難訓練の計画的実施とともに、日々の保育における防災対策や安全管理に努めたい。

（天野珠路）

図表　自然災害の多い日本

世界で発生する地震の2割は日本で起こっている
地震・火災・水害・竜巻・火山灰・雹など、さまざまな被害をもたらしている

出典：内閣府『防災白書 平成30年版』をもとに作成。

第3講

子ども・子育て支援新制度と保育にかかわる関係法令

本講では、子ども・子育て支援新制度を中心に、多様な保育・子育て支援と関係法令について説明する。新制度創設の趣旨と概要について学ぶとともに、保育所、幼稚園、認定こども園といった施設型保育、小規模保育、家庭的保育などの地域型保育、地域子ども・子育て支援事業の概略について学んでいく。さらに、保護者による養育が困難な場合の社会的養護における養育についても理解する。

Step 1

子ども・子育て支援新制度について

子ども・子育て支援新制度創設の趣旨

　近年、急激な少子化の進行や子育てを取り巻く環境の変化から、地域における人とのつながりが希薄化し、子育ての孤立感や負担感を訴える保護者が増加している。また都市部では子ども・子育て支援が質・量ともに不足し、深刻な待機児童問題が指摘される一方、過疎化が進む地域では子どもが減少し、保育所の統廃合などで保育の場がなくなり、遠くの施設を利用することを余儀なくされる場合もある。

　こうした状況をふまえ、子育て支援の制度や財源のしくみなど、子ども・子育てをめぐる課題について抜本的な解決をめざす必要が指摘されるようになった。政府は2015（平成27）年4月、いわゆる「子ども・子育て関連3法」を施行し、子ども・子育て支援新制度をスタートさせた。「子ども・子育て関連3法」とは、「子ども・子育て支援法」「就学前の子どもに関する教育、保育等の総合的な提供の推進に関する法律の一部を改正する法律」「子ども・子育て支援法及び就学前の子どもに関する教育、保育等の総合的な提供の推進に関する法律の一部を改正する法律の施行に伴う関係法律の整備等に関する法律」の総称である。

子ども・子育て支援新制度の概要

　子ども・子育て支援新制度では、保育所、幼稚園、認定こども園を通じた共通の給付（施設型給付）と、小規模保育等への給付（地域型保育給付）が創設され、共通した財政支援が実現することとなった。利用者の負担額は所得に応じて決定され（応能負担）、国の基準をベースに市町村が負担額を設定するしくみとなっている。地域型保育給付は、待機児童が都市部に集中し、また待機児童の大半が満3歳未満児であることをふまえて創設されたもので、小規模保育、家庭的保育、居宅訪問型保育、事業所内保育が含まれる。

　また新制度では、幼稚園と保育所の機能を併せ持つ「認定こども園」の普及が推進されている。特に、幼保連携型認定こども園については、これまでの二重行政への批判から認可・指導監督を一本化し、学校および児童福祉施設としての法的位置づけを明確にするなど、質の高い幼児期の学校教育・保育の総合的な提供がめざされている。

　さらに「地域子ども・子育て支援事業」として、子育ての相談や一時預かりの場を増やすなど、地域の子育て支援を充実させるための財政支援も強化された。地域

Step1

子育て支援拠点事業や一時預かり事業、利用者支援事業、病児保育事業、放課後児童健全育成事業（放課後児童クラブ）などの事業がここに盛り込まれている。

また国、都道府県および市町村に「子ども・子育て会議」を設置し、子育て支援の政策プロセスに有識者、事業主代表、子育て当事者、子育て支援当事者等を参画・関与させるというしくみも整備されるようになった。特に市町村には、事業の実施主体としての役割が強調され、保育や子育て支援にかかわる地域のニーズに基づき、「市町村子ども・子育て支援事業計画」を作成し、子育て環境の整備を推進することが求められるようになっている（**図表3-1**）。国や都道府県は、それを重層的に支える役割として位置づけられる。

新制度ではこうした取り組みをもとに、すべての子どもや子育て家庭を対象として、一人ひとりの子どもの健やかな育ちを等しく保障し、「子どもの最善の利益」が実現される社会の構築をめざしている。

図表3-1 市町村子ども・子育て支援事業計画のイメージ

【子ども・子育て家庭の状況及び需要】
- 満3歳以上の子どもを持つ、保育を利用せず家庭で子育てを行う家庭（子ども・子育ての利用希望）学校教育＋子育て支援
- 満3歳以上の子どもを持つ、保育を利用する家庭（子ども・子育ての利用希望）学校教育＋保育＋放課後児童クラブ＋子育て支援
- 満3歳未満の子どもを持つ、保育を利用する家庭（子ども・子育ての利用希望）保育＋子育て支援
- 満3歳未満の子どもを持つ、保育を利用せず家庭で子育てを行う家庭（子ども・子育ての利用希望）子育て支援

↓ 需要の調査・把握（現在の利用状況＋利用希望）

【市町村子ども・子育て支援事業計画（5か年計画）】
幼児期の学校教育・保育・地域の子育て支援について、「量の見込み」（現在の利用状況＋利用希望）、「確保方策」（確保の内容＋実施時期）を記載。

↓ 計画的な整備

【子どものための教育・保育給付】
- 認定こども園、幼稚園、保育所＝施設型給付の対象※　＊私立保育所については、委託費を支弁
- 小規模保育事業者／家庭的保育事業者／居宅訪問型保育事業者／事業所内保育事業者＝地域型保育給付の対象※

（施設型給付・地域型保育給付は、早朝・夜間・休日保育にも対応）

【地域子ども・子育て支援事業】　※対象事業の範囲は法定
- 地域子育て支援拠点事業
- 一時預かり事業
- 乳児家庭全戸訪問事業等
- 延長保育事業
- 病児保育事業
- 放課後児童クラブ

※施設型給付・地域型保育給付の対象は、認可や認定を受けた施設・事業者の中から、市町村の確認を受けたもの
資料：内閣府「子ども・子育て支援新制度について（平成30年5月）」

Step2

1. 施設型保育

保育所

　まず、施設型給付を受けて運営する施設について説明しよう。保育所は、児童福祉法第39条において「保育を必要とする乳児・幼児を日々保護者の下から通わせて保育を行うことを目的とする施設」とされる児童福祉施設である。児童福祉施設の設備及び運営に関する基準を満たし、都道府県知事の認可を受けなければならない。

　保育所は、2017（平成29）年5月1日現在、全国に約2万3000か所あり、約214万人の子どもが入所している。保育所等に入所できない待機児童は、特に都市部で多く、2歳未満の低年齢児が全体の88.6％を占めている。

幼稚園

　幼稚園は、学校教育法第22条において「義務教育及びその後の教育の基礎を培うものとして、幼児を保育し、幼児の健やかな成長のために適当な環境を与えて、その心身の発達を助長することを目的」とする学校である。

　幼稚園は、2017（平成29）年5月1日現在、全国に約1万1000か所あり、約127万人の幼児が在園している。新制度に移行せず従来型の幼稚園としてとどまるところがある一方で、施設型給付を受ける幼稚園や、認定こども園に移行するところも増加している。

認定こども園

　認定こども園は、2006（平成18）年、就学前の子どもに関する教育、保育等の総合的な提供の推進に関する法律（いわゆる「認定こども園法」）に基づき創設された施設であり、保育所と幼稚園の機能を併せ持つ施設である。保護者の就労等にかかわらず教育・保育を一体的に行う機能と、地域における子育て支援を行う機能を果たし、都道府県等から認定を受ける。地域の実情や保護者のニーズに応じて選択が可能となるように、幼保連携型、保育所型、幼稚園型、地方裁量型といったタイプがある（図表3-3）。認定こども園は2017（平成29）年4月1日現在、全国で5000か所を超え、園児数は約69万人である。このうち幼保連携型は全体の7割を占める。

図表3-2 保育所、幼稚園、幼保連携型認定こども園の推移

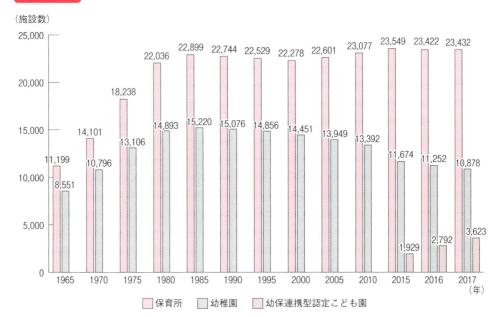

注：保育所数は、「福祉行政報告例」に基づく。1965〜1970年は12月31日現在、1975〜1985年までは10月1日現在、1990年は3月1日現在、2005年以降は5月1日現在の数値。
幼稚園数は、学校基本調査による。各年5月1日現在の数値。
認定こども園数は、幼保連携型認定こども園。「福祉行政報告例」に基づく。各年5月1日現在の数値。

図表3-3 認定こども園の類型

幼保連携型	幼稚園型
幼稚園的機能と保育所的機能の両方の機能を併せ持つ単一の施設として、認定こども園の機能を果たすタイプ。	幼稚園が、保育を必要とする子どものための保育時間を確保するなど、保育所的な機能を備えて認定こども園の機能を果たすタイプ。

保育所型	地方裁量型
認可保育所が、保育を必要とする子ども以外の子どもも受け入れるなど、幼稚園的な機能を備えることで認定こども園の機能を果たすタイプ。	認可保育所以外の保育機能施設等が、保育を必要とする子ども以外の子どもも受け入れるなど、幼稚園的な機能を備えることで認定こども園の機能を果たすタイプ。

資料：内閣府「子ども・子育て支援新制度について（平成30年5月）」をもとに作成。

2. 地域型保育

地域型保育とは何か

都市部では、保育所や認定こども園を新設しても、なかなか待機児童問題が解消

しない事態に遭遇するようになった。また保育所等新設のための用地確保も難しく、住民の理解を得ることが困難な状況も生じている。地域型保育は、3歳未満児を対象とした比較的小規模の保育施設を地域コミュニティのなかに設置することによって、待機児童の解消をねらうものである。人口が減少する地域にあっては、放課後児童クラブ、地域子育て支援拠点、一時預かりなどを併設することにより、多様なニーズに対応した保育機能の確保・維持に寄与することができる。

地域型保育給付の制度は、保育の質を担保する基準を設定し、市町村による認可事業としたうえで、認可を受けたものを保育給付の対象とするしくみである。これにより、これまで認可外保育施設として運営されてきた施設であっても、新たに認可を受け、給付―財政支援の対象として移行することが可能となった。

地域型保育給付の対象となる保育施設は、児童福祉法に位置づけられ、2016（平成28）年4月1日現在、全国で3719件認可されている。

小規模保育

小規模保育事業においては、0～2歳までの6～19人以下の乳幼児を保育する。A型（保育所分園、ミニ保育所に近い類型）、B型（中間型）、C型（家庭的保育に近い類型）の3類型を設け、それぞれに設置基準が設定されている。小規模保育事業は、小規模かつ0～2歳までの事業であることから、保育内容の支援および卒園後の受け皿の役割を担う連携施設の設定が求められている。2016（平成28）年4月1日現在、全国で2429件展開されており、そのうちA型が7割を占める。

家庭的保育

家庭的保育事業は、家庭的保育者の居宅等で0～2歳までの5人以下の乳幼児を保育するもので、家庭的保育者1人につき3人まで、家庭的保育補助者をつけた場合は5人まで保育することができる。家庭的保育は、以前より都市部自治体の単独事業として取り組まれていたが、2010（平成22）年に児童福祉法に位置づけられ国の制度となり、新制度創設により地域型保育に加えられた。家庭的な環境で、いつも同じ保育者が対応する異年齢の保育であり、小規模保育事業と同様、連携施設の設定が求められている。2016（平成28）年4月1日現在、全国で958件展開されており、個人による設置が多い。

事業所内保育

地域型保育における事業所内保育施設は、主として従業員の子どものほか、地域

において保育を必要とする子どもにも保育を提供するものである。定員が20名以上の場合は保育所と同様の基準が適用され、定員19名以下の場合は小規模保育事業A型、B型と同様の基準となる。いずれにおいても連携施設の設定が求められている。2016（平成28）年4月1日現在、全国に323件の事業所内保育施設がある。

居宅訪問型保育

居宅訪問型保育とは、保育を必要とする乳幼児の居宅において、保育士等が1対1を基本として保育を行うものである。原則として保育を必要とする3歳未満の、障害や疾病等により集団保育が著しく困難な乳幼児などを対象としている。障害児を保育する場合には、専門的な支援を受けられる連携施設の確保が必要とされている。居宅訪問型保育は、2016（平成28）年4月1日現在、全国で9件実施されている。

3. 地域子ども・子育て支援事業

新制度における地域子ども・子育て支援事業

保育を必要とする子どものいる家庭だけでなく、すべての子育て家庭を対象とした多様な子育て支援の充実も求められている。地域子ども・子育て支援事業は、子ども・子育て支援法に基づいて規定された事業であり、市町村が地域の実情に応じ、市町村子ども・子育て支援事業計画に従って実施することが求められるものである。これまでも市町村で実施されてきた地域子育て支援拠点事業や一時預かり事業、病児保育事業等をはじめ、13事業がある。主な地域子ども・子育て支援事業について、以下に解説する。

地域子育て支援拠点事業

現在、3歳未満児の約6～7割は家庭で子育てされている。核家族化や地域のつながりが希薄化したことにより、子育てが孤立化し、不安感や負担感を抱く保護者も多い。また、自分の生まれ育った地域以外で子育てする家庭も多くある一方、男性の子育てへのかかわりはまだまだ少ない現状にある。

こうした背景から、乳幼児とその保護者が相互の交流を行う場所を開設し、子育てに関する相談や情報提供などの援助を行う事業として、地域子育て支援拠点事業が展開されている。保育所や公共施設、児童館等の地域の身近な場所に開設され、

図表3-4 地域型保育事業の認可基準

事業類型		職員数	職員資格	保育室等	給食
小規模保育事業	A型	保育所の設置基準+1名	保育士※1	0・1歳児 1人当たり 3.3m² 2歳児 1人当たり 1.98m²	・自園調理（連携施設等からの搬入可） ・調理設備 ・調理員※3
	B型	保育所の設置基準+1名	1/2以上が保育士※1 ※保育士以外には研修を実施する		
	C型	0〜2歳児 3:1（補助者を置く場合、5:2）	家庭的保育者※2	0〜2歳児 1人当たり 3.3m²	
家庭的保育事業		0〜2歳児 3:1（家庭的保育補助者を置く場合、5:2）	家庭的保育者※2（+家庭的保育補助者）	0〜2歳児 1人当たり 3.3m²	
事業所内保育事業		定員20名以上…保育所の基準と同様 定員19名以下…小規模保育事業A型、B型の基準と同様			
居宅訪問型保育事業		0〜2歳児 1:1	必要な研修を終了し、保育士、保育士と同等以上の知識及び経験を有すると市町村長が認める者	―	―

※1 保健師、看護師または准看護師の特例を設けている（平成27年4月1日からは准看護師も対象）。
※2 市町村長が行う研修を修了した保育士、保育士と同等以上の知識経験を有すると市町村長が認める者。
※3 家庭的保育事業の調理員については、3名以下の場合、家庭的保育補助者をおき、調理を担当することも認める。
資料：内閣府・文部科学省・厚生労働省「子ども・子育て支援新制度ハンドブック（施設・事業者向け）（平成27年7月改訂版）」をもとに作成。

保育所等による運営やNPOなど多様な主体の参画によって地域の支え合いを促進し、地域の子育て力を向上させることを意図している。2018（平成30）年現在、全国で7259か所の拠点事業が実施されている。

一時預かり事業

一時預かり事業とは、家庭において保育を受けることが一時的に困難となった乳幼児について、主として昼間に、保育所、幼稚園、認定こども園その他の場所において、一時的に預かり、必要な保護を行うものである。保育所等や地域子育て支援拠点などで一時的に預かる「一般型」、幼稚園等に在籍する満3歳以上の幼児を教育時間の前後または長期休業日等に預かる「幼稚園型」、保育所等の利用児童数が定員に達していない場合に受け入れる「余裕活用型」、障害や疾病等のため在宅で行う「居宅訪問型」などがある。

病児保育

子どもが病気になっても、保護者の就労等のために自宅での療養が困難になる場合がある。こうした状況に対応するため、病院・保育所等に付設された専用ス

ペース等において、看護師等が一時的に保育等を実施する事業を病児保育という。病児対応型、病後児対応型、体調不良児対応型など専用施設で行うもののほか、児童の自宅で保育する非施設型（訪問型）がある。

利用者支援事業

　利用者支援事業とは、子どもおよびその保護者等、または妊産婦が教育・保育施設や地域の子育て支援事業等を円滑に利用できるよう、身近な実施場所で情報収集と提供を行い、必要に応じ相談・助言等を行うものである。地域子育て支援拠点等の身近な場所で子育て当事者の目線に立った寄り添い型の支援を行うことで、子育て家庭の「個別ニーズ」を把握し、当事者のニーズに合った子育て支援事業や保育所等の情報を提供、実際の利用につながるよう支援する（利用者支援）。利用者が必要な支援に効果的につながれるよう、利用者支援専門員は、地域の関係機関との連絡調整、連携・協働の体制づくりを行うことも求められている（地域連携）。利用者支援事業には、基本型、特定型（主として市区町村の窓口で業務を行う）、母子保健型（市町村保健センター等で保健師等によって実施される）の3つの形態がある。2016（平成28）年現在、全国1445か所で実施されている。

図表3-5 利用者支援事業の概要

資料：内閣府・文部科学省・厚生労働省「子ども・子育て支援新制度ハンドブック（施設・事業者向け）（平成27年7月改訂版）」をもとに作成。

Step 3

社会的養護と保育

社会的養護とは何か

　子どもは家庭で養育されるのが最も望ましいが、さまざまな事情により、家庭での養育が困難となる場合もある。親の死亡や行方不明、長期入院、貧困、遺棄や養育拒否、虐待・ネグレクトなど、保護者のない児童や保護者による養育が適当でないとされる児童を公的責任で社会的に養育・保護するとともに、養育に大きな困難を抱える家庭への支援を行うことを社会的養護という。保育士のなかには、乳児院や児童養護施設など、こうした社会的養護の場で働く者もいる。

　近年、児童虐待が年々増加しているが、社会的養護に関する施設などへの入所や委託にかかわる理由として、一般的に「虐待」とされるもの（「放任・怠惰」「虐待・酷使」「棄児」「養育拒否」の合計）の割合が非常に高くなっている。例えば、乳児院では27.1％、児童養護施設37.9％、情緒障害児短期治療施設（現・児童心理治療施設）50.0％、里親委託37.4％という実態である。社会的養護の対象となる子どもたちに必要なこととして、安心して暮らせること、一貫した心理的つながりがあること、身近にいる大人たちから愛され望まれていると感じられることなどが指摘されているが、社会的養護にかかわる大人が、日々の子どもとのかかわりや生活のなかで、そのような関係や環境をつくり、子どもの最善の利益を考慮していかなければならない。

　社会的養護における養育形態は、大きく2つに分けることができる。1つは、児童養護施設や乳児院、児童心理治療施設、児童自立支援施設などの「施設養護」、もう1つは、里親やファミリーホーム、養子縁組といった「家庭養護」である。わが国の社会的養護はこれまで、「施設養護」に関する施策を主に展開してきたが、特定の養育者との継続的で安定した愛着関係を形成するために、より家庭に近い「家庭養護」を推進しようとする動きが、近年強まっている。

乳児院

　乳児院は、児童福祉法第37条に規定された児童福祉施設で、保護の必要な乳児を入院させて、これを養育する施設である。特に必要な場合は幼児も対象となる。実際には、2歳以下の乳幼児が入所の約9割を占め、その入所理由は、保護者の病気・入院や経済的理由のほか、先に述べた虐待に関する理由も近年増加している。入所児の約3割に何らかの障害があるため、医療や養育の専門的な援助が必要と

なっている。児童福祉施設の設備及び運営に関する基準（以下、設備運営基準）では、乳児院には、医師または嘱託医（しょくたくい）、看護師、個別対応職員、家庭支援専門相談員、栄養士および調理員をおかなければならないとされており、看護師は保育士をもってこれに代えることができるとされている（第21条）。

特に低年齢児の養育には、一人ひとりのきめ細やかな対応が必要となるため、乳児院では個別対応を基本に、愛着の形成や心身の健康の保持・増進を行っている。また家庭環境の改善や親子関係の修復を支援し、家庭の再構築も目指している。

児童養護施設

児童養護施設は、児童福祉法第41条に規定された児童福祉施設であり、乳児を除く保護者のいない児童、養護を要する児童、虐待されている児童等を入所させ、これを養護する施設である。ただし、特に必要な場合には、乳児も対象となる。入所後、家庭へ復帰する者もいるが、自立まで施設で養育される者も多い。設備運営基準では、児童養護施設には、児童指導員、嘱託医、保育士、個別対応職員、家庭支援専門相談員、栄養士および調理員をおかなければならないとされている（第42条）。入所児には、虐待を受けた子どもや何らかの障害をもつ子どもが増加しており、専門的なケアが求められる。また、在籍期間が長期間にわたる子どもも多いため、できるだけ家庭的な環境で、かつ安定した人間関係のもとで養育することが望ましい。こうしたことから、現在、施設のケア単位の小規模化がすすめられている。

里親委託

一般に、里親とは、他人の子どもを預かり、親代わりとなって養い育てるものをいう。何らかの理由から家庭での養育が困難になった場合には、その子どもに家庭の代替となる養育環境を社会的に提供することが必要となるが、一人ひとりの子どものニーズや子どもの愛着形成といった発達上の課題を考えると、里親制度や養子縁組など家庭による養育を優先して検討することが望ましい。

わが国の里親制度には、里親の自宅で子どもを預かり育てる「養育里親」、養育里親のうち、非行や障害、虐待など専門的な援助を必要とする子どもを養育する「専門里親」、養子縁組によって子どもの養親になることを希望する「養子縁組里親」、実親が養育できない場合に他の親族が養育する「親族里親」がある。里親に委託される子どもは、被虐待経験などこころに傷を持つ子どもが多く、養育に戸惑う里親も多い。こうした状況から、近年、研修、相談、里親同士の相互交流など、里親への支援体制の整備が進められている。

参考文献
- 厚生労働省「平成28年度認可外保育施設の現況取りまとめ」
- 松本なるみ「社会的養護における子どもの最善の利益とは」『鳴門教育大学研究紀要』第21巻,pp.102-111,2006.
- 厚生労働省雇用均等・児童家庭局「児童養護施設入所児童等調査の結果(平成25年2月1日現在)」
- 山縣文治・柏女霊峰編『社会福祉用語辞典 第9版』ミネルヴァ書房,2013.

COLUMN　保育士の確保策

　待機児童問題が社会問題化するなかで、各自治体や保育所等では保育士の確保が課題となっている。保育士資格を有していても、保育士としての就業を希望しない者も多い。子どものいのちを守り育てる保育士の仕事に重い責任を感じるという意見とともに、賃金が希望と合わない、休暇がとりづらい、子育てとの両立が難しいなど、職場環境に関する理由も多く指摘されている。

　政府は、働く職場の環境改善として、保育士の研修体制やキャリアアップのしくみなどを整備するとともに、保育士給与の改善や離職防止につながる雇用管理研修なども打ち出すようになった。その他にも、人材育成として、保育士養成施設への入学者を対象とした修学資金の貸し付けや、保育士養成施設に対する就職あっせん機能の強化、再就職支援として、再就職前の研修開催や保育士マッチングの強化なども行われている。

　これらの取り組みを通して、保育士の数が十分に確保されるとともに、教育・保育自体の質の向上と各家庭における福祉の増進が期待される。

(中谷奈津子)

第4講

保育の実施体系

　子ども・子育て支援新制度移行によって、保育の実施体系は大きく変化した。また保育施設によって、それぞれに適用される設置や運営の基準は異なる。子どもの最善の利益を尊重（そんちょう）するためには、認可のための基準を下げたり、それを下回った教育・保育を実施したりするようなことはあってはならない。本講では、新制度移行後の保育施設の設置や運営基準について学び、保育施設を利用する際の申請や利用の手続きなどについても理解していく。

Step 1

保育施設の設置および運営の基準

保育所

　保育所は、児童福祉法第39条第1項にあるように「保育を必要とする乳児・幼児を日々保護者の下から通わせて保育を行うこと」を目的とする施設である。また第2項には「特に必要があるときは、保育を必要とするその他の児童を日々保護者の下から通わせて保育することができる」とされ、乳幼児に限らず、学童などを保育する場合もあることが示されている。

　保育所の施設・設備については、児童福祉施設の設備及び運営に関する基準に細かく規定されている。乳児または満2歳に満たない幼児を入所させる保育所には、乳児室またはほふく室、医務室、調理室および便所が必要である。乳児室の面積は、乳児または幼児1人につき1.65㎡以上、ほふく室の面積は、乳児または満2歳に満たない幼児1人につき3.3㎡以上としなければならない。

　満2歳以上の幼児を入所させる保育所には、保育室または遊戯室、屋外遊戯場、調理室および便所を設けることとされている。屋外遊戯場は、保育所の付近にある代替となる場所も含まれる。幼児1人あたりの面積は、保育室または遊戯室では1.98㎡以上、屋外遊戯場では3.3㎡以上である。乳児室、ほふく室、保育室または遊戯室には、保育に必要な用具を備えることが定められている（第32条）。

　保育所には、保育士、嘱託医および調理員をおかねばならないとされているが、調理業務の全部を委託する施設においては、調理員をおかないことができる。低年齢児ほど必要とされる保育士数が多く、乳児おおむね3人につき1人以上、満1歳以上満3歳未満の幼児おおむね6人につき1人以上、満3歳以上満4歳未満の幼児おおむね20人につき1人以上、満4歳以上の幼児おおむね30人につき1人以上となっている。また、1つの保育所につき2人を下回ることはできない（第33条）。

　保育所における保育時間は、1日につき8時間を原則としているが、その地域の状況を考慮してその保育所の長がこれを定めることとなっている（第34条）。一般的に11時間開所が最も多く、9時間を下回るところは少ない現状にある。

　保育所における保育は、養護および教育を一体的に行うことに特性があり、保育の内容については、厚生労働大臣が定める指針に従うとされ（第35条）、これに基づき、保育所保育指針が告示されている。

　さらに保育所は、その行う業務の質の評価を行い、常にその改善を図ることが求

められている。また、定期的に外部からの評価を受け、その結果を公表し、常にその改善を図るよう努めていかなければならない（第36条の２）。

幼稚園

　幼稚園は、学校教育法第22条にあるように「義務教育及びその後の教育の基礎を培うものとして、幼児を保育し、幼児の健やかな成長のために適当な環境を与えて、その心身の発達を助長すること」を目的とする学校である。保育の対象となる子どもは、満３歳から小学校就学の始期に達するまでの幼児であり（第26条）、特に条件などは定められていない。

　幼稚園の設備、編制その他の設置に関する事項は、学校教育法施行規則（以下、施行規則）および幼稚園設置基準（以下、設置基準）に定められている。設置基準には、一般的基準として「幼稚園の位置は、幼児の教育上適切で、通園の際安全な環境にこれを定めなければならない。幼稚園の施設及び設備は、指導上、保健衛生上、安全上及び管理上適切でなければならない」（第７条）と記されている。また、幼稚園の園舎は２階建て以下を原則とし、保育室、遊戯室、便所は１階におくことを基本とする。園舎と運動場は、同一の敷地内または隣接する位置に設けることとなっている（設置基準第８条）。

　幼稚園には、職員室、保育室、遊戯室、保健室、便所、飲料水用設備、手洗い用設備、足洗い用設備を備えなければならない（設置基準第９条）。また、幼稚園に備えるよう努めなければならない施設・設備として、放送聴取設備、映写設備、水遊び場、幼児清浄用設備、給食施設、図書室、会議室があげられている（設置基準第11条）。

　幼稚園には、園長、教頭、教諭をおかなければならないが、副園長や主幹教諭、指導教諭、養護教諭、栄養教諭、事務職員など、その他必要な職員をおくことができる（学校教育法第27条）。１学級の人数は原則として35人以下と規定され（設置基準第３条）、学級は、学年の初めの日の前日において同じ年齢にある幼児で編制することを原則としている（設置基準第４条）。また、各学級に少なくとも専任の教諭等を１人おかなければならない（設置基準第５条）。

　幼稚園における１日の教育時間は、４時間を標準とし、幼児の心身の発達の程度や季節などに適切に配慮することが幼稚園教育要領に記されている。また毎学年の教育課程に係る教育週数は、特別の事情のある場合を除き、39週を下回ってはならないことも示されている（施行規則第37条）。しかし近年、保護者の就労等の理由から、社会的なニーズとして教育活動の延長が求められるようになった。このこと

から教育課程に係る教育時間の終了後等に行う教育活動、いわゆる「預かり保育」を行う幼稚園が多くみられるようになり、現在、約8割の幼稚園で実施されている。

幼稚園における教育課程や保育内容については、文部科学大臣が定めることとなっており、幼稚園教育要領が告示されている（施行規則第38条）。

幼保連携型認定こども園

認定こども園に関する事柄は、就学前の子どもに関する教育、保育等の総合的な提供の推進に関する法律（以下、認定こども園法）に規定されており、幼保連携型認定こども園の設備や運営に関する基準は、「幼保連携型認定こども園の学級の編制、職員、設備及び運営に関する基準」（以下、設備運営基準）に、幼保連携型認定こども園以外の認定こども園についての基準は、「就学前の子どもに関する教育、保育等の総合的な提供の推進に関する法律第3条第2項及び第4項の規定に基づき内閣総理大臣、文部科学大臣及び厚生労働大臣が定める施設の設備及び運営に関する基準」に示されている。各都道府県等は、これらの基準に従い、または参酌して、条例で認定こども園の認定基準を定めることとなっている。

ここでは、幼保連携型認定こども園に関する基準を中心に述べていく。幼保連携型認定こども園は、満3歳以上の幼児に対する教育機能、就学前の保育を必要とする乳幼児に対する保育機能、保護者に対する子育て支援、といった3つの機能を併せ持つ施設である。なお、子ども・子育て支援法や認定こども園法で示される法律用語としての「教育」とは、「学校で行われる教育」を指している。

幼保連携型認定こども園の園舎は2階建て以下を原則とし、乳児室、ほふく室、保育室、遊戯室または便所は1階におくことを基本とする。園舎と運動場は、同一の敷地内または隣接する位置に設けることとなっている（設備運営基準第6条）。

園舎に備えるべき設備は、幼稚園の基準に乳児室またはほふく室、調理室を加えたものである（設備運営基準第7条）。また教職員として、園長および保育教諭をおかなければならないが、副園長や教頭、主幹保育教諭、指導保育教諭、養護教諭、栄養教諭、事務職員、その他必要な職員をおくことができる（認定こども園法第14条）。満3歳以上の園児については、教育課程に基づく教育を行うため学級を編制することが定められているが、1学級の園児数は幼稚園と同様、35人以下を原則としている（設備運営基準第4条）。また学級ごとに少なくとも専任の教諭等を1人以上おかなければならない。一方、教育および保育に直接従事する職員の配置基準は、保育所の基準と同様である（設備運営基準第5条）。

さらに、幼保連携型認定こども園における教育および保育の内容については、主

務大臣がこれを定めるとされ（認定こども園法第10条）、幼保連携型認定こども園教育・保育要領が内閣総理大臣、文部科学大臣、厚生労働大臣により告示されている。

図表4-1 保育所・幼稚園・幼保連携型認定こども園の概要の比較

	保育所	幼稚園	幼保連携型認定こども園
法的性格	児童福祉施設	学校	学校かつ児童福祉施設
根拠法令	児童福祉法	学校教育法	就学前の子どもに関する教育、保育等の総合的な提供の推進に関する法律
目的	保育を必要とする乳児・幼児を日々保護者の下から通わせて保育を行うことを目的とする（第39条）	義務教育及びその後の教育の基礎を培うものとして、幼児を保育し、幼児の健やかな成長のために適当な環境を与えて、その心身の発達を助長することを目的とする（第22条）	義務教育およびその後の教育の基礎を培うものとしての満3歳以上の子どもに対する教育ならびに保育を必要とする子どもに対する保育を一体的に行い、これらの子どもの健やかな成長が図られるよう適当な環境を与えて、その心身の発達を助長するとともに、保護者に対する子育ての支援を行うことを目的とする（第2条第7項）
管轄	厚生労働省	文部科学省	内閣府
設置主体	制限なし（主に市町村、社会福祉法人）	国、自治体、学校法人	国、自治体、学校法人、社会福祉法人
設置・運営の基準	児童福祉施設の設備及び運営に関する基準	幼稚園設置基準	幼保連携型認定こども園の学級の編制、職員、設備及び運営に関する基準
入園（所）資格	保育を必要とする乳児・幼児	満3歳以上の幼児	満3歳未満の保育を必要とする子どもおよび満3歳以上の子ども
職員の配置	保育士、嘱託医、（調理員）※	園長、教頭、幼稚園教諭、学校医、学校歯科医、学校薬剤師	園長、教頭、保育教諭、（調理員）※、学校医、学校歯科医、学校薬剤師
配置基準または学級編制の基準	0歳児：3対1 1、2歳児：6対1 3歳児：20対1 4、5歳児：30対1	1学級35人以下	学級編制は幼稚園に準ずる 配置基準は保育所に準ずる
教育／保育／開園時間	保育時間は原則8時間 開園時間は原則11時間	教育時間は4時間	教育時間は幼稚園に準ずる 保育／開園時間は保育所に準ずる
開園日数	約300日 （日曜日・国民の祝休日を除いた日）	教育週数は39週を下回ってはならない	教育週数は幼稚園に準ずる 開園日数は保育所に準ずる
教育・保育の基準	保育所保育指針	幼稚園教育要領	幼保連携型認定こども園教育・保育要領

※保育所、幼保連携型認定こども園の調理員については必置であるが、調理業務の全部を委託する場合は調理員をおかないことができるため、（　）を付し、他と区別した。

Step2

1. 支給認定

　子ども・子育て支援新制度では、保育所や幼稚園、認定こども園、地域型保育を利用する際には、支給認定を受ける必要がある（**図表4-2**）。支給認定には、子どもの年齢や保育の必要性に応じて、1号認定から3号認定まで3つの区分があり、認定区分によって利用できる施設や時間が異なっている（**図表4-3**）。保育を必要とする事由や保育の必要性の認定については、次項で述べる。

　0〜2歳の子どもであって、保護者のリフレッシュや短時間の用事などで子どもを保育施設に預けたい場合は、一時預かりなどの利用が可能である。この場合は、支給認定を受ける必要はない。

図表4-2　支給認定の考え方

1号認定	満3歳以上の小学校就学前の子どもで、学校教育のみを受ける子ども
2号認定	満3歳以上の小学校就学前の子どもであって、保育を必要とする子ども
3号認定	満3歳未満の保育を必要とする子ども

図表4-3　支給認定と利用可能な保育施設

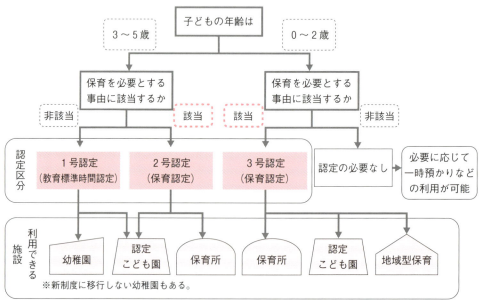

資料：内閣府・文部科学省・厚生労働省「子ども・子育て支援新制度　なるほどBOOK（平成28年4月改訂版）」をもとに作成。

2. 保育の必要性の認定

「保育を必要とする」事由

　支給認定を受ける際に、保育所等での保育を必要とする場合には、市町村において保育の必要性の認定を受ける必要がある。

　新制度以前は、保育所の目的は「保育に欠ける」乳幼児を保育することであり、児童福祉法施行令第27条には、「保育に欠ける」入所基準が示されており、保護者の就労や疾病などがその事由とされてきた。しかし、新制度移行に伴って「保育に欠ける」事由は「保育を必要とする」事由に改定され、従来の事由に加え、保護者の求職活動や就学、職業訓練、育児休業取得時にすでに保育を利用していた子どもの継続利用なども含まれることとなった（図表4-4）。

　また以前より、児童虐待が疑われたり、特別の支援を要すると判断されたりした場合には、保育所入所についても優先的に取り扱うことが求められてきたが[*1]、

図表4-4　保育を必要とする事由について

新制度施行前の「保育に欠ける」事由	新制度における「保育の必要性」の事由
○以下のいずれかの事由に該当し、かつ、同居の親族その他の者が当該児童を保育することができないと認められること ①昼間労働することを常態としていること（就労） ②妊娠中であるかまたは出産後間がないこと（妊娠、出産） ③疾病にかかり、もしくは負傷し、または精神もしくは身体に障害を有していること（保護者の疾病、障害） ④同居の親族を常時介護していること（同居親族の介護） ⑤震災、風水害、火災その他の災害の復旧に当たっていること（災害復旧） ⑥前各号に類する状態にあること（その他）	○以下のいずれかの事由に該当すること ※同居の親族その他の者が当該児童を保育することができる場合、その優先度を調整することが可能 ①就労 　・フルタイムのほか、パートタイム、夜間など基本的にすべての就労に対応（一時預かりで対応可能な短時間の就労は除く） ②妊娠、出産 ③保護者の疾病、障害 ④同居または長期入院等している親族の介護・看護 　・兄弟姉妹の小児慢性疾患に伴う看護など、同居または長期入院・入所している親族の常時の介護、看護 ⑤災害復旧 ⑥求職活動　・起業準備を含む ⑦就学　・職業訓練校等における職業訓練を含む ⑧虐待やDVのおそれがあること ⑨育児休業取得時に、すでに保育を利用している子どもがいて継続利用が必要であること ⑩その他、上記に類する状態として市町村が認める場合

資料：内閣府子ども・子育て本部「子ども・子育て支援新制度について（平成30年5月）」をもとに作成。

[*1]　厚生労働省雇用均等・児童家庭局長通知「特別の支援を要する家庭の児童の保育所入所における取扱い等について」（平成16年8月13日雇児発第0813003号）では、「児童虐待の防止に寄与するため、特別の支援を要する家庭を保育所入所の必要性が高いものとして優先的に取り扱うこと」として、保育所への優先的入所を求めている。また、「母子及び父子並びに寡婦福祉法」第28条および「児童虐待の防止等に関する法律」第13条の3においても配慮義務が明記されている。

入所基準として明確に記されることはなかった。こうした経緯をふまえ新制度においては、虐待やDV（ドメスティック・バイオレンス）のおそれがあることも、保育の必要性の事由として明示されるようになっている（子ども・子育て支援法施行規則第1条）。

「保育の必要量」の考え方

実際の保護者の就労や介護などによる保育を必要とする時間は、それぞれの状況によって異なる。しかし、子どもに対する保育が細切れにならないように、あるいは、職員配置上の対応が円滑なものとなるように、新制度では保育の必要量を2区分している。主にフルタイムの就労を想定した「保育標準時間」認定（最長11時間）と、主にパートタイムの就労を想定した「保育短時間」認定（最長8時間）である。

「優先利用」について

きょうだいがそれぞれに別の保育所等に通うとなると保護者の負担が大きく、また、ひとり親の場合には保育所等の利用は生活を営むうえでの必須条件であるなど、保育施設を利用する家庭にはそれぞれの事情がある。また、虐待などが疑われる家庭については、保育所等を利用していくことで、子どもの生命を守り、日々家庭の見守りが可能となること、保護者の育児負担の軽減や精神的サポートにつながり、家庭での養育に変化がみられることなども予想される。

こうした予測可能な事案についての対応の必要性から、新制度では優先利用を可能とするしくみが取り入れられている。ひとり親家庭に対しては、母子及び父子並びに寡婦福祉法に基づく配慮義務、虐待またはDVのおそれがあることに該当する場合には、児童虐待の防止等に関する法律に基づく配慮義務がある。その他にも、生活保護世帯、主として生計を維持する者の失業により就労の必要性が高い場合や、子どもが障害を有する場合などについても考慮されている。

これら「保育を必要とする事由」と「保育必要量」「優先利用」の考え方をふまえ、市町村において保育の必要性の認定が行われ、利用する施設などの調整が行われる。

3. 利用手続きのプロセス

実際に保育施設を利用する際には、1号認定と2号認定、3号認定でその手続き

やプロセスが異なる。1号認定の場合、つまり3～5歳の子どもで学校教育のみを受ける子どもの場合は、幼稚園や認定こども園などの施設に直接申し込みを行う。施設から入園に関する内定を受け、施設を通じて市町村に支給認定を申請し、その後、施設を通じて市町村から認定証が交付され、施設と直接契約を行う。

　一方、2号、3号認定の場合、つまり保育の必要性の認定が必要となる家庭においては、市町村に保育の必要性の認定の申し込みを行い、市町村が「保育の必要性」を認めた場合には、認定証が交付される。これを受けて、各家庭は保育所などの利用希望の申し込みを行うこととなるが、手続きとしては保育の必要性の認定と利用希望の申し込みは同時に行うことが可能となっている。市町村は、申請者の希望や保育所等の状況に応じて、保育の必要性の程度をふまえ利用調整を行っていく。利用施設が決定後、契約となる。

Step 3

1. 子どものための教育・保育給付のしくみ

教育・保育給付のしくみ

これまで述べてきたように、子ども・子育て支援新制度は、保育所、幼稚園、認定こども園を通じた共通の給付である「施設型給付」および小規模保育等に対する「地域型保育給付」を創設し、市町村の確認を受けた施設・事業の利用にあたって、財政支援を保障していこうというものである。子ども・子育て支援法に基づく施設型給付等については、支給認定保護者に対する個人給付としての性質を有するものであるが（特定教育・保育施設及び特定地域型保育事業の運営に関する基準第14条）、学校教育・保育に要する費用に確実に充てるため、市町村から保育施設に対して直接支払うしくみとしている（これを「法定代理受領」という（子ども・子育て支援法第27条、第29条））。

施設型給付費、地域型保育給付費の基本構造は、「内閣総理大臣が定める基準により算定した費用の額」（公定価格）から「政令で定める額を限度として市町村が定める額」（利用者負担額）を控除した額とされ、次のように表される。

「給付費」＝「公定価格」－「利用者負担額」

図表4-5 保育（2号・3号）認定の子ども

施設型給付
【国：都道府県：市町村＝2：1：1】
利用者負担（応能負担）

公定価格
教育・保育に通常要する費用の額を勘案して設定

資料：内閣府・文部科学省・厚生労働省「子ども・子育て支援新制度ハンドブック（施設・事業者向け）（平成27年7月改訂版）」

公定価格と利用者負担額

公定価格は、子ども1人あたりの教育・保育に通常要する費用をもとに、1～3号認定といった「認定区分」や「保育必要量」「施設の所在する地域」等を勘案して算定される。

また利用者負担額（利用料）は、保護者世帯の所得に応じた負担（応能負担）を基本として、国の基準をベースに地域の実情に応じて市町村が定めるものである。なお、各施設は市町村が定める利用者負担額のほか、実費徴収（通園送迎費、給食費、文房具費、行事費等）や、教育・保育の質の向上を図るための費用としてそれ以外の上乗せ徴収も可能とされているが、その場合には、保護者に対する事前の説明や同意が必要となる。

図表4-6は、平成30年度の特定教育・保育施設等の利用者負担の国基準の月額

図表4-6 特定教育・保育施設等の利用者負担（国基準、月額）【平成30年度】

教育標準時間認定の子ども（1号認定）

階層区分	利用者負担
①生活保護世帯	0円
②市町村民税非課税世帯（所得割非課税世帯含む）（〜約270万円）	3,000円 ※第2子以降は0円 ※ひとり親等世帯：第1子から0円
③市町村民税所得割課税額77,100円以下（〜約360万円）	10,100円 ※ひとり親等世帯 〔第1子： 3,000円 第2子以降： 0円〕
④市町村民税所得割課税額211,200円以下（〜約680万円）	20,500円
⑤市町村民税所得割課税額211,201円以上（約680万円〜）	25,700円

多子カウント年齢制限なし / "有り"（小学校3年生以下）

保育認定の子ども（2号認定：満3歳以上）（3号認定：満3歳未満）

階層区分	利用者負担（保育標準時間）	
	2号認定	3号認定
①生活保護世帯	0円	0円
②市町村民税非課税世帯（〜約260万円）	6,000円 ※第2子以降は0円	9,000円 ※第2子以降は0円
	※ひとり親等世帯：第1子から0円	
③所得割課税額48,600円未満（〜約330万円）	16,500円 ※ひとり親等世帯〔第1子： 6,000円 第2子以降： 0円〕	19,500円 ※ひとり親等世帯〔第1子： 9,000円 第2子以降： 0円〕
③所得割課税額57,700円未満〔77,101円未満〕（〜約360万円）	27,000円 ※ひとり親等世帯〔第1子： 6,000円 第2子以降： 0円〕	30,000円 ※ひとり親等世帯〔第1子： 9,000円 第2子以降： 0円〕
④所得割課税額97,000円未満（〜約470万円）	27,000円	30,000円
⑤所得割課税額169,000円未満（〜約640万円）	41,500円	44,500円
⑥所得割課税額301,000円未満（〜約930万円）	58,000円	61,000円
⑦所得割課税額397,000円未満（〜1,130万円）	77,000円	80,000円
⑧所得割課税額397,000円以上（1,130万円〜）	101,000円	104,000円

多子カウント年齢制限なし / "有り"（小学校就学前）

資料：内閣府子ども・子育て本部「子ども・子育て支援新制度について（平成30年5月）」

を示したものである。生活保護世帯からは負担額を徴収しないこと、ひとり親世帯、多子世帯については軽減措置がとられていることがわかる。

2. 新制度がよりよいものになるように

　これまで見てきたように、新制度が創設されたことによって、乳幼児の教育・保育を取り巻く状況は劇的に変化した。保育所、幼稚園、認定こども園に加えて、小規模保育といった地域型保育など、乳幼児の教育・保育の場の選択の幅は大きく広がっている。また給付のしくみが共通化し、どの施設を利用したとしても応能負担として利用者負担額が統一されたことの意味は大きい。これにより特に都市部の施設にとって、将来的な少子化の影響から「いかにして選ばれる園となるか」が、今後の大きな関心事にもなりうる。保護者にとっても、「子どもにとって、どのような教育・保育が望ましいか」について、さらなる情報収集の必要に迫られていくも

のと思われる。

　それぞれの自治体や保育施設に求められる課題として、保護者による選択が適切に行われるような情報公開や情報発信のあり方が考えられる。早期教育や習い事などによるアピールではなく、乳幼児期の子どもの育ちにとって「何がもっとも大切か」を発信しつつ、そこに向かって行われるそれぞれの園の取り組みをわかりやすく伝えていくことも必要となる。教育・保育そのものを評価し、改善するしくみを整備し教育・保育の質そのものを高めつつ、情報公開や情報発信にも反映させていくことが求められよう。

COLUMN　待機児童と保活問題

　「保活」とは、子どもを保育所等に入れるために保護者が行う活動のことをいう。待機児童問題が深刻な状況にあることから、保活が保護者の大きな負担となっている地域もある。

　待機児童が50人以上いる自治体の保護者を対象とした調査では、出産後6か月未満、出産後6か月以降から保活を始めた人が多いことが指摘され、妊娠中・妊娠前に開始した人も一定数存在していることがわかった。希望どおりに入所が決定した人よりも、希望が通らず認可外の保育施設に決定した人、結果として利用できなかった人のほうが保活に対する苦労・負担感を抱きやすいことも浮き彫りになった。情報収集、市役所などへの訪問、一旦他の施設に預けたことなどが苦労・負担に思う内容としてあげられており、思うように入所できず育休を短縮したり、延長したりする場合もみられている。生まれる前から入所できるか心配で施設見学や情報収集をしなければならなかった、首も座っていない子どもを連れての見学や役所への訪問は大変であった、保育所に入れなければ職を失ってしまう不安がつきまとうなど、それぞれに深刻な声が寄せられている（厚生労働省「『保活』の実態に関する調査の結果」（平成28年7月28日公表））。

　保育所等の申請・利用等について親子が不安なく過ごせるよう、利用者支援事業などの活用とともに、保活専用サイトの開設や早期の段階から保育所等入所にかかわる情報にアクセスできるようなしくみづくりが求められている。

（中谷奈津子）

第5講

保育所保育指針に基づく保育

　わが国の保育の指針である「保育所保育指針」(以下、保育指針)について、その内容や制度的位置づけについて学習する。特に2017(平成29)年3月に改定された保育指針の内容やその趣旨について具体的に学び、理解を深めていく。今回の改定では保育指針、幼稚園教育要領、幼保連携型認定こども園教育・保育要領が同時に告示され、より整合性が図られたが、その背景や共通する事項等についても学んでいく。

Step 1

1. 保育所保育指針とは何か

保育所保育指針の制度的位置づけ

　現在、全国には約2万3000か所の認可保育所（保育園）があり、それぞれの地域性や保育所の特性を活かして日々乳幼児を保育している。保育所の規模や運営主体はさまざまであるが、認可保育所においては、厚生労働省が告示した保育所保育指針（以下、保育指針）に基づいて保育しなければならない。

　保育指針は、1965（昭和40）年に制定されて以降、1990（平成2）年、1999（平成11）年、2008（平成20）年と三度の改定を経て、2017（平成29）年に四度目の改定が行われた。新保育指針は2018（平成30）年4月に施行されている。

　保育指針は、全国の保育所の保育の内容やその質を担保するものとして制定され、保育の実施にかかわる事項と、これに関連する運営に関する事項について定めている。保育者はこの内容を理解し、遵守することが求められる。

「児童福祉施設の設備及び運営に関する基準」に基づく保育指針

　「児童福祉施設の設備及び運営に関する基準」には、保育所の設備の基準や職員の配置基準などが規定されている。このなかで、「保育の内容」に関する基準として、「保育所における保育は、養護及び教育を一体的に行うことをその特性とし、その内容については、厚生労働大臣が定める指針に従う」（第35条）とあり、ここにある「厚生労働大臣が定める指針」が保育指針である。

　このように保育指針は、保育所が遵守する最低基準として位置づけられているのである。それゆえに、全国の認可保育所においては保育指針に基づく保育が行われているかが常に問われ、行政の指導監査もこうした観点から行われる。また、地域型保育事業や認可外の保育施設においても、保育指針に準拠した保育が求められる。

保育指針の理念

　国が保育指針を定めているのは、前述のように「全国の保育所の保育の内容やその質を担保する」ためであり、入所する子どもの最善の利益を保障するためでもある。保育指針第1章「総則」にあるように、保育所の目的は子どもの「健全な心身の発達を図る」ことであり、保育所は「入所する児童の最善の利益を考慮し、その福祉を積極的に増進することに最もふさわしい生活の場でなければならない」とし

ている。

　保育所は乳幼児の健やかな成長を支え、うながす生活の場であり、一人ひとりの子どもが尊重され、愛護され、育ち、育てられる保育の専門施設である。そのための保育の基本原則を定めたものが保育指針であり、保育の道しるべとなるものである。

2. 改定保育指針の内容

保育指針の改定の背景と方向性

　子どもや子育ての環境の変化や保育をめぐるさまざまな課題等をふまえ、以下の5つの事柄が保育指針改定の基本的な方向性としてあげられる（**図表5-1**）。

　1つ目は「乳児・1歳以上3歳未満児の保育に関する記載の充実」である。心身の発達の基盤が形成される重要な時期であることや、3歳未満児の保育所入所が増えていること等がふまえられている。特に乳児期については、発達が未分化であることから、いわゆる5領域ではなく、3つの視点で保育のねらいおよび内容が示された。

　2つ目は「保育所保育における幼児教育の積極的な位置づけ」である。新保育指針では第1章「総則」に「幼児教育を行う施設として共有すべき事項」の項目が設けられ、幼稚園教育要領、幼保連携型認定こども園教育・保育要領と同様、「育みたい資質・能力」および「幼児期の終わりまでに育ってほしい姿」が明記された。

図表5-1　保育指針の方向性（ポイント）

①乳児・1歳以上3歳未満児の保育に関する記載の充実
　→3歳未満児の保育の需要とその重要性、保育の場の拡大
②保育所保育における幼児教育の積極的な位置づけ
　→幼稚園、認定こども園とともに幼児教育の一翼を担う
③環境の変化を踏まえた健康・安全の記載の見直し
　→災害への対応を含め、安全な保育環境の確保の重要性
④保護者・家庭や地域と連携した子育て支援の必要性
　→さらなる保護者支援と地域子育て支援の重要性
⑤職員の資質・専門性の向上
　→研修の充実とその実施体制の強化の必要性

資料：厚生労働省資料をもとに作成。

保育のねらいおよび内容等においても、指針・要領の整合性がより図られ、幼児教育の充実と小学校との連携が推進されている。

3つ目は「環境の変化を踏まえた健康・安全の記載の見直し」である。これについてはすでに第2講で触れたが、「災害への備え」の項目が保育指針に新設され、保育所の安全・防災対策の重要性が強調されている。また、年々増えているアレルギー疾患への対応や保育中の事故防止の必要性等もふまえられている。

4つ目は「保護者・家庭や地域と連携した子育て支援の必要性」である。子ども・子育て支援新制度の施行をふまえ、さらなる子育て支援の充実と地域のさまざまな社会資源との連携等について強調されている。

5つ目は「職員の資質・専門性の向上」である。特に研修の確保と充実が重要であることが示されている。また2017（平成29）年に定められた「保育士等キャリアアップ研修ガイドライン」をふまえ、保育士のキャリアパスを見すえた記載内容となっている。

保育指針改定の主な内容

改定された保育指針は、これまでの7章構成から5章構成となった。すなわち第1章「総則」、第2章「保育の内容」、第3章「健康及び安全」、第4章「子育て支援」、第5章「職員の資質向上」の5章である（図表5-2）。

また、構成および内容は以下のように見直された（図表5-3）。

保育の内容のうち「養護に関わる内容」は保育実践の基盤となるものとして第1章「総則」に移行し、保育のねらいおよび内容は「乳児」「1歳以上3歳未満児」「3歳以上児」の3つに分けて示された。また、これまで保育所保育の全体像を示すものとして規定されていた「保育課程」は「全体的な計画」とされ、第1章に明記された。

他にも「保護者支援」が「子育て支援」に改められたり、「災害への備え」の項目が第3章「健康及び安全」に新設されている。

保育指針の根幹となる第1章「総則」は、「1　保育所保育に関する基本原則」「2　養護に関する基本的事項」「3　保育の計画及び評価」「4　幼児教育を行う施設として共有すべき事項」の4つの柱で構成される。ここに規定されている事項が第2章以下の内容につながり、具体化されており、常に「総則」に戻って根拠を確認したり、各章の関連を理解することが重要である。

図表5-2　保育指針の構成

○第1章〜第5章で構成、保育所の保育の内容及び内容に関連する運営に関する事項を定める

第1章　総則
保育所保育指針の基本となる考え方と全体像を示す（2章以下の根幹をなす）
1. 保育所保育に関する基本原則　2. 養護に関する基本的事項
3. 保育の計画及び評価　4. 幼児教育を行う施設として共有すべき事項

第2章　保育の内容
乳幼児期の子どもが身につけることが望まれる心情、意欲、態度などの事項及び保育士等が行わなければならない事項等、保育所における保育の内容を示す
1. 乳児保育に関わるねらい及び内容
2. 1歳以上3歳未満児の保育に関わるねらい及び内容
3. 3歳以上の保育に関わるねらい及び内容
4. 保育の実施に関して留意すべき事項

第3章　健康及び安全
子どもの生命の保持と健やかな生活の基本となる健康及び安全の確保のためにしなければならない事項について示す
1. 子どもの健康支援
2. 食育の推進
3. 環境及び衛生管理並びに安全管理
4. 災害への備え

第4章　子育て支援
子育て支援に関する基本を踏まえ、保育所の特性を生かした入所児の保護者への支援及び地域の子育て支援について示す
1. 保育所における子育て支援に関する基本的事項
2. 保育所を利用している保護者に対する子育て支援
3. 地域の保護者等に対する子育て支援

第5章　職員の資質向上
質の高い保育を展開するために必要となる職員の資質向上について、施設長の責務を明確化するとともに研修について示す
1. 職員の資質向上に関する基本的事項
2. 施設長の責務
3. 職員の研修等
4. 研修の実施体制等

資料：保育所保育指針をもとに作成。

図表5-3　保育指針の見直しの概要

① 旧指針7章構成から5章構成へ

② 旧指針第2章「子どもの発達」は「保育の内容」と併せて記載

③ 旧指針第4章「保育の計画及び評価」は第1章「総則」に移行

④ 「保育課程の編成」は「全体的な計画の作成」へ

⑤ 旧指針第3章「保育の内容」にある「養護に関わるねらい及び内容」は第1章へ

⑥ 「保育の内容」は「乳児」「1歳以上3歳未満児」「3歳以上」「基本的事項」「ねらい及び内容」（内容の取扱い）「配慮事項」「留意事項」

⑦ 「健康及び安全」に「災害への備え」の項目

⑧ 「幼児期の終わりまでに育ってほしい姿」の明記

⑨ 旧指針第6章「保護者に対する支援」は第4章「子育て支援」へ

「総則」にみる保育所保育の基本原則

　保育指針の第1章「総則」の1には、保育所保育に関する基本原則として、まず（1）に「保育所の役割」について規定している。このなかで、保育所は「保育に関する専門性を有する職員が、家庭との緊密な連携の下に、子どもの状況や発達過程を踏まえ、保育所における環境を通して、養護及び教育を一体的に行う」としている。さらに、保育所は「家庭や地域の様々な社会資源との連携を図りながら、入所する子どもの保護者に対する支援及び地域の子育て家庭に対する支援等を行う」と規定している。

　次に（2）保育の目標、（3）保育の方法、（4）保育の環境について示されている（**図表5-4**）。

　まず、「保育の目標」として2つの柱がある。1つは子どもの保育の目標であり（（2）ア）、「子どもが現在を最も良く生き、望ましい未来をつくり出す力の基礎を培う」ために（ア）から（カ）まで6つの事項が規定されている。このうち、（ア）は「養護」に関する目標で「子どもの様々な欲求を満たし、生命の保持及び情緒の安定を図ること」としている。（イ）から（カ）までは、いわゆる5領域について

図表5-4 保育の目標・方法・環境

（保育指針第1章「総則」の1（2）～（4）より）

（2）保育の目標　ア　「子どもが現在を最も良く生き、望ましい未来をつくり出す力の基礎を培う」
　　　　　　　　　ありのままを受容し、育ちゆく可能性を見つめる・子どもの現在と未来をつなぐ

養護と5領域の目標

（ア）養護、（イ）健康、（ウ）人間関係、（エ）環境、（オ）言葉、（カ）表現

（3）保育の方法

| ア 子どもの状況の把握、子どもの主体性尊重 | イ 健康・安全、情緒の安定した生活の中で自己発揮できる環境の整備 | ウ 発達過程・個人差を踏まえる | エ 子ども相互の関係、仲間との遊び・活動 | オ 生活や遊びを通して総合的に保育する |

（4）保育の環境
　様々な環境の相互的な関連に留意し、計画的に環境を構成
　ア　子ども自らが関わる環境、イ　安全で保健的な環境、ウ　温かな親しみとくつろぎの場、生き生きと活動できる場、エ　人との関わりを育む環境

（2）保育の目標
　イ　「入所する保護者の意向を受け止め、子どもと保護者の安定した関係に配慮し、保育士の専門性を生かして援助に当たる」

（3）保育の方法
　カ　保護者の状況や意向を理解、受容し、親子関係や家庭生活等に配慮しながら、様々な機会をとらえ、適切に援助

の目標となっている。これらの目標が、第2章の「保育の内容」にあるねらいや内容につながる（図表5-5）。

もう1つの柱は、保護者支援に関する目標であり（(2) イ）、ここにある目標が、第4章の「子育て支援」につながっていく。

「保育の方法」については、子どもの主体性の尊重（そんちょう）や生活や遊びを通して総合的に行うことなど、アからオまでが規定されている。また、カとして保育における保護者支援の方法が規定されている。

「保育の環境」については、環境を通して行う保育の実践のために、ア 子ども自らがかかわる環境であること、イ 安全で保健的な環境であること、ウ 温かな親しみの場であるとともに生き生きと活動できる場であること、エ 人とのかかわりを育む環境であることの4つが規定されている。そして、人的環境、物的環境、自然や社会事象等の環境が相互に関連し合い、子どもの生活が豊かに展開されるよう計画的に環境を構成しなければならないとしている。

(5)には保育所の役割として、「保育所の社会的責任」についての規定がある。これについては**第2講**ですでにふれたが、ア 子どもの人権を尊重する、イ 地域社会との交流と保護者への説明責任、ウ 個人情報の適切な取扱いと苦情解決の責任の3つの事項が規定されている。

養護に関する基本原則

保育実践の根幹をなすものとして、これまで「保育の内容」の章に規定されていた「養護に関わるねらい及び内容」が第1章「総則」の2として示されている。内

図表5-5 保育（養護と教育）の目標

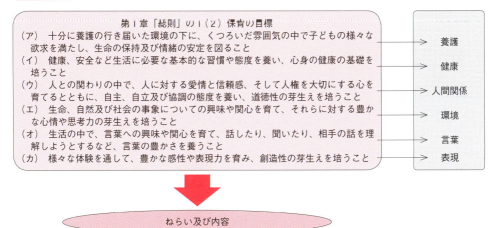

容についてはこれまでと同様であり、子どもの生命の保持と情緒の安定のために保育士が行うかかわりと援助について規定されている（**図表5-6**）。

　養護については、乳児や低年齢児のみならず、すべての年齢の子どもにとって重要であり、一人ひとりの子どもが保育の場に親しみ、安心感と安定感をもって過ごせるよう、その心身の健康に留意して保育することを求めている。また、保育士等が一人ひとりの子どもをかけがえのない存在として大切に慈しみ、その気持ちを汲み取りながら受容的にかかわることで、人への基本的な信頼感や自己肯定感を育むことをめざしている。

保育の計画および評価

　「保育の計画及び評価」については、第1章「総則」の3に規定され、保育所が計画を作成し見通しをもって保育することや、計画に照らし合わせて実践を評価することの重要性について示している。また「評価を踏まえた計画の改善」の項目が新たに設けられ、いわゆるカリキュラム・マネジメントの考えに基づき、計画・実践・評価・改善の循環（PDCAサイクル）による保育の質の向上をめざし、全職員が共通理解をもって組織的に取り組むこととされている。

図表5-6 養護に関する基本的事項

（保育指針第1章「総則」の2）

保育における養護とは、子どもの生命の保持及び情緒の安定を図るために保育士等が行う援助や関わりである。

生命の保持

ねらい
　一人一人の子どもが
①快適に生活できるようにする
②健康で安全に過ごせるようにする
　一人一人の子どもの
③生理的欲求が十分に満たされるようにする
④健康増進が積極的に図られるようにする

内容（要旨）
①平常の健康状態や発育・発達状態の把握、速やかに適切に対応する
②保健的で安全な保育環境の維持および向上に努める
③子どもの生理的欲求を満たし、適切な生活リズムをつくる
④適度な運動と休息、意欲的に生活できるよう援助する

情緒の安定

ねらい（要旨）
　一人一人の子どもが
①安定感をもって過ごせるようにする
②自分の気持ちを安心して表すことができるようにする
③自分を肯定する気持ちが育まれていくようにする
　一人一人の子どもの
④心身の疲れが癒されるようにする

内容（要旨）
①子どもの欲求を満たしながら、応答的なふれ合いや言葉かけを行う
②子どもの気持ちを受容し、共感しながら継続的な信頼関係を築いていく
③自発性、探索意欲、自分への自信がもてるよう、成長過程を見守り、適切にはたらきかける
④活動内容のバランスや調和を図り、適切な食事や休息がとれるようにする

幼児教育を行う施設として共有すべき事項

　保育所は幼児教育を担う施設であり、幼稚園教育要領、認定こども園教育・保育要領と同様に「育みたい資質・能力」および「幼児期の終わりまでに育ってほしい姿」が第1章「総則」の4として規定された。幼稚園、認定こども園、そして小学校と子どもの育ちの具体的な姿を共有し、子どもへの理解を深めながら実践していくための手立てとなることが期待される。

3. 保育指針に基づく保育の展開

「乳児保育に関わるねらい及び内容」について

　第2章「保育の内容」は、乳児、1歳以上3歳未満児、3歳以上児についてそれぞれに示された。このうち、「乳児保育に関わるねらい及び内容」は、「ア　健やかに伸び伸びと育つ」「イ　身近な人と気持ちが通じ合う」「ウ　身近なものと関わり感性が育つ」の3つの視点から規定され、それぞれに「内容の取扱い」が明記されている。乳児保育の重要性をふまえ、ここにある3つの視点が1歳以降の5領域のねらいおよび内容につながることを考慮して保育していくことが重要である。

「1歳以上3歳未満児の保育に関わるねらい及び内容」について

　1歳以上3歳未満児の保育の内容は、5領域で示され、それぞれの領域に3つずつのねらいとねらいを達成するための「内容」や「内容に関する取扱い」が規定されている。また、配慮事項では、この時期の子どもの心身の発達の特性をふまえることについて記されている（第8講参照）。

　1、2歳児の保育は、乳児保育と3歳以上児の保育の間にあって、その両方を見すえながら発達や生活の連続性をふまえた保育をしていかなければならない。特に同じクラスであっても年齢や月齢、発達の状態等を十分考慮して、一人ひとりの子どもの成長が守られうながされるよう留意する必要がある。

「3歳以上児の保育に関するねらい及び内容」について

　3歳以上児の保育の内容は、幼稚園教育要領、認定こども園教育・保育要領と同様である。5領域の「ねらい及び内容」については乳児保育、1歳以上3歳未満児の保育とのつながりに留意し、子どもの発達や保育の目標等をふまえ総合的に保育

していくことが求められる。特に、第1章「総則」にある「幼児期の終わりまでに育ってほしい姿」が、「ねらい及び内容」に基づき活動全体を通して育まれていくことをふまえたい。

第3章「健康及び安全」について

第2講でも触れたように、第3章には「災害への備え」の項目が新設された。さらに「子どもの健康支援」「食育の推進」「環境及び衛生管理並びに安全管理」の項目を設け、子どもの健康と安全について保育所で取り組むべき事項を定めている。

保育所においては、一人ひとりの子どもの健康の保持および増進ならびに安全の確保に努め、家庭や地域との連携を図りながら適切に対応していくことが求められる。

第4章「子育て支援」について

これまで「保護者に対する支援」として規定されていた内容が「子育て支援」となり、保育所における子育て支援の役割が整理されている。

1の「保育所における子育て支援に関する基本的事項」においては、保育所の特性を活かしながら、日常的かつ継続的に支援していくことやその留意事項について規定している。2の「保育所を利用している保護者に対する子育て支援」では、さまざまな機会を通じて子どもの日々の様子を伝えたり、保育の意図を説明したりしながら保護者との相互理解を図ることを明記している。また、一人ひとりの保護者の状況に応じた支援を行うとともに、不適切な養育等が疑われる場合には、市町村や関係機関と連携することが必要とある。3の「地域の保護者等に対する子育て支援」については、保育所の長年にわたる実績を活かし、地域に開かれた子育て支援であることや一時預かり事業について示されている。また地域の関係機関と連携を図ることについて明記されている。

第5章「職員の資質向上」について

保育の質と専門性の向上のために、これまでも保育所は不断に努力し取り組んできたが、保育指針においてはさらに組織的な取り組みとして行うことが強調されている。特に、研修体系に基づく研修の計画的な実施や外部研修の受講について明記された。さらに、研修の成果が活用されることや、職員の職位や職務内容に応じた役割分担と専門性向上のための取り組みが重要であるとしている。

図表5-7　第4章「子育て支援」

保育所における子育て支援は、保育所の特性やその専門性を生かし、積極的に取り組むことが求められる

1．保育所における子育て支援に関する基本的事項

- （1）保育所の特性を生かした子育て支援
  - ア　相談・助言の原則、受容・信頼関係　保護者の自己決定
  - イ　保育士の専門性や保育の環境を生かす
- （2）子育て支援に関して留意すべき事項
  - ア　関係機関・団体等との連携・協働
  - イ　プライバシーの保護、秘密保持

→ 保育に関する知識・技術などの保育士の専門性／子どもが常にいること・遊具や遊びの宝庫・安全で安心な保育環境などの保育所の特性

2．保育所を利用している保護者に対する子育て支援

- （1）保護者との相互理解
  - 子どもの保育との密接な関連の中で様々な機会を活用して行う
  - ・送迎時の対応・相談・助言・連絡・通信・会合・行事
  - ・子どもの様子や保育の意図などを伝える
- （2）保護者の状況に配慮した個別の支援（就労と子育ての両立支援）
  - 障害・発達課題のある家庭への支援
  - 外国籍家庭への支援
  - 多様な保育（延長保育・休日・夜間の保育・病児・病後児保育等）の実施では保護者の状況への配慮と子どもの福祉の尊重に努める
- （3）不適切な養育等が疑われる家庭への支援への対応
  - 関係機関との連携、要保護児童対策地域協議会での検討、虐待等への対応・通告

3．地域の保護者等に対する子育て支援

- （1）地域に開かれた子育て支援　〈一時預かり等〉
- （2）地域の関係機関等との連携

資料：厚生労働省

図表5-8　第5章「職員の資質向上」

1．職員の資質向上に関する基本的事項
- （1）保育所職員に求められる専門性
- （2）保育の質の向上に向けた組織的な取組

- 一人一人の倫理観、人間性　職務及び責任の理解と自覚（子どもの最善の利益）
- 自己評価に基づく課題を踏まえた研修　職務内容に応じた知識・技能、専門性の向上（保育実践・自己評価・研修）

2．施設長の責務　保育所の役割・社会的責任の遂行・職員の資質向上のために必要な環境の確保
- （1）施設長の責務と専門性の向上　法令等の遵守　社会情勢等を踏まえた専門性の向上
- （2）職員の研修機会の確保等　体系的・計画的な研修の実施

3．職員の研修等
- （1）職場における研修
- （2）外部研修の活用

自己評価に基づく課題・目標

4．研修の実施体制等
- （1）体系的な研修計画の作成
- （2）研修成果の活用

ともに学び合う環境の醸成　保育所の活性化

資料：厚生労働省

Step2

保育所保育指針と幼稚園教育要領

保育所と幼稚園

　保育所と幼稚園は、ともに就学前の子どもの健やかな心身の発達を図るため、「環境を通して」実践を重ねている。厚生労働省が管轄する保育所と文部科学省が管轄する幼稚園とでは根拠となる法律が異なり、保育者の規定も保育士、幼稚園教諭と異なる。また、対象となる年齢も保育所が0歳からであるのに対し、幼稚園は3歳からである。その他、保育時間や施設の基準なども異なるが、保育の原理となる事柄や内容は同様のものとなっている。さらに、大学などでの保育士・幼稚園教諭の養成課程はほぼ重なり、両方の資格・免許を同時に取得できるところが多い。

　図表5-9にあるように、保育所、幼稚園ともにその目的は、子どもの健やかな心身の発達を図る（助長する）ことであり、目的を達成するための5領域の目標は同様である。保育所においては、乳児を含む3歳未満児を保育することや保育時間

図表5-9　保育所と幼稚園の目的と目標

保育所保育・幼稚園教育の目的

保育所保育指針　第1章「総則」 1-(1)	学校教育法　第22条
「保育所は、児童福祉法第39条の規定に基づき、保育を必要とする子どもの保育を行い、その健全な心身の発達を図ることを目的とする児童福祉施設であり、入所する子どもの最善の利益を考慮し、その福祉を積極的に増進することに最もふさわしい生活の場でなければならない」	「幼稚園は、義務教育及びその後の教育の基礎を培うものとして、幼児を保育し、幼児の健やかな成長のために適当な環境を与えて、その心身の発達を助長することを目的とする」

保育・教育の目標

保育所保育指針　第1章「総則」 1-(2)	学校教育法　第23条
ア　「(前略)保育所の保育は、子どもが現在を最も良く生き、望ましい未来をつくり出す力の基礎を培うために、次の目標を目指して行わなければならない」 （ア）養護 （イ）健康 （ウ）人間関係 （エ）環境 （オ）言葉 （カ）表現 イ　保護者への支援 →保育所保育指針　第2章「保育の内容」ねらい及び内容	「幼稚園における教育は、前条に規定する目的を実現するため、次に掲げる目標を達成するよう行われるものとする」 1. 健康 2. 人間関係 3. 環境 4. 言葉 5. 表現 →幼稚園教育要領　第2章「ねらい及び内容」

5領域に関するねらい・内容は指針と要領に同様に規定
（保育指針には第1章総則に養護に関わるねらい及び内容も規定）

（下線は筆者）

資料：保育所保育指針をもとに作成。

が長く、生活面でのかかわりと援助がより必要とされることもあり、養護に関する目標が規定されている。

改訂幼稚園教育要領の構成

　2017（平成29）年3月に文部科学大臣により告示された幼稚園教育要領は、保育所保育指針（以下、保育指針）、幼保連携型認定こども園教育・保育要領（以下、教育・保育要領）との整合性が図られるとともに、小学校等の学習指導要領の改訂内容がふまえられている。

　第1章「総則」は、第7までの規定があり、このなかで第2にある「幼児期の終わりまでに育ってほしい姿」等は保育指針、教育・保育要領と同様に規定されている。第2章の「ねらい及び内容」も同内容となっている。また、第1章には小学校学習指導要領と同様、カリキュラム・マネジメントや評価の実施について詳しく示されている。さらに、障害のある幼児や海外から帰国した幼児への配慮について新たに示されたが、これらも学習指導要領をふまえての規定である。教育課程にかかる教育時間の終了後に行う「預かり保育」については、第7および第3章にその留意事項が示されている。さらに、昨今の子育て家庭の状況をふまえ、子育ての支援について明記された。

図表5-10　幼稚園教育要領

（第1章～第3章で構成。幼稚園における教育課程およびその他の保育内容を定める）

第1章　総則
- 第1　幼稚園教育の基本
- 第2　幼稚園教育において育みたい資質・能力及び「幼児期の終わりまでに育ってほしい姿」
- 第3　教育課程の役割と編成等
- 第4　指導計画の作成と幼児理解に基づいた評価
- 第5　特別な配慮を必要とする幼児への指導
- 第6　幼稚園運営上の留意事項
- 第7　教育課程に係る教育時間終了後等に行う教育活動など

第2章　ねらい及び内容
- 健康　　1ねらい　2内容　3内容の取扱い
- 人間関係　1ねらい　2内容　3内容の取扱い
- 環境　　1ねらい　2内容　3内容の取扱い
- 言葉　　1ねらい　2内容　3内容の取扱い
- 表現　　1ねらい　2内容　3内容の取扱い

第3章　教育課程に係る教育時間の終了後等に行う教育活動などの留意事項
- 第1　教育課程に係る教育時間の終了後等に行う教育活動
- 第2　子育ての支援

資料：幼稚園教育要領をもとに作成。

Step3

幼保連携型認定こども園教育・保育要領

認定こども園について

　認定こども園は、2006（平成18）年に創設された幼保一体型施設であり、「就学前の子どもに関する教育、保育等の総合的な提供の推進に関する法律」（認定こども園法）に基づき運営されている。また、内閣府、文部科学省、厚生労働省により2014（平成26）年に告示された「幼保連携型認定こども園教育・保育要領」（以下、教育・保育要領）をふまえ、日々の教育および保育が行われている。この教育・保育要領は、保育所保育指針（以下、保育指針）、幼稚園教育要領と同様、2017（平成29）年に改正され、翌年より施行されている。

教育・保育要領の構成

　教育・保育要領は**図表5-11**のような構成となっているが、これは保育指針と幼稚園教育要領の内容を併せもつものとなっている。特に2017（平成29）年の改訂では第3章、第4章の内容が保育指針とほぼ同様の規定となった。

図表5-11　幼保連携型認定こども園教育・保育要領

（第1章〜第4章で構成。幼保連携型認定こども園における教育・保育の内容を定める）

第1章　総則
- 第1　幼保連携型認定こども園における教育及び保育の基本及び目標等
- 第2　教育及び保育の内容並びに子育ての支援等に関する全体的な計画等
- 第3　幼保連携型認定こども園として特に配慮すべき事項

第2章　ねらい及び内容並びに配慮事項
- 第1　乳児期の園児の保育に関するねらい及び内容
- 第2　満1歳以上満3歳未満の園児の保育に関するねらい及び内容
　健康・人間関係・環境・言葉・表現
- 第3　満3歳以上の園児の教育及び保育に関するねらい及び内容
　健康・人間関係・環境・言葉・表現
- 第4　教育及び保育の実施に関する配慮事項

第3章　健康及び安全
- 第1　健康支援
- 第2　食育の推進
- 第3　環境及び衛生管理並びに安全管理
- 第4　災害への備え

第4章　子育ての支援
- 第1　子育ての支援全般に関わる事項
- 第2　幼保連携型認定こども園の園児の保護者に対する子育ての支援
- 第3　地域における子育て家庭の保護者等に対する支援

資料：幼保連携型認定こども園教育・保育要領をもとに作成。

幼保連携型認定こども園の目的・目標等

　幼保連携型認定こども園の目的は、認定こども園法の第2条第7項に示されているように、「子どもの健やかな成長が図られるよう適当な環境を与えて、その心身の発達を助長するとともに、保護者に対する子育ての支援を行うことを目的とする」ことであり、この目的を達成するために、同法第9条には教育・保育の目標が6つ示されている（図表5-12）。ここにはまず、教育の5領域に関する目標があり、6つ目の目標として「養護」に関連する「心身の健康の確保及び増進」が規定されている。

　教育・保育要領第2章「ねらい及び内容並びに配慮事項」は、乳児と1歳以上3歳未満児については保育指針と同様の規定であり、3歳以上児については保育指針、幼稚園教育要領と共通のものとなっている。就学前の子どもがどこに在籍していてもめざすところは同じであり、乳幼児期の発達をふまえた総合的な実践と子育ての支援が求められる。

　今後も、保育所や幼稚園から認定こども園に移行する施設が増えることが予想される。すべての職員が協力・連携して園児の保育と教育および子育て支援に携わり、地域における子ども・子育てにかかわる総合的な施設（センター）になることが期待される。それとともに「保育教諭」の専門性の構築が求められるといえよう。

図表5-12　幼保連携型認定こども園の目標

認定こども園法　第9条
　幼保連携型認定こども園においては、第2条第7項に規定する目的を実現するため、子どもに対する学校としての教育及び児童福祉施設としての保育並びにその実施する保護者に対する子育て支援事業の相互の有機的な連携を図りつつ、次に掲げる<u>目標を達成するよう当該教育及び当該保育</u>を行うものとする。

1．健康
2．人間関係
3．環境　　　　　　　　幼保連携型認定こども園教育・保育要領
4．言葉　　　　　　　　第2章「ねらい及び内容並びに配慮事項」
5．表現
6．心身の健康の確保及び増進

保育所がまず養護に関する目標を規定しているのに対し、こども園は5領域に関する目標のあとに養護に関連する事項を定めている。幼稚園は5領域の規定のみである。

（下線は筆者）

資料：認定こども園法および幼保連携型認定こども園教育・保育要領をもとに作成。

参考文献

- 厚生労働省「保育所における自己評価ガイドライン」2009.
- 公益社団法人全国私立保育園連盟編『保育所問題資料集 平成27年度版』全国私立保育園連盟，2015.
- 特定非営利活動法人全国認定こども園協会編著，吉田正幸監『認定こども園の未来——幼保を超えて』フレーベル館，2013.
- 厚生労働省「保育所保育指針解説」2018.
- 文部科学省「幼稚園教育要領解説」2018.
- 内閣府・文部科学省・厚生労働省「幼保連携型認定こども園教育・保育要領解説」2018.

COLUMN　保育所保育指針の周知と学び合い

　保育所保育指針（以下、保育指針）は、約1年間の周知期間を経て2018（平成30）年4月より施行されている。保育士等は、各地で行われる保育指針に関する研修会に参加したり、園内研修などで学び合い、保育指針への理解を深めることが求められる。その際、保育指針の内容を自分たちの実践に引き寄せて保育内容をとらえ直したり、子どもの育ちの過程を見直す等、保育の充実に向けて活用したい。自分たちの保育の特性や子どもの状況、地域性などに照らし合わせ、創意工夫を図ることが肝要である。

　今回の改定で保育所は「幼児教育を行う施設」と明記されたが、その「教育」や「育ってほしい姿」の中身を自分たちの言葉で検証しながら、保育観、子ども観を探求していくとよいだろう。保育者同士の対話や協働により子どもの「生」が守られ、その育ちや可能性が引き出されることを願う。

（天野珠路）

図表　保育所保育指針のめざすところ

「現在を最も良く生き、望ましい未来をつくり出す力の基礎を培う」ために

- 子どもの最善の利益
- 現場の力
- 子どもと保育者の相互作用
- 対話と協働

(1) 子どもの「いま・ここで」を最大限大事にしたい
(2) 主体はあくまで子ども…いつかのための、誰かのための、何かのための子どもの「生」ではない
(3) 「望ましい」「育ってほしい」とする大人の価値観等を検証し続ける
(4) 最も「弱い」「未熟」な存在からの視点を失わない
(5) 「育ちゆく存在」への信頼と共感、育ちのプロセスをみる

保育指針と自らの保育実践や価値観、保育観と照らし合わせて園全体で協議し、創意工夫を図る

第 6 講

保育の目標と方法

　保育には、子どもの育ちを育む目標がある。その目標を達成するために、乳幼児期の保育に適した方法がある。保育者は、その目標と方法を理解したうえで「環境」を通した保育を行っている。
　本講では、保育所保育指針を手がかりに、保育の目標と方法について理解を深めるとともに、乳幼児期の保育がその後の成長にどのようにつながるのか、小学校以降の「学び」と乳幼児期の「遊び」がどのように関連しているのかを検討する。特に、乳幼児期の保育に「遊び」がどのような意味があるのかを考える。

Step 1

1. 保育所保育指針にみる保育の目標

　保育所保育指針（以下、保育指針）の第1章「総則」の1の「(2) 保育の目標」には次のような記述がある。

　「ア　保育所は、子どもが生涯にわたる人間形成にとって極めて重要な時期に、その生活時間の大半を過ごす場である。このため、保育所の保育は、子どもが現在を最も良く生き、望ましい未来をつくり出す力の基礎を培うために、次の目標を目指して行わなければならない」

　この記述のあとに6つの目標が述べられているが、ここではまず、上述の表記についてもう少し掘り下げてみたいと思う。

　まず、確認しておきたいことは、保育所で過ごす乳幼児期という時期は「人間形成にとって極めて重要な時期」であるということである。もう1つは「その生活時間の大半を過ごす場」が保育所であるということである。前者については、今後の学生生活での学びのなかでじっくり学んでほしいと思う。ここでは、後者について少し述べたい。

　保育所にわが子を預けて生活をしていく家庭にはさまざまな事情があり、また子どもを保育所に預ける時間も多様であるが、おおよそ、こんなふうではないだろうか。ある保育所では、保育所で過ごす時間が短い場合で8時半頃登園し、16時頃降園、または長い場合で7時半頃登園し、19時頃に降園する家庭がみられるという。この事実だけでも、「生活時間の大半を過ごす場」であることがよくわかるのではないだろうか。さらに、母親（父親）は子どもを迎えに行き、家に帰ると座る間もなく、洗濯物を取り込み、夕飯の支度、食事、お風呂、寝かしつけと忙しく、ゆったり子どもとかかわる時間をもつことが難しい家庭も少なくない。だからこそ、「生活時間の大半を過ごす」保育所でどのような保育をつくっていくのかは非常に重要な課題である。

　保育の目標にはもう1つ大きな記述がある。

　「イ　保育所は、入所する子どもの保護者に対し、その意向を受け止め、子どもと保護者の安定した関係に配慮し、保育所の特性や保育士等の専門性を生かして、その援助に当たらなければならない」

　保育所の目標の2つ目は、「子どもの保護者」に対する目標になっている。現代社会はよくいわれるように、少子化、核家族化、情報化社会である。現代社会を象徴するこの3つの現象は、子育て文化を大きく変えていった。少子化により、子ども集団が縮小していった。核家族化は、祖父母による子育て文化の伝達を困難にし

ていった。子育ての知恵を誰にも教えてもらえないまま、親（保護者）が子育てに向き合わなければならなくなった。「知恵」の代わりに、社会のなかに氾濫する「情報」に親は振り回され、かえって状況が苦しくなることも少なくない。こうした社会背景が存在するなかで、子どもの発達過程や子どもの遊びなどをはじめとする保育所の専門性を活かして、家庭の子育てに貢献していくことも保育所の目標として位置づけられているのである。

2. 保育指針にみる保育の方法

　保育の目標を確認したが、それではその目標を達成するためにはどのようにしたらよいのだろうか。保育指針の第1章「総則」の1の「(3) 保育の方法」に、「保育の目標を達成するために、保育士等は、次の事項に留意して保育しなければならない。」に続いて、次の6つが具体的な方法として記されている。少し長くなるが引用してみたい。

> ア　一人一人の子どもの状況や家庭及び地域社会での生活の実態を把握するとともに、子どもが安心感と信頼感をもって活動できるよう、子どもの主体としての思いや願いを受け止めること。
> イ　子どもの生活のリズムを大切にし、健康、安全で情緒の安定した生活ができる環境や、自己を十分に発揮できる環境を整えること。
> ウ　子どもの発達について理解し、一人一人の発達過程に応じて保育すること。その際、子どもの個人差に十分配慮すること。
> エ　子ども相互の関係づくりや互いに尊重する心を大切にし、集団における活動を効果あるものにするよう援助すること。
> オ　子どもが自発的・意欲的に関われるような環境を構成し、子どもの主体的な活動や子ども相互の関わりを大切にすること。特に、乳幼児期にふさわしい体験が得られるように、生活や遊びを通して総合的に保育すること。
> カ　一人一人の保護者の状況やその意向を理解、受容し、それぞれの親子関係や家庭生活等に配慮しながら、様々な機会をとらえ、適切に援助すること。
>
> （下線は筆者）

　まず、下線部に注目してみよう。これは、保育の目標を達成するための方法において特に重要だと思われるものに筆者が引いたものである。保育の方法で最も重要であり、保育を行ううえで出発点となるのは「子どもの理解」である。保育所および保育者は、子どもを理解するために一人ひとりの家庭状況などの生活実態や発達過程をさまざまなアプローチから理解することがきわめて重要である。そのうえ

で、子どもが自己を存分に発揮(はっき)できるような「環境」を整え、「生活や遊びを通して総合的に保育すること」が、保育の方法におけるポイントとなる。

3. 環境を通した保育

　保育の方法において「環境」が重要であることを説明した。では、保育における「環境」とはどのようなものをイメージすればよいのだろうか。「環境」について、保育指針では次のような記述がある（第1章「総則」の1の「(4) 保育の環境」）。

　「保育の環境には、保育士等や子どもなどの<u>人的環境</u>、施設や遊具などの<u>物的環境</u>、更には<u>自然や社会の事象</u>などがある。保育所は、こうした<u>人、物、場</u>などの環境が相互に関連し合い、子どもの生活が豊かなものとなるよう、次の事項に留意しつつ、計画的に環境を構成し、工夫して保育しなければならない。」（下線は筆者）

　まず確認しておきたいのは、保育における環境には大きく3つあるということである。1つ目は人的環境である。保育所には保育士、調理師、事務職員などさまざまな大人がいる。子どもにとって大人は1つの「モデル」であり、模倣(もほう)の対象となることもある。また保育士は子どもにとって、困ったときに助けてくれる大人であり、また一緒に遊んでくれる仲間として存在することもあり、その役割は多様である。いずれにしても人的環境としての保育士等の大人が子どもに「温かい関心」[1]をよせることが大切である。

　2つ目は物的環境である。保育所には園舎などの施設空間、そこに設置される遊具や、子どもが自由に使えるさまざまな玩具(がんぐ)や絵本などのモノがある。3つ目は自然や社会事象であり、四季折々の自然や地域の伝統行事などの社会事象も重要な環境として位置づけられているのである。

　保育所はこれらの3つの環境が相互に関連し合いながら、子どもにとって豊かなものになるよう、計画的に構成し工夫することが求められているのである。つまり環境は、ただそこにあるだけの静的なものではなく、保育者が、子どもの様子をみながら、必要に応じて環境の再構成を行うなど、動的なものとしてとらえる必要もあるだろう。

　では、環境を構成する際、どのような点に留意すればよいのだろうか。再び、保育指針の記述をみてみることにしよう（第1章「総則」の1の「(4) 保育の環境」）。

---

[1]　大宮勇雄『保育の質を高める――21世紀の保育観・保育条件・専門性』ひとなる書房, p.69, 2006.

> ア　子ども自らが環境に関わり、自発的に活動し、様々な経験を積んでいくことができるよう配慮すること。
> イ　子どもの活動が豊かに展開されるよう、保育所の設備や環境を整え、保育所の保健的環境や安全の確保などに努めること。
> ウ　保育室は、温かな親しみとくつろぎの場となるとともに、生き生きと活動できる場となるように配慮すること。
> エ　子どもが人と関わる力を育てていくため、子ども自らが周囲の子どもや大人と関わっていくことができる環境を整えること。

　子どもにとって生活の場である保育所では、子どもの健康や安全への配慮は欠かせない。保育室内外の環境を整える際に、十分留意したいところである。

　また、子どもが自ら興味をもち自発的に活動ができるよう配慮することも重要である。子どもは自分が興味をもったことを、自分から活動したときに最も力を発揮し、新たな力を獲得することができる。子どもの「やってみたい」という気持ちが発揮できるよう、保育者は十分に配慮することが求められる。

　さらに、モノへのかかわりだけではなく、人とのかかわりも今日の子どもの育ちを考えるうえでは重要な視点である。1で述べたように、今日の子どもたちは少子化や核家族化、情報化のなかを生きており、人とかかわる機会が少なく、また情報が氾濫するなか、必要最低限の人とのかかわりでも生きていけてしまう社会でもある。しかし、人が社会のなかで生きていくには、やはり人とのかかわりは欠かせない。乳幼児期の保育所での生活において、人とかかわる力を育てるための経験のできる環境を用意することは重要である。特に言語が未発達な乳児においては、子どもと子ども、子どもと大人のかかわりを生むのに「環境」が重要な役割を果たし、モノを媒介したやりとりを十分に取り入れることは、心身の発達をうながすという点からも重要である。

Step 2

1. 生活と遊びを通した総合的な保育

　Step 2 では Step 1 でみた保育所保育指針（以下、保育指針）に述べられている保育の目標、方法、環境について、もう少し理解を深めてみたい。

　保育を考えるうえで、「生活と遊びを通した総合的な保育」という考え方は重要である。なぜならば、これらが乳幼児期の保育と小学校以降の教育との大きな違いだからである。例えば、「総合的な保育」に着目してみよう。小学校以降の教育では、国語、算数、社会など、各教科に細分化された授業を通して学びが行われる。一方、乳幼児期の保育では、細分化された時間を設けておらず、子どもの日中の活動は「遊び」と「生活」で占められ、それらを通した「総合的な保育」が行われているのである。

　本来、人間の子どもは、生まれた国や地域の文化について、生活を通して獲得していく。例えば、コンゴ民主共和国で暮らす生後11か月の赤ちゃんたちは、歩けるまでにナイフと火を安全に使えるようになるという。身の回りの大人が生活のなかで行っている技に興味をもった赤ちゃんが斧を手にし、周りにいる大人や兄弟姉妹たちはそれを温かく見守るなかで、コミュニティに必要な生活技術をたった11か月の赤ちゃんでも習得できることがわかっている。

　日本では、11か月の赤ちゃんが刃物を持てば、ほとんどの大人が止めに入るだろう。それでも日本の子どもでも、2歳くらいになるとお母さんのしていることをまねしたがり、食器を洗ったり、洗濯物を干したりする姿もみられる。子どもは生活のなかで、生活していくうえで必要な技術を模倣しながら習得していくことがわかる。それゆえに、生活自体を豊かにすることが重要といえよう。

　また、子どもにとってはこうした大人の模倣は遊びそのものである。その典型が「ごっこ遊び」である。子どもたちの遊びを観察していると、いろいろなごっこ遊びが行われている。家庭生活を模倣した「家族ごっこ」、絵本の世界やテレビの子ども向けアニメを模倣したごっこ遊び、運動会が終われば「運動会ごっこ」など、子どもがそのときどきで経験した事柄を模倣し、イメージを共有しながら、模倣から新たなストーリーを展開することも少なくない。大人にとっては「生活」と「遊び」は切り離された言葉だが、子どもにとっては「生活」と「遊び」は連続していることがわかる。

　連続している一方で、やはり子どもは大人とは異なる生活（世界）を生きており、それらを尊重することも重要である。

2. 主体的に没頭して遊ぶとは

　乳幼児期の保育では、小学校以降の教育とは異なり「生活」と「遊び」を通して、生涯の基礎や土台を形成する。その際特に重要なことは、保育指針にもあるように「子どもの主体的な活動」が尊重されていることである。

　子どもは主体的な活動をしているとき、その遊びに没頭する。保育ではそれを「遊び込む」という言葉で表すこともある。夢中になって遊ぶ姿、楽しくて仕方がない姿、集中して取り組む姿、なども、「遊びに没頭している姿」ととらえることができる。

　例えば、ピカピカに光る泥だんごを夢中になってつくっている子どもの姿。ある保育所の年長児は、泥だんごをピカピカに光らせるために、泥だんごをつくり、砂をかけてはこすり、かけてはこすり、という単調な作業を黙々と繰り返していた。没頭すればするほど、夢中になり、無口になっていく姿があった。そして午前中いっぱいかけてこの作業を繰り返し行い、さらに翌日も、その翌日も行い、ピカピカに光らせていく。一方で、黙々とダンゴムシをつかまえている子どもの夢中な姿もよくみることができる。まだ歩くことができない 0 歳児も、天井につるされたモールでつくった飾りをじっとみたり、近くにあるおもちゃに手を伸ばし、それを触ったり、なめたりする姿をよくみるが、これも、0 歳児が五感をフル活動し、世界を知っていく「主体的な活動」なのである。

　子どもがこのように遊びに没頭する姿は、自然発生的といえる。しかし一方で、「主体性」を発揮するためには保育者のはたらきかけも必要である。だからこそ、保育者は子どもの様子をじっくりみて、子ども一人ひとりの興味関心をさぐり、遊びの環境を用意する必要があるといえよう。環境の工夫があるからこそ、子どもたちの「やってみたい」気持ちや、できないかもしれないけど「やってみようかな」という気持ちを引き出すことで、「主体的な活動」が導かれる。また、よりいっそう「わくわく」したり、夢中になったり、没頭できるよう、状況に応じて環境の再構成を行っていくことも重要である。

3. 個と集団

　保育指針には「一人一人の発達過程に応じた保育」を行うことと「集団における活動を効果あるものにするよう援助すること」が示されている。子どもは一人ひとり豊かな個性をもち、かつ発達過程も異なっている。だからこそ、保育所は一人ひとりの発達過程をていねいに理解しながら「一人一人の発達過程に応じた保育」を行うことが求められる。

　一方で、保育所は家庭とは異なり、集団で生活をする場でもある。このことは保育者にとって、一人ひとりの子どもの個性や能力、興味関心、生活経験が異なっていることと集団での活動をどう両立させたらよいかという実践的な課題を含むものでもある。この課題にどのように向き合えばよいだろうか。

　例えば、保育室での一斉活動のときに、保育室に入らず外で遊んでいる子どもがいたらどう思うだろうか。「みんなと一緒に行動ができない困った子ども」ととらえるだろうか。それとも、「その活動とは異なることに興味が向いている興味関心が豊かな子ども」ととらえるだろうか。逆に自由遊びの時間は、子どもたちは自分の好きなことをして遊ぶので、「みんなと一緒に行動できない子ども」は問題視されない。しかし、自分とは異なる他児と遊ぶ経験や、自分の興味関心の外にあるモノや事柄へと関心が広がる機会を逃しているかもしれない。つまり、個々の個性や興味関心が活かされる集団のあり方が問われていくといえる。

　前述した泥だんごづくりに熱中する保育所の年長児は、保育者がピカピカの泥だんごをつくり、できあがりを子どもたちに見せたり、写真を保育室に掲示するなどの環境構成を行っていた。それを見て興味をもった子どもたちは、園庭で泥だんごづくりをし、興味のない子どもたちは鬼ごっこなど別の遊びを行っていた。ところが、黙々と泥だんごをつくっている子どもたちに他の子どもたちが興味をもち、泥だんごをつくって遊ぶ子どもたちがしだいに増えていく。

　保育者は帰りの集いで、ピカピカに光る泥だんごを子どもたち自身が紹介する機会をつくると、さらに「自分もやってみたい」という子どもが増え、だんだんと、だれが一番ピカピカにつくれるか、という目的がクラスの目的になっていき、全体の取り組みに移っていった。このとき、ピカピカの泥だんごづくりに一番夢中になっていたのは、自分の思い通りにならないと我を通そうとする子どもだった。その子にとっては自分のペースでじっくりと取り組め、かつ、夢中になれる遊びであり、またクラスの仲間から評価される取り組みとなった。

　一人ひとりの個性、興味関心、さらには得意なことが、集団によい効果をもたら

図表6-1 個と集団のとらえ方

個と集団の流動性を、ときどきの環境を考慮しながらとらえていく

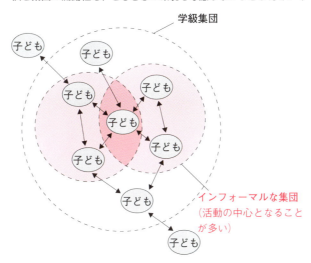

し、集団もまた一人ひとりに「やってみよう」という意欲を生み出している点でよい効果をもたらした1つの例である。

　子どもたちは、楽しそうに遊んでいる子どもに魅力を感じて、その遊びに入っていくこともよくみられる。保育者は一人ひとりの子どもがどのような遊びや活動で自己を発揮できるのかをよく把握し、集団に活かす工夫をすることが求められるといえよう。

　また、遊びへの参加の仕方がさまざまであることも忘れてはいけない。楽しそうに遊んでいる子どもの集団に対して、少し距離をおいてみている子どもがいたとき、遊びに加われない子どもととらえるか、それともその子なりの参加をしているととらえるのかによって、個と集団のよりよい効果を生み出せるかどうかも大きく変わってくる。

　個が活きる集団をどうつくるか、集団が個によりよい効果を生み出すにはどのようなかかわりができるのかを、保育者は試行錯誤しながら保育を行っていくことが大切である。

Step3

1. 生活のなかでの学び

　乳幼児期の豊かな遊びと生活には、深い学びが備わっている。**写真6-1**の赤ちゃんを見てみよう。この写真から、何を感じるだろうか。

　この写真は赤ちゃんのお母さんが撮っている。お母さんは「次はどんなことするのかな」と温かく見守っているように感じる。温かい母の見守りの側で、赤ちゃんは、いたずらをしているのである。しかし、これは単なるいたずらではない。赤ちゃんは生まれてからずっと、あらゆる五感を総動員して自分の身の回りの世界を知ろうとしているのである。

写真6-1　とらえ方によって写真の見方も変わる

　保育所における保育では、このような五感をフル活用して世界を知ろうとする乳幼児期を生きる子どもが、集団で生活をしている。3歳未満児の保育では、保育者は子どもが主体的に遊んでいる姿を見取り、水遊びならば「冷たいねえ」など声をかけながら、より深い学びにつながるよう、対話を繰り返していく。保育者と子どもの対話は、経験を重ねていくうちに、子ども同士の対話にも広がりをみせて、年長児になると、1つの目標に向かって協同的に遊び、そのなかで人とのかかわりやモノの性質などを学んでいくのである*2。

　このような「興味関心」「試行錯誤」の姿は、子どもたちの遊びや生活のいたるところでみることができる。

　幼児期の子どもが夢中になって遊ぶダンゴムシとりも、黙々とダンゴムシを探すなかで、だんだんとどのような場所にダンゴムシがいるのか、ダンゴムシが触ると丸くなるという性質をもつことなどを発見していく。そこから他の虫に興味をもつ子どももいれば、ダンゴムシを飼ってみようと考える子どももいるだろう。最初は、「この虫はなんだろう」という素朴な興味が、「ダンゴムシとり」という遊びに発展し、さらにそこから生態系や虫の性質などを経験的に学んでいることがわかる。

---

*2　大宮（2006）は『レッジョ・エミリアの幼児教育実践記録　子どもたちの100の言葉』（レッジョ・チルドレン，ワタリウム美術館編（2012））のなかでも赤ちゃんが時計の写真を見ながら時計の音に気づいていく過程を解説している。

2. 学びの連続性

　子どもの遊びにともなう深い学びは連続性をもつ。水たまりで遊びがはじまると、最初は水たまりに入るのが楽しい遊びだったとしても、ある子どもが日向の水と日陰の水は温度が違うことに気がついたりする。日陰は寒く、そこにある水は冷たい、日向は暖かく、そこにある水たまりは暖かい、という学びへ広がっていく。日向、日陰、暖かい、冷たい、という温度の発見は、太陽は暖かいという事象の発見に至り、子どもの認知や認識を高め、学びへと連続していくのである。

　遊んでいるといろいろな形や数、量に出会うことも多い。積み木遊びをしていれば、自覚的に概念として学ばなくとも、これは三角、三角と三角を合わせると大きな三角になったり、四角になったりするということを経験的に学んでいく。

　注意深くみると、子どもの遊びには、小学校以降の学びに連続する経験的な学びの要素が豊かに存在している。保育者は子どもの主体的な遊びがその後の学びに連続することを自覚し、子どもと一緒に遊びをつくり出す工夫が必要となる。

3. 保幼小の接続

　保育所や幼稚園、認定こども園等から小学校に就学する子どもたちの問題が「小1プロブレム」という言葉で社会的に認識されるようになって久しい。乳幼児期を過ごす保育所や幼稚園と、児童期を過ごす小学校との段差が大きかったり、時に逆転現象があったりして、適応できない子どもたちが増えていることが課題となっているのである。

　何が段差を生み出しているのだろうか。いくつかのことが背景にあるが、第1には、遊び中心だった生活が教科学習中心の生活に変化することである。第2には、時間の流れが大きく異なる。保育所や幼稚園、認定こども園等では生活の流れがゆるやかである。一方、小学校は45分という小刻みな時間と、チャイムがなると次の活動に素早く移行しなければならないという時間の流れ方の違いがある。

　そこで、保幼小の交流や連携、カリキュラムの制度化が試みられている。連携で比較的多く行われているのが交流である。先生同士の交流レベルで終わるケースと、年長児と1年生が生活科の時間を使って交流する試みも増えている。最近では、保幼の経験を活かしながらスムーズに移行できることをねらったスタート・カリキュラムが各地で着手されており、少しずつ取り組みがみられるようになってきた。

参考文献

- レッジョ・チルドレン，ワタリウム美術館編『レッジョ・エミリアの幼児教育実践記録　子どもたちの100の言葉』日東書院，2012.
- 大宮勇雄『保育の質を高める——21世紀の保育観・保育条件・専門性』ひとなる書房，2006.
- バーバラ・ロゴフ，當眞千賀子訳『文化的営みとしての発達——個人，世代，コミュニティ』新曜社，2006.
- 無藤隆「幼児教育から小学校教育への接続とは」白梅学園大学子ども学研究所「子ども学」編集委員会編集『子ども学』第1号，2013.

COLUMN 保育所保育指針、幼保連携型認定こども園教育・保育要領、幼稚園教育要領にみる「保育の目標と方法」

　保育所は保育所保育指針、幼保連携型認定こども園は幼保連携型認定こども園教育・保育要領、幼稚園は幼稚園教育要領に基づいて保育を行っている。3つの指針、要領とも（乳）幼児期を「生涯にわたる」人格形成の基礎を培う重要な時期であるとし、「環境を通して行う」ことが明記されている。

　2017（平成29）年改定（改訂）の指針、要領の特徴は、保育所、こども園における3歳未満児の保育の内容について充実を図ったこと、および3歳以上児の内容をすべてそろえたところにあるだろう。保育所、こども園、幼稚園ともに幼児教育を行うことが明確に規定され、「幼児期の終わりまでに育ってほしい姿」なども共通に示された。

　さらに保育所、こども園では、養護に関する内容もこれまでと同様に強調されたが、幼稚園も含めて「健康」の領域や「内容の取扱い」および「配慮事項」等の記載をふまえて保育しなければならない。

　今後、指針や要領に基づき、どのように保育および教育を一体的に行っていくのかが問われることになる。

（竹石聖子）

第7講

乳児の保育

　近年、保育の需要が高まり、特に低年齢児の保育の場が必要となっている。乳児保育においても保育の場を増やすとともにその質の確保が重要であり、保育者には、乳児保育の内容や方法における共通の理解が求められる。

　本講では、乳児の発達過程や保育の基本をふまえ、改定された保育所保育指針にある乳児保育の内容を理解するとともに、具体的な援助やかかわりについて学んでいく。また、保護者に寄り添いながらその子育てを支援することの重要性について、理解を深めていきたい。

Step 1

1. 乳児保育の基本

乳児の保育について

　少子化や核家族化が進み、子育て家庭を取り巻く環境が変化するなかで、保育へのニーズが高まり、育児休業後に就労を継続する母親も増えている。

　実際、すべての0歳児のうち、2007（平成19）年の保育所等入所率は7.8％だったが、2018（平成30）年には15.6％と増加し、全国で約15万人の乳児が保育を受けている。2018（平成30）年4月現在、全国に約3000人の0歳児待機児童がいる。

　こうしたなかで、子ども・子育て支援新制度に基づき、「地域型保育」として小規模保育、事業所内保育、家庭的保育などの保育の場が増えているが、都市部においては低年齢児の保育の場が足りていない状況もある。

　一方、児童相談所における児童虐待相談対応件数は年々増加し、平成29年度は13万3778件にのぼる。これは10年前の約3.5倍、20年前の約25倍である。特に実母による0歳児への虐待が多く、さらに妊産婦の死亡原因のトップが自殺という深刻な状況がある。

　母親の子育てへの負担感や孤立感が高まり、若い世代の経済状況が厳しくなっている現在、保護者の就労を支え、その子育てを支援する保育への期待はますます高まり、虐待防止の観点からも、乳児保育は重要な役割を担っている。

　こうしたなかで、子どもの最善の利益をふまえた質の高い乳児保育が全国どこにおいても実践されなければならない。最も幼く未熟な存在である乳児のいのちが守られ、健やかに成長できるよう適切に保育していくことが求められる。

乳児保育にかかる基本的事項

　保育所等では、産休明け保育を生後57日より行っている。0歳児の入所希望も多く、小規模保育所、家庭的保育等で保育するケースも増えている。

　どこで保育するにしても、幼い乳児を手厚く保護し、愛情深いかかわりとていねいな保育により大切に育てていかなければならない。

　保育所保育指針（以下、保育指針）には、「特定の大人との応答的な関わりを通じて、情緒的な絆が形成される」とあり、「乳児保育は、愛情豊かに、応答的に行われることが特に必要」とされている。また、乳幼児期は「視覚、聴覚などの感覚や、座る、はう、歩くなどの運動機能が著しく発達」することや、これらの発達の特徴をふまえ、身体的発達、社会的発達、精神的発達に関する3つの視点から

「ねらい及び内容」を示すと明記されている。

2. 乳児期の発達をふまえて

一人ひとりの発達過程や家庭での生活をふまえて

　0歳児は、月齢によってその姿が異なる。また、月齢が低いほど個人差が大きい。さらに、出産時の状態や成育歴、家庭での過ごし方などが子どもの心身の発達に影響する。1日の生活リズム、離乳の進み具合、人見知りの度合、歩行の開始時期などさまざまである。保育者は保護者と連絡を密に取り合い、家庭での様子や対応の仕方をふまえ、保育にあたることが求められる。

乳児期の発達過程

　子どもがたどる発達の道すじは共通のものがある。出生時から1歳になるまで、おおむね**図表7-1**のような発達の過程と特徴がある。出生時の体重は平均で約3kg、身長は約50cmであり、その後、乳児の体重は生後3か月で約2倍、1年間で約3倍になる。身長も1年間で約1.5倍となり、全身の機能が発達するなかで、徐々に歩行が可能となっていく。

　保育所等においては、個人差を十分にふまえ、一人ひとりの乳児の発達を見守り、安心・安全で心地よい環境を整え、その育ちをうながしていきたいものである。

図表7-1 乳児のおおよその発達過程とその主な特徴

月齢	運動機能等	情緒・言語等	離乳食等
誕生	手足を動かす	声を出す	乳を吸う
1～2か月	腹ばいで頭を上げる	喃語、音に反応する	授乳すると泣き止む
3～4か月	首のすわり、追視	あやすと笑う	哺乳量、時間が一定に
5～6か月	寝返り、腹ばいで動く	声や名前に反応する	離乳初期食開始
7～8か月	お座り、はう	人見知りがはじまる	離乳中期食
9～10か月	はいはい、つかまり立ち	大人の声をまねる	離乳後期食、一日2回食
11～12か月	伝い歩き	一語文を言う	離乳後期食、一日3回食
13～14か月	ひとり歩き	二語文を言う	離乳完了食から幼児食へ

Step 2

1. 乳児保育の内容

乳児保育に関わるねらいおよび内容

　保育所保育指針において、乳児保育の内容は3つの視点で示されている（**図表7-2**）。それぞれに3つの「ねらい」、5つの「内容」、さらに、保育するうえでの心構えや留意事項である「内容の取扱い」が2つずつ明記され、乳児保育全般にわたるものとして「保育の実施に関わる配慮事項」が5つ示されている。

　このうち、身体的発達にかかわる「健やかに伸び伸びと育つ」は、健康の領域や養護（生命の保持）との関連が深く、乳児の心身の発達の状態をふまえ、食事など日常の生活面の援助をていねいに行っていくことについて記されている。

　社会的発達にかかわる「身近な人と気持ちが通じ合う」は、人間関係や言葉の領域および養護（情緒の安定）との関連が深く、受容的・応答的なかかわりのなかで身近な人との信頼関係を育てることについて記されている。

図表7-2 乳児保育に関わるねらいおよび内容と内容の取扱い

健やかに伸び伸びと育つ	身近な人と気持ちが通じ合う	身近なものと関わり感性が育つ
健康な心と体を育て、自ら健康で安全な生活をつくり出す力の基礎を培う	受容的・応答的なかかわりの下で、何かを伝えようとする意欲や身近な大人との信頼関係を育て、人とかかわる力の基礎を培う	身近な環境に興味や好奇心をもってかかわり、感じたことや考えたことを表現する力の基盤を培う
ねらい ①身体感覚が育ち、快適な環境に心地よさを感じる ②伸び伸びと体を動かし、はう、歩くなどの運動をしようとする ③食事、睡眠等の生活のリズムの感覚が芽生える	**ねらい** ①安心できる関係のもとで、身近な人とともに過ごす喜びを感じる ②体の動きや表情、発声等により、保育士等と気持ちを通わせようとする ③身近な人と親しみ、かかわりを深め、愛情や信頼感が芽生える	**ねらい** ①身の回りのものに親しみ、さまざまなものに興味や関心をもつ ②見る、触れる、探索するなど、身近な環境に自分からかかわろうとする ③身体の諸感覚による認識が豊かになり、表情や手足、体の動き等で表現する
①～⑤まで5つの内容	①～⑤まで5つの内容	①～⑤まで5つの内容
内容の取扱い ①心と体の密接な関連をふまえ、遊びのなかで自ら体を動かす意欲を育てる ②食習慣の形成と食物アレルギーへの対応等	**内容の取扱い** ①一人ひとりに応じた適切な援助 ②言葉の獲得への配慮等	**内容の取扱い** ①発達に応じた玩具、探索意欲を満たす ②表現しようとする意欲、さまざまな遊び

配慮事項　ア保健的な対応　イ特定の保育士が応答的にかかわる　ウ職員間・嘱託医との連携　エ保護者との信頼関係と支援　オ担当の保育士が替わる場合の配慮等

資料：保育所保育指針をもとに作成。

精神的発達にかかわる「身近なものと関わり感性が育つ」は、環境や表現の領域との関連が深く、身近な環境に興味や好奇心をもってかかわることや、五感を通してさまざまな感覚を豊かにしながら表現の基盤を養うことについて示している。

これら3つの視点は相互に関連し合い、また重なり合って子どもの発達がうながされていくことに留意したい。

「健やかに伸び伸びと育つ」

乳児が「健やかに伸び伸びと育つ」ための「ねらい」「内容」「内容の取扱い」は、**図表7−3**のとおりである。3つのねらいは、子どもの健康と安全を十分に考慮し、適切に保育することで達成されていく。身体感覚や神経系の発達が目覚ましい乳児期の発達をふまえ、十分な栄養と睡眠等を保障するとともに、さまざまな姿勢や動きをうながす保育の環境が必要である。

一人ひとりの発達や個人差に応じて乳児の生理的・心理的欲求を十分満たし、温かい触れ合いのなかで安心して過ごせるように配慮していきたい。

「身近な人と気持ちが通じ合う」

乳児が「身近な人と気持ちが通じ合う」ための「ねらい」「内容」「内容の取扱い」は、**図表7−4**のとおりである。3つのねらいは、子どもが保育者との応答的

図表7-3　「健やかに伸び伸びと育つ」ためのねらい、内容、内容の取扱い

健康な心と体を育て、自ら健康で安全な生活をつくり出す力の基礎を培う		
ねらい	内容	内容の取扱い
①身体感覚が育ち、快適な環境にここちよさを感じる ②伸び伸びと体を動かし、はう、歩くなどの運動をしようとする ③食事、睡眠等の生活のリズムの感覚が芽生える	①生理的・心理的欲求を十分満たし、心地よく生活する ②はう、立つ、歩くなど、十分に体を動かす ③授乳を行い、離乳を進め、様々な食品に慣れ、食べる ④生活リズムに応じて、安全な環境の下で十分に午睡をする ⑤おむつ交換や衣服の着脱を通じて清潔になる心地よさを感じる	①心と体の健康は相互に密接な関連があることを踏まえ、温かい触れ合いの中で心と体の発達を促すこと。特に…遊びの中で体を動かす機会を確保し、自ら体を動かそうとする意欲が育つようにすること ②望ましい食習慣の形成が重要であることを踏まえ…食べる喜びや楽しさを味わい、進んで食べようとする気持ちが育つようにすること。なお、食物アレルギーのある子どもへの対応については、嘱託医等の指示の下、適切に対応すること

資料：保育所保育指針をもとに作成。

図表7-4 「身近な人と気持ちが通じ合う」ためのねらい、内容、内容の取扱い

受容的・応答的な関わりの下で、何かを伝えようとする意欲や身近な大人との信頼関係を育て、人と関わる力の基礎を培う

ねらい
①安心できる関係の下で、身近な人と共に過ごす喜びを感じる
②体の動きや表情、発声等により、保育教諭等と気持ちを通わせようとする
③身近な人と親しみ、関わりを深め、愛情や信頼感が芽生える

内容
①応答的な触れ合いや言葉かけによって、欲求が満たされ安定感をもって過ごす
②体の動きや表情、発声、喃語を受け止めてもらい、保育士等とのやり取りを楽しむ
③身近な人の存在に気付き、親しみの気持ちを表す
④語りかけや歌いかけ、発声や喃語等への応答を通じて、言葉の理解や発語の意欲が育つ
⑤温かく受容的な関わりを通じて自分を肯定する気持ちが芽生える

内容の取扱い
①…子どもの多様な感情を受け止め、温かく受容的・応答的に関わり、一人一人に応じた適切な援助を行うこと
②…次第に言葉が獲得されていくことを考慮して、楽しい雰囲気の中で…ゆっくりと優しく話しかけるなど、積極的に言葉のやり取りを楽しむことができるようにすること

資料：保育所保育指針をもとに作成。

な触れ合いのなかで、愛着や親しみの気持ちをもって人とかかわることの心地よさを味わい、人とかかわる力の基盤を培うことをめざしている。

保育者の温かな言葉かけにより、子どもが安心して自分の気持ちを表したり、やりとりを楽しんだりしながら、次第に言葉を理解したり、保育者との信頼関係を深めていくことが大切である。

「身近なものと関わり感性が育つ」

乳児が「身近なものと関わり感性が育つ」ための「ねらい」「内容」「内容の取扱い」は、図表7-5のとおりである。3つのねらいは、子どもが身の回りのものに親しみ、見たり、触れたり、試したりしながら興味や好奇心をもち、認識を豊かにすることをめざしている。

保育現場においては、子どもが手先、指先を使って身近な生活用具や遊具などに触れ、感覚のはたらきを豊かにしながら認識力や感性の基盤を培い、自ら遊んだり、表現したりすることの楽しさを十分に味わえるようにしていきたい。そのためにも、発達に応じた十分な量の玩具や絵本が必要である。

図表7-5　「身近なものと関わり感性が育つ」ためのねらい、内容、内容の取扱い

身近な環境に興味や好奇心をもって関わり、感じたことや考えたことを表現する力の基礎を培う

ねらい
① 身の回りのものに親しみ、様々なものに興味や関心を持つ
② 見る、触れる、探索するなど、身近な環境に自分から関わろうとする
③ 身体の諸感覚による認識が豊かになり、表情や手足、体の動き等で表現する

内容
① 身の回りの物に対する興味や好奇心を持つ
② 生活や遊びの中で様々なものに触れ、音、形、色、手触りなどに気付き、感覚の働きを豊かにする
③ 保育士等と一緒に様々な色彩や形のものや絵本などを見る
④ つまむ、つかむ、たたく、引っ張るなど、手や指を使って遊ぶ
⑤ あやし遊びに機嫌よく応じたり、歌やリズムに合わせて手足や体を動かして楽しんだりする

内容の取扱い
① 玩具などは、音質、形、色、大きさなど子どもの発達に応じて適切なものを選び…遊びを通して感覚の発達が促されるようにすること。安全な環境の下で探索意欲を満たして自由に遊べるよう…常に点検を行うこと
② 表情、発声、体の動きなどで…表現しようとする意欲を受け止めて、様々な活動を楽しむことを通して表現が豊かになるようにすること

資料：保育所保育指針をもとに作成。

2. 乳児保育の計画および評価

乳児保育の計画

　保育の実施にあたっては、年、月、週の指導計画等を作成し、その計画に基づいて保育していくことが求められる。乳児保育においても、0歳児クラスの指導計画を作成し、子どもの発達過程と保育の内容を照らし合わせて記していくが、発達が顕著（けんちょ）で個人差が大きい乳児では、一人ひとりの子どもの個別計画も作成する。
　個別の指導計画の作成は担当する保育者が行うが、職員間で検討したり見直したりしながら、一人ひとりの子どもの育ちを支えていくことが肝要（かんよう）である。

保育の振り返りと自己評価

　保育者は、保育の計画と記録に基づき、自らの保育を自己評価することが求められる。一人ひとりの子どもの育ちを確認するとともに、自身のかかわりと援助は適切だったか、子どもがこころを動かし身体を動かす環境が構成されていたかなど、総合的に保育を振り返ることが重要である。
　保育を振り返り、その自己評価を同僚と確認したり、共有したりしながら次の計画に活かしていくことにより、乳児保育の充実が図られていくのである。

Step3

1. 乳児保育の配慮事項

　保育所保育指針(以下、保育指針)では、「乳児保育に関わるねらい及び内容」の最後に乳児保育の「保育の実施に関わる配慮事項」が示されている(**図表7-6**)。

　「ア」は、幼い子どものいのちを預かることの使命感や責任を受け止めて、細心の注意を図りながら保育することを求めている。特に抵抗力が弱く、容態が急変しやすい乳児の健康状態に十分配慮することが必要であり、「養護に関する基本的事項」にある「生命の保持」や第3章「健康及び安全」にある「子どもの健康支援」の項目を確認して保育にあたりたい。

　「イ」では、一人ひとりの子どもの成育歴に留意しつつ、特定の保育士が応答的にかかわることを求めている。1人の保育士が3人の乳児を受け持つ「担当制」により、特定の保育士が継続的にかかわり、子どもとの愛着関係や信頼関係を築いていくことが大切である。タイミングよく共感的に応えていくことで子どもの情緒が安定し、さまざまな表情が引き出され、人に対する信頼感を得ていく。

　「ウ」では、乳児保育にかかわる職種間の連携や職員間の連携を求めている。病気や事故等から子どもたちを守り、適切に対応するために特に配慮しなければならないことである。

　「エ」では保護者の子育てを支援し、信頼関係を築きながら家庭と連携を図っていくことを求め、さらに「オ」にあるように、担当保育士が替わる際には保育の引継ぎや職員間の協力が必要であるとしている。

図表7-6 乳児保育の実施に関わる配慮事項

ア　乳児は疾病への抵抗力が弱く、心身の機能の未熟さに伴う疾病の発生が多いことから、一人一人の発育及び発達状態や健康状態についての適切な判断に基づく保健的な対応を行うこと。
イ　一人一人の子どもの生育歴の違いに留意しつつ、欲求を適切に満たし、特定の保育士が応答的に関わるように努めること。
ウ　乳児保育に関わる職員間の連携や嘱託医との連携を図り、適切に対応すること。栄養士及び看護師等が配置されている場合は、その専門性を生かした対応を図ること。
エ　保護者との信頼関係を築きながら保育を進めるとともに、保護者からの相談に応じ、保護者への支援に努めていくこと。
オ　担当の保育士が替わる場合には、子どものそれまでの生育歴や発達過程に留意し、職員間で協力して対応すること。

2. 乳児保育と保護者支援

家庭とともに子どもを育てる

　家庭での育児と保育所での保育が、子どもを中心に両輪となってその育ちを支えていくことが大切である。子どもにとって、1日24時間が連続性をもった安定したものとなるよう、保護者と密に連絡を取り、連携を図っていくことが求められる。

　特に入園当初の乳児保育には細心の注意を図り、家庭での生活の様子や保護者の子育て観などを把握(はあく)し、子どもが無理なく保育所での生活を始められるよう配慮しなければならない。入園面接などで、家庭での食事（授乳）や睡眠(すいみん)の様子、好きなおもちゃや遊びなどについて細かく聴き取り、保育に活かしていきたい。出生時の状況や既往歴、アレルギーの有無などについても聴き取りをしておくとよい。

　また、「保育の実施に関わる配慮事項」にあるように、保護者の不安を受け止め、相談に応じるとともに、保育所での子どもの様子を口頭や連絡帳等を通し、ていねいに伝えていくことが大切である。

保護者の子育てに関する主な相談

　図表7-7は、保育所における保護者の相談事例を分類したものである。ここにあるように、保護者の相談内容は多岐(たき)にわたるが、特に多いのは乳児の生活習慣に

図表7-7　保護者の子育てに関する主な相談

1. 子どもの行動や子ども同士のかかわりに関する相談
　○けんか　○噛みつき　○けが　○気になる行動　等

　→ ていねいに聴き取り何が問題なのか、主訴は何かを知る

2. 食事・栄養・生活習慣に関する相談
　○食べない・飲まない　○咀嚼・嚥下ができない
　○アレルギー対応　○体質・体調への配慮
　○おむつがとれない　○早寝早起きができない

　→ どのようなことに配慮して対応するか、家庭等の状況に応じて対応する

3. 発達の遅れやその疑い等に関する相談
　○運動機能への不安（なかなか歩かない・動かない等）
　○言葉の遅れの疑い（発語・言葉の理解等）
　○視線を合わせない　○多動・こだわり等

　→ 解決へのプロセスはどうあるべきか、その見通しをもつ

4. 育児不安・家族関係等に関する相談
　○ネグレクト等虐待の疑い　○保護者の養育力の問題
　○子育てへの不安感・負担感　○家族関係（夫・姑・親戚等）の問題　等

　→ 保護者の自己決定の尊重

関する相談である。また、子どもの発達やその遅れを心配する保護者の声もある。子どもの発達過程をふまえ、その姿を確認しながら、援助の仕方や生活の工夫などについて具体的に伝えたい。

相談援助の原則をふまえ、保護者の話を傾聴し、解決の糸口を一緒に考えながら保護者の自己決定を尊重することが肝要である。

保護者への対応

乳児保育においては、保護者支援が特に大切であり、その基本的事項として主に4つの視点があげられる（図表7－8）。

1つ目は保護者の理解と協力を得ることであり、保育所の保育方針や保育内容について、入園時のみならず、さまざまな機会を通してていねいに説明することが必要である。園だよりや掲示、連絡帳や口頭でのやりとりなどで保育の意図や子どもの様子を伝え、保育への理解と協力につなげたい。

2つ目は個別支援と対応である。子ども一人ひとりの発達や心身の状態をふまえ、家庭の状態を聴き取りながら、また、保護者一人ひとりの状況を把握しながら個別の支援を行うことが人切である。保護者の思いや意向を受け止め、理解しながら子どもの最善の利益を考慮した対応を図りたい。

3つ目は保護者相互の関係づくりをうながすことである。子育ての仲間として保護者同士がつながり、集ったり交流したりするきっかけをつくったり、園の行事等

図表7-8 保育における保護者への対応

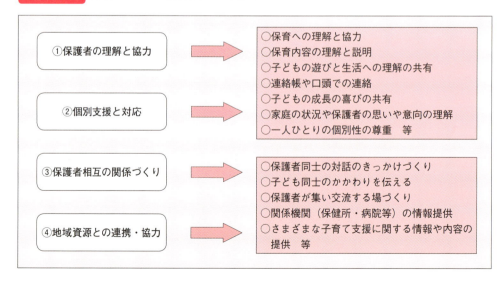

で協力し合ったりすることは、子どもの喜びにもなる。

　4つ目は地域資源を活用し、連携や協力が図れるようにすることである。保健所などからの情報やさまざまな子育て支援に関する情報を提供し、保護者がこうした地域資源を活用できるようにすることが大切である。保育所は子育て支援の拠点でもあることを認識したい。

3. 地域子育て支援と乳児保育

子育てをめぐるさまざまな不安と子育て支援

　保育指針では、保育所の地域の子育て支援について「積極的に行うよう努めること」としている。これまでにも保育所では、園庭開放や子育て相談などを実施し、地域の子育て家庭を受け入れてきたが、特に初めての子育てに戸惑う乳児の母親にとって、保育所や保育者は頼りになる存在だろう。さりげない会話のなかで助言し、子どもの様子を伝え合うことで、保護者の不安感を軽減したりしている。

　現代においては、核家族化や地域社会の衰退等で子育ての相談をする相手が身近にいなかったり、少子化のなかで自分の子どもと同年齢の子どもがいなかったりと、子育ての環境は望ましいとはいえない。配偶者の協力不足や情報の過多により、子育てへの不安や孤立感をもつ保護者もいるだろう。こうした地域の保護者の状況を理解し、温かく受け入れながら、乳児保育に関する知識や技術をわかりやすくていねいかつ具体的に伝えていくことが大切である。

一時預かりについて

　地域子育て支援の一環として、保育所等において地域の子どもを一時的に保育する「一時預かり」は、ニーズが高く、特に、近隣の保育所での一時預かりを希望する保護者が多い。また、保護者のリフレッシュやパート勤務等、利用の理由を問わないこともあり、利用希望者が増えている。

　保育指針には、地域の子どもに対する一時預かりを行う際には、「一人一人の子どもの心身の状態等を考慮するとともに、日常の保育との関連に配慮する」とあり、特に乳児の一時預かりについては細心の注意が必要である。また、保育との関連で、適切な助言や具体的な援助について保護者に伝えることが、保育所への信頼につながる。

COLUMN　乳児の環境としての「わらべうた」

　乳児保育の場は、乳児が安心してゆったりと過ごせるようさまざまに工夫されている。自然物や布などで温かな雰囲気がつくられたり、遊具なども色彩や質感に配慮された良質なものがそろえられている。心地よい感触ややわらかな音色、優しい色合いや温かな日差しが乳児を包み、保育者に見守られながら健やかに成長していくのである。

　強すぎる刺激や大きな音、激しすぎる動きや音楽よりもそばにいる保育者のやわらかな声や優しい音色が、乳児にとっては好ましい。CDでかける音楽やテレビから流れるアニメソングよりも、保育者が唄うわらべうたのほうが乳児には心地よく、その調べや拍が、耳にもからだにも浸透していく。繰り返し唄ったり、しぐさなども添えてわらべうたあそびをするなかで、乳児自身が一緒にからだを動かしたり、しぐさを真似したり、声を出して楽しんだりすることもある。おだやかな笑顔を見せながらわらべうたという環境にかかわろうとしているその姿は微笑ましく、わらべうたの心地よさや魅力をすっかり理解しているかのようである。

（天野珠路）

第8講

1歳以上3歳未満児の保育

　1歳以上3歳未満児（以下、1、2歳児）は、乳児ではないものの、3歳以上の子どもとはずいぶんと異なる。現在では1、2歳児の保育の場が増え、その運営主体も多様化しており、保育内容や保育の質については課題もあるといえるだろう。

　本講では、1、2歳児の発達過程や保育の基本をふまえ、改定された保育所保育指針に明記された1歳以上3歳未満児の保育の内容を理解するとともに、具体的な援助やかかわりについて学び、実践につなげていきたい。

Step 1

1. 1歳以上3歳未満児の保育の基本

1歳以上3歳未満児の保育について

近年、1歳以上3歳未満児（以下、1、2歳児）の保育へのニーズが高まり、保育所等への入所も増えている。すべての1、2歳児のうち、2007（平成19）年の保育所等入所率は26.6％だったが、2018（平成30）年には47.0％と激増し、全国で約92万1400人の1、2歳児が保育を受けている。

待機児童数も多く、2018（平成30）年4月現在、約1万5000人の1、2歳児が待機児童となっている。国においては、子ども・子育て支援新制度に基づき「地域型保育」を創設し、小規模保育や事業所内保育、家庭的保育等、1、2歳児の保育の場を増やしているが、都市部ではまだまだ足りていないのが現状である。

現在、子育て環境の変化や若い世帯の経済状況の厳しさなどから共働きの家庭が増え、また、育児休暇を取得後、1歳からの保育を希望する保護者も多い。2歳前後になると自我が発達し、行動範囲も広がり、友だちを求めることもあり、そのようなわが子を保育所に通わせたいと願う保護者もいる。こうしたさまざまな理由から1、2歳児の保育を希望する保護者が増え、保育所では1、2歳児の定員を増やしたり、保育所を増設する地域もある。また、幼稚園から認定こども園に変わり、1、2歳児の保育を始めるところも地域によっては増えている。

このようななかで、全国どこにおいても保育の質が確保され、子どもの健やかな成長を支えていくことが求められる。1、2歳児の保育の基本をふまえ保育所保育指針（以下、保育指針）に基づく保育が浸透していくことが望まれる。

1、2歳児の保育の場

児童福祉施設の設備及び運営に関する基準では、1歳児、2歳児ともに保育所における保育士の配置基準は子ども6人に保育士1人（6対1）となっている。また、保育室の面積基準は1人につき1歳児は3.3m^2、2歳児は1.98m^2であり、これは0歳、1歳が「ほふく」（ハイハイ）を十分するために広いスペースを必要とするためである。2歳児は3歳以上児と同様に1人畳1枚（1.98m^2）であり、総じて日本の保育室は狭い。特に待機児童の多い都市部においては、基準ぎりぎりまで定員を増やし、クラスの規模も大きくなる傾向がある。自治体によっては保育士の配置基準や面積基準を引き上げているところもある。

地域型保育においては、認可保育所よりやや低い基準が定められており、少人数

の家庭的な保育が進められるという利点もあるが、保育士資格のない者が保育にあたる場合もあり、質の確保のための自治体の関与と指導が求められる。

1、2歳児の保育の基本的事項

　保育指針では、この時期の保育にかかる「基本的事項」として、「歩く、走る、跳ぶなどへと、基本的な運動機能が次第に発達」するとともに「排泄の自立のための身体的機能も整うようになる」としている。また、「つまむ、めくるなどの指先の機能も発達」することから、食事や着脱などを自分でしようとしたり、「自分の意思や欲求を言葉で表出できるようになる」としている。こうしたことから、自我の発達がうながされ、自己主張する姿もみられるが、保育者にその思いを受け止めてもらうなかで、徐々に気持ちを切り替えることができるようになる。

　自発的な遊びや探索活動がさかんになるなかで、けがをすることも多い時期であり、保育者は子どもの動きを予測して安全対策を講じたり、保育室内外の安全点検に努めていかなければならない。また、母親からの免疫がなくなり、感染症にかかりやすい時期でもある。健康観察や早期の発見・対応により、子どもの健康と安全が守られるよう最善を尽くしたいものである。

　この時期の子どもの発達の特徴をふまえ、保育指針第1章の2の「養護に関する基本的事項」および第3章「健康及び安全」に示されている事項等をふまえ、乳児保育からのつながりをとらえ保育していきたい。また、年度の後半には3歳児以上の保育の内容を見通しながら保育していくことが望まれる。

　なお、1、2歳児の発達の主な特徴としては、およそ図表8-1のとおりである。

2. 1歳以上3歳未満児の保育の内容

1歳以上3歳未満児の保育に関わるねらいおよび内容

　前述したように、保育指針では乳児保育の内容は3つの視点で示されているが、1歳以上3歳未満児の保育の内容は5つの領域で示されている。すなわち、心身の健康に関する領域「健康」、人とのかかわりに関する領域「人間関係」、身近な環境とのかかわりに関する領域「環境」、言葉の獲得に関する領域「言葉」および感性と表現に関する「表現」であり、これらの領域ごとに「ねらい」「内容」「内容の取扱い」が規定されている。

　3つの視点で示された乳児保育から、5領域で示される1歳以上児の保育にどう

図表8-1 1、2歳児の発達の主な特徴

年齢	運動・身体機能	言語・認知	情緒・社会性
1歳～1歳半	一人で歩く 階段をはってあがる なぐり描きをする	指さしや身振りで伝える 一語文や二語文を話す 絵本を読んでもらう	大人の顔を確かめる 大人の動きをまねる 大人の助けを求める
1歳半～2歳未満	歩いたり走ったりする 支えられて階段をあがりおりする 押したり引っ張ったりする	絵本を見て物の名前を言う 簡単な指示を理解する 名前を呼ばれ返事をする 容器に出し入れする	子どもを見ると近づく 何かに見立てたり、何かのつもりになって遊ぶ 戸外に行きたがる
2歳～3歳未満	走ったり跳んだりする すべり台に登りすべる リズムに合わせて身体を動かし、さまざまな姿勢をとる 徐々にトイレで排泄するようになる	自分の名前を言ったり、大人の質問に答えたりする 「自分で」と言ったり自分のものだと主張する 歌を部分的に歌ったり、絵本や紙芝居を好んで見る	大人とままごとをしたり、ごっこ遊びを楽しむ 友だちと同じ遊びをしたり、同じ遊具を使いたがる 遊具を取り合い自己主張する

資料：保育所保育指針をもとに作成。

つなげていくか、また、指導計画や記録にどのように活かしていくか。こうしたことを園全体で話し合い、子どもの実態に即して柔軟に取り組んでいきたい。

　1歳以上3歳未満児の「ねらい及び内容」は**図表8-2**・**図表8-3**のとおりであるが、5つの領域は子どもの育ちをとらえる視点として、また、保育の内容を整理して考える視点としてとらえたい。実際には、遊びや生活のなかでそれぞれの領域が別々に取り扱われることはなく、相互に関連性をもって一体的に行われるのが保育である。また、第1章の2（2）「養護に関わるねらい及び内容」にある事項も深く関連しながら、総合的に保育が行われていくことに留意する必要がある。

　さらに、ここにあるねらいおよび内容を3歳以上児の保育のねらいおよび内容と照らし合わせ、保育の連続性や子どもの発達の連続性を確認したい。

Step1

> **図表8-2** 1歳以上3歳未満児の保育に関わる「ねらい」

健康
①明るく伸び伸びと生活し、自分から体を動かすことを楽しむ
②自分の体を十分に動かし、様々な動きをしようとする
③健康、安全な生活に必要な習慣に気づき、自分でしてみようとする気持ちが育つ

人間関係
①保育所での生活を楽しみ、身近な人と関わる心地よさを感じる
②周囲の子ども等への興味や関心が高まり、関わりをもとうとする
③保育所の生活の仕方に慣れ、きまりの大切さに気付く

環境
①身近な環境に親しみ、触れ合う中で、様々なものに興味や関心をもつ
②様々なものに関わる中で、発見を楽しんだり、考えたりしようとする
③見る、聞く、触るなどの経験を通して、感覚の働きを豊かにする

言葉
①言葉遊びや言葉で表現する楽しさを感じる
②人の言葉や話などを聞き、自分でも思ったことを伝えようとする
③絵本や物語等に親しむとともに、言葉のやり取りを通じて身近な人と気持ちを通わせる

表現
①身体の諸感覚の経験を豊かにし、様々な感覚を味わう
②感じたことや考えたことなどを自分なりに表現しようとする
③生活や遊びの様々な体験を通して、イメージや感性が豊かになる

> **図表8-3** 1歳以上3歳未満児の保育に関わる「内容」

健康
①安定感をもって生活する　②生活のリズムが形成される　③全身を使う遊びを楽しむ
④食事や間食を楽しむ　⑤清潔に保つ心地よさを感じ、その習慣が身につく
⑥衣類の着脱を自分でしようとする　⑦自分で排泄する

人間関係
①保育士や子どもと共に過ごす心地よさを感じる　②安定感をもって過ごす
③徐々に他の子どもと関わりをもって遊ぶ　④他の子どもとの関わり方を少しずつ身につける
⑤きまりやその大切さに気づく　⑥真似をしたりごっこ遊びを楽しんだりする

環境
①探索活動を通して、見る、聞く、触れる、嗅ぐ、味わうなどの感覚の働きを豊かにする
②玩具、絵本、遊具などに興味をもち、遊びを楽しむ
③形、色、大きさ、量などの物の性質や仕組みに気づく
④自分の物と人の物の区別や、環境を捉える感覚が育つ
⑤身近な生き物に気付き、親しみをもつ　⑥近隣の生活や季節の行事に興味や関心をもつ

言葉
①自ら言葉を使おうとする　②生活に必要な言葉に気付き聞き分ける
③親しみをもって日常の挨拶に応じる
④絵本や紙芝居を楽しみ、簡単な言葉を繰り返したり模倣したりして遊ぶ
⑤ごっこ遊びをする中で言葉のやり取りを楽しむ　⑥友達との言葉のやり取りを楽しむ
⑦興味や関心をもって聞いたり話したりする

表現
①様々な素材に触れて楽しむ　②音楽、リズムやそれに合わせた体の動きを楽しむ
③音、形、色、手触り、動き、味、香りなどに気付いたり感じたりして楽しむ
④歌ったり手遊びや全身を使う遊びを楽しむ　⑤イメージを豊かにする
⑥経験したことなどを自分なりに表現する

第8講　1歳以上3歳未満児の保育

Step2

1．1歳以上3歳未満児の保育の実施にかかわる配慮事項

　3歳未満児の保育においては、一人ひとりの子どもへの対応、つまり個別支援が基本となる。幼い子どものいのちを預かることの使命感や責任を受け止め、細心の注意を払いながら保育を行うことが必要である。特に、目覚ましい発達をとげるこの時期の子どもの特徴を把握し、家庭との連携を図っていくことが大切である。

　保育所保育指針（以下、保育指針）の第2章にある1歳以上3歳未満児の「保育の実施に関わる配慮事項」を確認したい。1歳以上3歳未満児（以下、1、2歳児）の保育においては、ア　感染症にかかりやすい時期であることをふまえ、一人ひとりの子どもの健康状態の観察を十分行い、保健的な対応を心がけること、イ　探索活動を十分に保障しながら事故防止に努め、活動しやすい環境を整えさまざまな遊びを取り入れること、ウ　自我の発達をふまえ、情緒の安定を図りながら、子どもの自発的な活動を尊重するとともにうながしていくこと、エ　担当保育士が替わる際には十分に引き継ぎ、職員間で協力して対応すること、が明記されている。

　保育の基本ともいえるこれらの配慮事項を一つひとつ確認し保育することが肝要である。また、保育指針第1章にある「養護に関する基本的事項」や第3章「健康及び安全」にある「子どもの健康支援」等をふまえ、安心・安全な保育環境を整えていくことが求められる。

図表8-4　1歳以上3歳未満児の保育の実施に関わる配慮事項

（保育指針第2章「保育の内容」2（3））

> ア　特に感染症にかかりやすい時期であるので、体の状態、機嫌、食欲などの日常の状態の観察を十分に行うとともに、適切な判断に基づく保健的な対応を心がけること。
> イ　探索活動が十分できるように、事故防止に努めながら活動しやすい環境を整え、全身を使う遊びなど様々な遊びを取り入れること。
> ウ　自我が形成され、子どもが自分の感情や気持ちに気付くようになる重要な時期であることに鑑み、情緒の安定を図りながら、子どもの自発的な活動を尊重するとともに促していくこと。
> エ　担当の保育士が替わる場合には、子どものそれまでの経験や発達過程に留意し、職員間で協力して対応すること。

2. 1、2歳児の遊び

1、2歳児の遊びの重要性

　身の回りにある遊具や生活用具を触ったり、徐々に器用になっていく手先指先を使って積み木を重ねたり、ままごと遊具を手にしたり、容器に出し入れしたりして遊ぶ姿を見守っていきたい。また、保育者が一緒に遊ぶことで言葉でのやりとりをうながしたり、興味関心を広げたりしていきたい。子どもにとって遊びは「学び」であり、集中して遊んだり、遊びが長続きすることでさまざまな力が培われていく。何度も試したり、同じ遊びを繰り返すなかで、ものの感触や特性を感じたり、知っていく。好きな遊びを見つけて遊ぶことにより情緒が安定したり、一緒に遊ぶ保育者と共感したりすることで気持ちが通い合ううれしさも感じるだろう。

　外遊びも大切である。園庭や散歩先で思い切り走ったり、自然物とかかわる機会を十分に設けていきたい。子どもの動きを十分に把握して事故防止に努めながら、さまざまな遊具や砂場などで思い思いに遊ぶ体験を積むことができるようにすることが大切である。

　遊びの重要性はあらためていうまでもないが、身体機能も高まり、自我が発達するこの時期の子どもにとっては、楽しく遊ぶことが心身のバランスや健やかな成長に深くかかわり、その後の生活や遊びの土台となっていくといえるだろう。**図表8－5**にあるように、生きることに必要な力は遊びのなかで培われるのである。

図表8-5 遊びの重要性

```
┌─────────────────────────────────────────────────┐
│       生きることに必要な力は乳幼児期の遊びのなかで培われる       │
├─────────────────────────────────────────────────┤
│ 子どもにとっての遊びは…                              │
│ ①子ども自身の興味や関心から始まる                    （遊びは学び）│
│ ②みんな一緒でなく、自分のやりたいことが選択できる              │
│ ③基本的なルールが存在する                                │
├──────────────────────┬──────────────────────────┤
│      戸外遊び          │        室内遊び            │
│ ①声を出したり、走り回ったりする │ ①普通の声で話し、走らない       │
│ ②さまざまな運動遊びを楽しむ    │ ②静かに落ち着いて遊ぶ         │
│ ③周囲の環境や自然とかかわって遊ぶ│ ③手や指先を使い、工夫して遊ぶ   │
└──────────────────────┴──────────────────────────┘
```

1、2歳児の遊びのための環境づくり

　この時期の子どもたちの目覚ましい発達は、心身のさまざまな側面におよぶ。手先指先の機能や自我の発達によりさまざまなことを自分でしようとする姿が多くみられる。また、言葉を徐々に獲得し、ものの名前を覚えたり、場面に関連する言葉を言ったり、保育者とのやりとりもさかんになる。さらに、ものを何かに見立てるなどの象徴機能も発達し、イメージをふくらませることもできるようになる。

　こうした発達の特性をふまえ、保育室においては、何度も繰り返し遊べる遊具を身近に配置し、集中して遊んだり試行錯誤したりすることができる環境を整えていきたい。子どもの人数にも配慮し、同じ種類の遊具を複数そろえたり、十分な量の遊具を用意することが必要である。じっくりと一人遊びできる環境や、ままごとなどのごっこ遊びが楽しめる環境も大切である。遊びに必要な遊具や道具、素材などを子どもが自分で手にしたり、選んだりすることができるようにしたい。また、子どもの生活経験や興味関心に即した絵本や絵カードなども十分にそろえて活用することにより、子どもの認知力や思考力も育まれるだろう。この時期の子どもの表現遊びは、素材等に触れてのびのびと楽しめる少人数で取り組めるよう、職員間で連携しながら進めていく。

　図表8-6にあるように、遊びのバリエーションを増やし、質のよい遊具等を用意して、一人ひとりの子どもが好きな遊びで十分遊べる環境を工夫していきたい。

図表8-6　1、2歳児の室内遊びのための遊具の環境

①手を使う遊び （にぎる・たたく・つまむ等） ガラガラ・ハンマートイ・紐通し・玉落とし・型はめ・パズル	②ごっこ遊び （見立て・つもり・まね等） 流し台・レンジ・調理道具・食器・食材・人形・ぬいぐるみ お医者さんごっこ等の道具
③構成遊び （積む・並べる等） 積木・積み木遊び用の人形や動物・ブロック等	④考える遊び （考える・感じる・認識する） 絵カード・写真・絵本等
	⑤表現あそび （絵を描く・スタンピング） 絵具やクレヨンなどの画材・さまざまな素材

遊びのコーナーづくり

　子どもは自分がしてもらったことを他者にしてあげようとする。特に1、2歳児は、ご飯を食べさせてもらったり、寝かしつけてもらったりしたことを人形やぬいぐるみ相手にしようとする。遊具用のおんぶひもでぬいぐるみをおんぶする1歳児の姿もよくみられる。おもちゃの哺乳瓶があれば人形に飲ませる2歳児もいる。

　自分がしてもらったことを再現して遊ぶことを通して、子どもは自分や他者の存在を身近に感じたり、その心持ちを察したり、言葉にしたりするだろう。ままごとを通して育まれることは多岐にわたり、子どもの発達とともに遊び方も変化していく。十分な種類のままごと遊具とそのコーナーを保育室に確保することが必要である。

　また、積み木は子どもたちが手にして自由に見立てたり、何かを表現したりすることができる遊具である。1歳児では2つ3つ重ねるくらいだが、2歳児になると高く積んだり、並べたりするようになる。手の器用さやバランス感覚などが養われ、慎重につまんだり、考えたりする様子に成長が感じられる。積み木の大きさや量にも留意して、保育室には積み木のコーナーをつくり、子どもが自由に遊べるよう工夫していきたい。

　1、2歳児のこうした遊びは、3歳以上の遊びの礎となる。楽しんで遊びこむことが子どものこころの育ちや自己肯定感につながることに留意して、遊びのコーナーを充実させていくことが望まれる。

図表8-7　1、2歳児の室内遊びのコーナーづくり

```
ままごと遊びと積み木遊びの重要性

生活の再現—ままごと                    積み木は遊具の王様

台所遊び        世話遊び            想像力・思考力・集中力・持続力・
食事をつくるまね  人形などを世話す    手の器用さ、バランス感覚の獲得
                るまね              すべて生きる力の基礎となる

生活や家族は生きる土台              発達に応じた大きさ、形、量
大人がしてくれたことを再現する。すべて   十分なスペース、じゃまされない
のごっこ遊びの基礎。観察し、記憶し、見   続きができるように
よう見まねでやってみる

①子どもの人数に対して十分な量があるか　②発達過程に合っているか
③品質はよいか（丈夫であること・デザイン的にも色彩的にも美しいもの・
　安心・安全なよい材質が使われている）
```

第8講　1歳以上3歳未満児の保育

Step3

1. 1歳以上3歳未満児の生活

1歳以上3歳未満児の生活の援助

　乳児はもちろん、1歳以上3歳未満児（以下、1、2歳児）の保育においても、一人ひとりの発達や心身の様子等に応じてきめ細やかに対応していかなければならない。保育者は、家庭での生活リズムや食事、排泄などの様子を十分に把握し、心地よく過ごせるよう配慮する必要がある。

　食事では、自分で食べようとする意欲が育ち、よくかんで食べられるようになるが、食品に対する好き嫌いが出てくる時期でもある。無理強いすることなく、楽しい食事の雰囲気をつくりながら「おいしい」「おかわり」「（器が）からっぽ」などと声をかけながら自分から食べようとする姿を十分に認めていきたい。

　排泄の自立に向けて、一人ひとりの子どもの排尿間隔や尿意等に応じておまるやトイレに誘ったり、「きれいにしようね」「気持ちよくなったね」などと優しく声をかけたりしていく。また、着脱や身の回りのことなどを自分でしようとする姿をほめたり、目立たないように手伝ったりすることも大切である。

　この時期の子どもは、食べこぼしが多かったり、（排泄を）失敗したり、後ろ前反対に服を着るなど、うまくいかないことが当然である。決して声を荒げたりせず、子どもの自発性や自尊感情を大切にして保育にあたりたい。優しく穏やかに見守る保育者の存在があってこそ、楽しく食事をしたり、安心して排泄したり、ぐっすりと眠ったりすることができる。こうした生活を通して基本的生活習慣が一つひとつ身についていく。あせらず、ていねいに対応していくことが肝要である。

1、2歳児の健康支援

　子どもが心身ともに健康に過ごし、健やかに成長していくためには、保育所と家庭で子どもの体調に気をつけ、体調の変化や病気に対して迅速かつ適切に対応していかなければならない。1歳を過ぎると外出の機会も増え、他の子どもや大人と触れ合うなかで感染する機会が多くなるといえる。保育所保育指針第3章にあるように、子どもの健康状態を随時観察し、体調不良や疾病が考えられる場合には、保護者に連絡するとともに、看護師や嘱託医の助言を得て受診につなげていきたい。保育者は、保護者やかかりつけ医等に体温や症状等について正確に伝えられるよう、時間もあわせて記録することが大切である。また、必要に応じて他児から離し、ベッドなどに寝かせて安静に過ごせるようにする。水分の補給や保温なども大

2. 1、2歳児の事故防止と安全対策

事故防止について

　1、2歳児の生活や遊びを援助する際に忘れてはならないのは、事故防止や安全管理である。発達の特性上、乳児とは異なる注意や防止策が必要となることを意識して、誤嚥（誤飲）や火傷、水の事故を防ぐとともに、転落や転倒などの事故を防ぎたい。また、散歩先での交通事故にも気をつけていきたい。

　過去には、保育施設で、ミニトマトやこんにゃくゼリーによって窒息する事故が発生している。食事中の見守りだけでなく、1日を通して小さな玩具や異物等を口にして窒息することのないよう、誤嚥（誤飲）には十分気をつけたい。また、数cmの水でも水面に顔がおおわれると死亡事故につながることに留意し、水による事故を防がなければならない。頭部が大きくて重い1、2歳児がバランスを崩して転んだり、階段や何かの上から転落したりすることのないよう、一人ひとりの子どもの動きを把握し、職員間で声をかけ合いながら事故防止に努めていきたい。また、室内外の安全点検をきめ細かに行い、危険な個所や事故につながりかねないところを指摘し合い、速やかに改善したり取り除いていく。

死亡事故の要因と家庭への伝達

　厚生労働省「人口動態調査」によると、2016（平成28）年に起こった1歳から4歳の子どもの死亡のうち、最も多い死因は先天奇形、変形及び染色体異常であるが、2番目に多いのは不慮の事故である。不慮の事故のうち多いのは交通事故、窒息、溺水であり、窒息には寝具での窒息のほか、食物や玩具の誤嚥（誤飲）が含まれる。

　また、2010（平成22）年から2014（平成26）年の5年間の乳幼児の死亡事故は1290件起きている。そのほとんどが家庭や道路などで発生し、保育施設での事故は1％未満である。保育現場において事故防止に努め、適切に対応していることがうかがわれるが、残念ながら毎年0にはなっていない。保育所等では常に細心の注意を払い、事故防止に努め、ヒヤリハット等の情報を共有して安全な環境づくりや見守りを手厚くしていくことが求められる。

参考文献
- 厚生労働省「保育所保育指針解説」2018.
- 内閣府『少子化対策白書 平成30年版』2018.

COLUMN 「内容の取扱い」とは何か？

　保育所保育指針（以下、保育指針）の改定により、保育所では馴染みのない「内容の取扱い」という項目が第2章「保育の内容」に登場した。幼稚園教育要領においては、「ねらい」「内容」に続く項目として、長い間規定され浸透しているものである。保育指針では、「ねらい」および「内容」の後に配慮事項の項目があることから「内容の取扱い」は重複になるとして記載されなかった。しかし、今回の改定では保育指針、幼稚園教育要領、幼保連携型認定こども園教育・保育要領の記載をできるだけ統一するなど整合性を図る観点から、保育指針においても「内容の取扱い」が盛り込まれたのである。

　「内容の取扱い」は乳児保育の3つの視点および1歳以上児の保育の5領域にそれぞれ示されている（全部で乳児6、1歳以上3歳未満児17、3歳以上児25の規定）。これらの内容を突きつめていえば、その視点や領域にかかわる保育を行ううえで保育者が留意すべき事柄であり、実際の場面で予測される子どもの言動や保育者の援助などについて記している。

　また、その領域等において重要となる考え方やとらえ方、あるいは保育観、子ども観が反映されている。例えば、1歳以上3歳未満児の「環境」の領域における「内容の取扱い」では「②身近な生き物との関わりについては、子どもが命を感じ、生命の尊さに気付く経験へとつながるものであることから、そうした気付きを促すような関わりとなるようにすること」とある。保育の内容を深く掘り下げていくうえで大事な視点が示されているといえよう。

（天野珠路）

第9講

3歳以上児の保育

8割の2歳児が「うれしいねー」「おんなじだねー」などの「〜ねー！」という言葉を獲得している。また3歳児は「ごっこ遊び」の全盛期ともいわれる。この時期は他児への関心がますます深まり、一緒に遊び生活していくなかで、人格形成の基礎が育まれる。

2017（平成29）年告示の指針や要領の改定（改訂）では、3歳以上児の保育5領域のねらいおよび内容、内容の取扱いについて、整合性が図られた。本講では、人権意識や社会性の基礎を培（つちか）い、世界への関心や多方面への知性の扉を開く、幼児期の保育のあり方を考究する。

Step 1

1. 3歳以上児の保育の基礎

（1） 3歳未満児の姿をふまえて3歳以上児の保育を構想する

　3歳以上児の保育にあたり、この時期までの子どもたちの育ちや学びの姿を理解しておくことが望まれる。保育にあたっては、子どもの育ちがなだらかであるからこそ、個々の育ちや学びの軌跡をふまえて、その姿に応じた、育ちの見通しをもちながら実践することが不可欠である。

　2017（平成29）年に改定された保育所保育指針（以下、保育指針）では、本著の**第7講・第8講**でもみたとおり、0歳児を対象とした「1．乳児保育に関わるねらい及び内容」と、「2．1歳以上3歳未満児の保育に関わるねらい及び内容」が示された。3歳以上児の保育にあたっては、これらを前提として、かつ、個人差が大きいことを考慮して、3歳未満児の育ちの姿を見取る視点をもち、個々の子どもについての理解を深めながら、保育を行うことが必要である。

（2） 3歳以上児の子どもの姿への理解を深める

　3歳以上児の保育においては、**図表9-1**に示す基本的事項をおさえておく必要がある。

　保育にあたっては、これらをふまえ、一人ひとりの子どもの個性や育ち、発達を考慮しつつ、個々の子どもそれぞれの独自の成長を見守り、保育者が環境構成や援助を工夫しながら、育むことが大切である。加えて、集団としての活動の充実を図ることが望まれる。他者への関心が深まり、ごっこ遊びが豊かに展開する3歳児においては特に、友だちと遊ぶ楽しさを十分に味わうことができる場や時間の余裕、環境構成や援助の工夫が必要である。

図表9-1 ふまえておきたい3歳児の子どもの姿

1．運動機能が発達し、基本的な動作がひととおりできる
2．基本的な生活習慣（食事、衣類の着脱等）がほぼ自立している
3．語彙が急激に増加する
4．知的興味や関心が高まる
5．仲間との遊びの豊かな展開がある
6．集団や仲間のなかの一人という自覚が生じる
7．集団的な遊びや協同的な活動がみられる

（3）養護と教育の一体性をふまえる

　5領域において示される保育の内容は、養護における「生命の保持」と「情緒の安定」を確保しながら、一体的に展開されるものであることを留意する必要がある。乳幼児が安定した情緒のもとで自己を十分に発揮できることは、年齢、施設、その他の背景にかかわらず、園での保育において大切にされるべきことである。養護と教育の一体的な展開には、保育者と乳幼児の信頼関係が十分に築かれていること、園が子どもたちにとって安心できる居心地のよい場所であることが不可欠である。

　園での生活は、自己肯定感や自尊心を育みながら、自分を生き生きと発揮しながら、豊かな経験を積み重ねていくものである。一人ひとりの乳幼児の主体的な活動が確保されるためには、保育者が個々の子どもの特性に応じつつ、この時期の発達の特徴を理解し、環境構成や援助の工夫が施されることが大切である。

2. 乳幼児期において育みたい資質・能力

　2017（平成29）年告示の指針・要領の改定（改訂）では、乳幼児期に育みたい資質・能力の基礎が明確化され、小学校就学までの園での活動全体によって、資質・能力の3本の柱を一体的に育むように努めることとされた（図表9-2）。これらは今まで園で、乳幼児期の保育の独自性つまり主体性を尊重し、生活や遊びを中心とした、環境を通じた教育において育まれている内容を尊重しつつ、小学校以降の資質・能力の3本の柱と対応するものとして位置づけられている。それはつまり、保育所、幼保連携型認定こども園、幼稚園が、小学校以上の教育とつながるものであるとの考えのもと、共通する力を育成する教育施設として位置づけられたためである。

　これらの資質・能力の3本の柱は、このたび改定（改訂）された指針や要領の第2章に示されている「ねらい及び内容」に基づき、子どもの実情や興味関心等を

図表9-2 資質・能力の3本の柱

1．豊かな体験を通じて、感じたり、気付いたり、分かったり、できるようになったりする「知識及び技能の基礎」
2．気付いたことや、できるようになったことなどを使い、考えたり、試したり、工夫したり、表現したりする「思考力、判断力、表現力等の基礎」
3．心情、意欲、態度が育つ中で、よりよい生活を営もうとする「学びに向かう力、人間性等」

出典：保育所保育指針

ふまえながら展開する活動全体によって育まれる。その理由は、乳幼児期は諸能力が個別に発達していくのではなく、関連し合いながら総合的に発達していくという特徴があるからである。

3. 幼児期の終わりまでに育ってほしい姿

（1）乳幼児期の子どもの育ちや学びを小学校に伝える工夫

　園での保育のあり方や特徴を伝え、自発的な生活や遊びを通じて、園で子どもたちがいかに育ち学んだかを小学校に伝えることは重要である。なぜならば、園での様子をふまえた教育が小学校でなされれば、子どもの不安や戸惑いが軽減されるからである。急に変化したり、過小評価されて自信を失ったりしてしまうと、子どもたちの小学校生活は、居心地がよいものとはならない。幼児期の育ちの姿を小学校に伝えることは、小学校での不登校やいじめ、学力問題を解決する糸口になることが期待される。

　子どもの自尊心が損なわれることなく、小学校教育が乳幼児期の経験と連続性のあるものとして構想される必要がある。しかし、この具現化を図るうえでの課題として、5領域に基づく説明が、小学校以降の教育現場にはわかりにくいといったことが指摘されてきた。2010（平成22）年11月11日に著された「幼児期の教育と小学校教育の円滑な接続の在り方について（報告）」では、「児童期については小学校学習指導要領において育つべき具体的な姿が示されているのに対し、幼児期については幼稚園教育要領や保育所保育指針からは具体的な姿が見えにくいという指摘がある」とある。そこで同報告書では、「幼児期の終わりまでに育ってほしい幼児の具体的な姿をイメージする」必要性が示され、12の具体的な姿の例が示された（**図表9-3**）。

図表9-3 幼児期の終わりまでに育ってほしい幼児の具体的な姿のイメージ

1. 健康な心と体	7. 思考力の芽生え
2. 自立心	8. 自然とのかかわり
3. 協同性	9. 生命尊重、公共心等
4. 道徳性の芽生え	10. 数量・図形、文字等への関心・感覚
5. 規範意識の芽生え	11. 言葉による伝え合い
6. いろいろな人とのかかわり	12. 豊かな感性と表現

出典：幼児期の教育と小学校教育の円滑な接続の在り方に関する調査研究協力者会議「幼児期の教育と小学校教育の円滑な接続の在り方について（報告）」2010（平成22）年11月11日

Step1

　これを参考に、このたびの指針や要領では、「幼児期の終わりまでに育ってほしい姿」が示された（**図表9−4**）。
　「幼児期の終わりまでに育ってほしい姿」とは、乳幼児期にふさわしい遊びや生活を積み重ねていくことにより、5歳児後半にみられるようになる姿の具体例である。これらは、到達すべき目標として提示されているものではない。また、例えば、「図形への関心」を育むための一斉活動を提供するといったように、10の姿を個別に取り出して指導するものではない。指針や要領に明示されているように、子どもの自発的な活動としての遊びを通した、環境を通じた保育が展開されるべきであることは、これまで同様、ゆるぎないものである。
　10の姿は、子どもの育ちや学びの姿について保育者間、あるいは保育者と小学校教師、保護者とが共有し、共通認識をもちやすくするために活用される分類項目のようなものでもある。特に小学校に対しては、幼児の姿をよりわかりやすく伝えるために役立つ、説明言語のようなものである。

4. 3歳以上児の保育5領域のねらいおよび内容、内容の取扱い

　1歳以上3歳未満児と同様、3歳以上児の保育の内容も「健康」「人間関係」「環境」「言葉」「表現」の5つの領域によって示されている。これは、乳児保育（0歳児保育）の「健やかに伸び伸びと育つ」「身近な人と気持ちが通じ合う」「身近なものと関わり感性が育つ」という3つの視点と、1歳以上3歳未満児の5領域のねらいおよび内容と連続しているものである。
　5領域それぞれに示されている「ねらい」は、子どもが生活や遊びを通して育ち学ぶ姿をふまえて、幼児教育において育みたい資質・能力を子どもの姿から説明したものである。「内容」は、幼児が環境とかかわりながら展開する具体的な活動を通して総合的に育まれるものである。保育者が保育を実践するにあたり、「ねらい」や「内容」は、環境を構成したり援助の工夫を行ったりする際の視点となるものである。
　幼児教育は、小学校以降の教育とはその方法が大いに異なる。小学校では教科それぞれが独立した授業として展開される。つまり教科ごとに教育課程が編成され、特定の活動が指導される。保育においては、領域別に計画が立てられたり、領域を特定の活動のみに結びつけて指導されたりすることはない。保育における「領域」の特性をふまえ、各領域の内容を総合的に展開し、幼児期にふさわしい経験が展開

図表9-4 幼児期の終わりまでに育ってほしい姿

（1） 健康な心と体
　保育所の生活の中で、充実感をもって自分のやりたいことに向かって心と体を十分に働かせ、見通しをもって行動し、自ら健康で安全な生活をつくり出すようになる。
（2） 自立心
　身近な環境に主体的に関わり様々な活動を楽しむ中で、しなければならないことを自覚し、自分の力で行うために考えたり、工夫したりしながら、諦めずにやり遂げることで達成感を味わい、自信をもって行動するようになる。
（3） 協同性
　友達と関わる中で、互いの思いや考えなどを共有し、共通の目的の実現に向けて、考えたり、工夫したり、協力したりし、充実感をもってやり遂げるようになる。
（4） 道徳性・規範意識の芽生え
　友達と様々な体験を重ねる中で、してよいことや悪いことが分かり、自分の行動を振り返ったり、友達の気持ちに共感したりし、相手の立場に立って行動するようになる。また、きまりを守る必要性が分かり、自分の気持ちを調整し、友達と折り合いを付けながら、きまりをつくったり、守ったりするようになる。
（5） 社会生活との関わり
　家族を大切にしようとする気持ちをもつとともに、地域の身近な人と触れ合う中で、人との様々な関わり方に気付き、相手の気持ちを考えて関わり、自分が役に立つ喜びを感じ、地域に親しみをもつようになる。また、保育所内外の様々な環境に関わる中で、遊びや生活に必要な情報を取り入れ、情報に基づき判断したり、情報を伝え合ったり、活用したりするなど、情報を役立てながら活動するようになるとともに、公共の施設を大切に利用するなどして、社会とのつながりなどを意識するようになる。
（6） 思考力の芽生え
　身近な事象に積極的に関わる中で、物の性質や仕組みなどを感じ取ったり、気付いたりし、考えたり、予想したり、工夫したりするなど、多様な関わりを楽しむようになる。また、友達の様々な考えに触れる中で、自分と異なる考えがあることに気付き、自ら判断したり、考え直したりするなど、新しい考えを生み出す喜びを味わいながら、自分の考えをよりよいものにするようになる。
（7） 自然との関わり・生命尊重
　自然に触れて感動する体験を通して、自然の変化などを感じ取り、好奇心や探究心をもって考え言葉などで表現しながら、身近な事象への関心が高まるとともに、自然への愛情や畏敬の念をもつようになる。また、身近な動植物に心を動かされる中で、生命の不思議さや尊さに気付き、身近な動植物への接し方を考え、命あるものとしていたわり、大切にする気持ちをもって関わるようになる。
（8） 数量や図形、標識や文字などへの関心・感覚
　遊びや生活の中で、数量や図形、標識や文字などに親しむ体験を重ねたり、標識や文字の役割に気付いたりし、自らの必要感に基づきこれらを活用し、興味や関心、感覚をもつようになる。
（9） 言葉による伝え合い
　保育士等や友達と心を通わせる中で、絵本や物語などに親しみながら、豊かな言葉や表現を身に付け、経験したことや考えたことなどを言葉で伝えたり、相手の話を注意して聞いたりし、言葉による伝え合いを楽しむようになる。
（10） 豊かな感性と表現
　心を動かす出来事などに触れ感性を働かせる中で、様々な素材の特徴や表現の仕方などに気付き、感じたことや考えたことを自分で表現したり、友達同士で表現する過程を楽しんだりし、表現する喜びを味わい、意欲をもつようになる。

出典：保育所保育指針

Step1

され、育ちや学びが生み出されるように、援助することが必要である。子どもの主体的で自発的な生活や遊びのなかで、各領域のねらいや内容を理解し、内容の取扱いをふまえ、「幼児期の終わりまでに育ってほしい姿」を考慮しながら、保育の実践が展開することを考慮しなければならない。

　以上を前提に、保育実践は計画等において位置づけられて実施されることが重要である。ここでは、保護者の就労状況等に応じて子どもが園で過ごす時間がそれぞれ異なることについても留意して設定することが望まれる。また、特に必要な場合には、保育の基本原則や5領域の「ねらい」や「内容」を逸脱しない範囲で、具体的な内容を工夫し、それを加えても差し支えないが、その場合には、慎重に配慮する必要がある。保育にあたっては、生活や遊びを中心とした環境を通じた教育こそが幼児期にふさわしいものであることを十分にふまえなければならない。

Step 2

1. 個々の子どもの実際と背景

　年齢にかかわらず、保育全般において配慮すべき事項として、一人ひとりの子どもの個人差をふまえ、一人ひとりの子どもの気持ちを受け止め、援助することがあげられる。3歳以上の保育にあたっては、友だちとの関係が深まり、協同的な学びもみられる。そのため小集団での活動においては、子どもたちの個性への気づきをうながしたり、関係性をつないだり、共感することの楽しさを感じるような援助も期待される。

　個々の子どもの実際を理解するためには、子どもの育ちが総合的であることを十分に留意しておく必要がある。生理的・身体的育ちとともに、こころの育ち、つまり自主性や社会性、豊かな感性の育ちがあいまって、子どもの健康はもたらされる。個々の子どもの育ちには、その背景となる状況をつくることが不可欠である。保育の実施にあたっては、子どもの安心感、自己を発揮できる自分の居場所づくりが前提となる。まずは、自分の思いや自分なりの表現が十分に受け入れられると、子どもはさらに自己を発揮し、身近な他者に共感したりされたりすることを望み、実際に共感の経験を積み重ねていく。3歳以上の保育にあたっては、さらに子ども同士のかかわりをうながすことが望まれる。

　個々の子どもの興味関心と、それに基づく環境へのかかわりはそれぞれである。子どもが主体的な活動を展開するためには、子どもの興味関心の対象が何か、それに対する好奇心や探求心、憧れなどの気持ちはどの程度であり、どういった状況であるのかを理解することが保育者には求められる。そして、子ども自らが環境にはたらきかける状況、試行錯誤しつつ自分の力で行う活動を見守りながら援助することが期待される。保育者が環境を整えることに加えて、個々の気持ちに応じ、その時期に期待される育ちにつながる環境を配慮し構成することにより、子どもは主体的な活動を通じて発達する。

　個々の子どもの実際と背景をふまえた、保育の実施に関する留意事項としては、他にも、新入園や転園への個別対応による子どもの安心の保障と、すでに在園している子どもたちとのお互いにとってのよりよい関係性づくり、国籍や文化の多様性についての理解の促進と相互に尊重する関係性づくり、性差への固定的な意識を植えつけないようにすることなどがあげられる。

2. 小学校との連携、接続

　乳幼児期の教育は、人格形成の基礎を培う大切なものである。それは、小学校以降の生活や学習の基盤をつくるものである。その基盤は、小学校以降の教育をより早く前倒して行うことにより培われるものではない。幼児期にふさわしい生活を通じて育まれるものである。指針や要領では、小学校との連携について、**図表9-5**のとおり留意することがあげられている。

3. 家庭および地域社会との連携

　小学校の連携と同様に、子どもにとって安心し、安定できるためには、家庭と園が両輪となって育てていく必要がある。そのためには、相互が子どもの育ちを支えるパートナーとなって連携を密にしなければならない。

　園での生活が家庭や地域社会での生活に活かされるようにすること、さらには、園での保育も、家庭および地域社会と連携して展開されるよう配慮することが必要である。地域の自然と接したり、高齢者や異年齢の子ども等幅広い年代の多様な背景をもつ人と交流したり、地域社会の文化や伝統にふれ、地域の資源を積極的に活用し、豊かな生活体験をはじめ保育内容の充実が図られるよう配慮することが望まれる。

図表9-5 小学校との連携

ア　保育所においては、保育所保育が、小学校以降の生活や学習の基盤の育成につながることに配慮し、幼児期にふさわしい生活を通じて、創造的な思考や主体的な生活態度などの基礎を培うようにすること。
イ　保育所保育において育まれた資質・能力を踏まえ、小学校教育が円滑に行われるよう、小学校教師との意見交換や合同の研究の機会などを設け、第1章の4の(2)に示す「幼児期の終わりまでに育って欲しい姿」を共有するなど連携を図り、保育所保育と小学校教育との円滑な接続を図るよう努めること。
ウ　子どもに関する情報共有に関して、保育所に入所している子どもの就学に際し、市町村の支援の下に、子どもの育ちを支えるための資料が保育所から小学校へ送付されるようにすること。

出典：保育所保育指針

Step 3

1. 幼児期の終わりまでに育ってほしい姿を活用した保育の可視化と発信

　子どもの主体的な生活や遊びを中心とした、環境を通じた教育とは、放任教育とは異なる。幼児期の教育は、小学校教育とは大いに異なる。その違いは、『小学校学習指導要領』を読めば明白である。小学校では教科ごとに、学年に応じて、どういった知識や技能をどのように習得し、どういった情意を育てるかが明示されている。内容が明確に規定されている小学校教育と異なり、幼児期の教育は、その基礎を育むものである。園における子どもの主体的な遊びや生活の経験の豊かさをより具体的に伝えるために、**Step 1**で取り上げたように、「幼児期の終わりまでに育ってほしい姿」の10項目を意識し、活用することができる。

　幼児教育と小学校教育の接続を進めるために、各地で「スタート・カリキュラム」が開発されつつある。小学校においては、45分の授業の最初に「めあて」が提示され、この時間に学ぶ内容が全員に共有される。授業により、目的志向型に学ぶ教育方法は児童期には、適している教育方法である。

　しかし、急激な変化は子どもに不安を与える。よって、こういった授業を小学校1年生の4月から急に開始するのではなく、1年生の7月末くらいまでの時期に「スタート・カリキュラム」を地域で策定し、校内を探検する経験的な活動を展開したり、15分や20分で授業を区切ったりして、なだらかな接続を図ることが各地で進められている。

　国立教育政策研究所では、2015（平成27）年1月に「スタート・カリキュラム　スタートブック〜学びの芽生えから自覚的な学びへ〜」（**図表9−6**）を発行し、すべての小学校と保育施設に配布した。その背景には、小学校の準備教育や前倒し教育ではなく、小学校における「スタート・カリキュラム」が各地で開発されていくことの期待がある。

　2017（平成29）年に改訂された『小学校学習指導要領』では、「幼児期の終わりまでに育ってほしい姿」をふまえた教育を構想することが随所であげられている。

2. アクティブ・ラーニングの促進

　保育はそもそも、経験主義的なアクティブ・ラーニングである。子どもたちは園で大いにからだを動かし、五感を活用し、自らの興味関心を中心に、創意工夫しながら経験的に学ぶ。園では、主体的に試行錯誤を繰り返したり、探求を深めたり

図表9-6 スタートカリキュラム スタートブック（表紙）

し、友だちと協働的に学ぶ姿が大いにみられる。

　こういったアクティブ・ラーニングは今後、小学校のみならず、中学校、高等学校等にも広げられていく。小学校以降の教育において、講義をただ聞くのみではなく、アクティブな教育方法の導入がめざされている。その背景には、これからの時代の子どもたちに、国際化、情報化、人工知能化社会のなかで、多様な文化や価値、莫大な情報のなかから、自ら考えたり、選択したり、判断をする力が今後必要とされているからである。

　子どもたちが大人になるころの社会では、人口知能が現在ある仕事の半分を占めることが予測されている。その時代の子どもたちにとっては、問われた内容に答えるだけではなく、イメージする力、創意工夫する力、人とのつながりを深め、ともに新しいものを創造していく力が必要である。自分で考え、判断し、行動する力は、経験をともなう学びにおいて大いに培われる。よって園では、幼児期の経験を十分に保障すること、さらにはアクティブ・ラーニングを小学校以降でも広げていくことがめざされている。

参考文献
- 国立教育政策研究所『スタートカリキュラムスタートブック～学びの芽生えから自覚的な学びへ～』2015.
- 文部科学省『小学校学習指導要領（平成29年告示）解説』2017.
- 幼児期の教育と小学校教育の円滑な接続の在り方に関する調査研究協力者会議『幼児期の教育と小学校教育の円滑な接続の在り方について（報告）』2010.

COLUMN　神戸大学附属幼稚園の10視点カリキュラム

　文部科学省には、「研究開発学校指定研究」という制度がある。これは現行のカリキュラム、つまり指針や要領に準じなくてもよく、独自のカリキュラムの開発研究を進めることが認められ、その成果が将来の指針や要領の改定（改訂）に資するものとなることが期待され、研究の助成がなされるものである。

　神戸大学附属明石幼稚園、小学校、中学校では、2000（平成12）年から2002（平成14）年に、この研究開発学校指定研究を受けた。ここでは、3歳から15歳までの接続期カリキュラムの開発がなされた。接続期カリキュラムの開発には、到達度目標を設置することなく、まずは子どもの事実記録をとることがなされた。そして、その記録を事後に検討し、子どもの会話、行動、表情といった具体的な姿から、子どもたちにみられる育ちや学びの姿を見取るという作業がなされた。6000枚の子どもの事実の記録を、似た項目でグループ分けした結果、幼稚園、小学校、中学校の教員の実践記録から、子どもたちの育ちを共通に見取る10の視点が抽出された。

　以降、附属幼稚園では、「自分の生き方」「人とのつながり」「健全なからだ」「自然との共生」「ものと現象」「感動の表現」「文字とことば」「数とかたち」「豊かなくらし」「世の中のしくみ」という10視点カリキュラムをもとに、保育を展開している。この成果は、このたびの「幼児期の終わりまでに育ってほしい姿」の10項目とつながるものである。多くの保育者や教師がともに子どもを育てていこうとする連携の試みが、このたびの制度改革にもつながっている。

（北野幸子）

第10講

子ども理解に基づく保育の過程①理論編

小学校以降の教育と違い、保育実践は「授業」とはいわず、教科書も使わない。乳幼児期は生まれてからの期間が短く、個人差が大きく、視野が狭い傾向があり、自己中心性が強い。この時期子どもは、主体的に人や事物に興味をもち、探求を深めていく。保育者は、子どもへの理解を深め、環境を構成し、援助の工夫を施し、保育の計画を立て、実践する。また実践を省察して、環境を再構成する。本講では、この保育の過程（プロセス）を学ぶ。

Step 1

1. 子ども理解の視点

保育は、子どもの理解に基づいて実施される。「保育所保育指針」「幼保連携型認定こども園教育・保育要領」「幼稚園教育要領」（以下、指針・要領）では、養護を基盤とした保育の大切さ、情緒の安定や安心、一人ひとりの子どもを大切にすること、子どもの主体性を尊重することを大切にしている。

保育所保育指針では、**図表10-1**で示すように、養護については「養護及び教育を一体的に行う」ことや「保育全体を通じて」大切にすることが示されている。

また、幼稚園教育要領では、**図表10-2**で示すように、情緒の安定や自己の発揮、

図表10-1　養護に関する基礎

第1章「総則」　2　養護に関する基本的事項　（1）　養護の理念
　保育における養護とは、子どもの生命の保持及び情緒の安定を図るために保育士等が行う援助や関わりであり、保育所における保育は、養護及び教育を一体的に行うことをその特性とするものである。保育所における保育全体を通じて、養護に関するねらい及び内容を踏まえた保育が展開されなければならない。

図表10-2　幼児期にふさわしい生活

第1章「総則」　第1　幼稚園教育の基本
1　幼児は安定した情緒の下で自己を十分に発揮することにより発達に必要な体験を得ていくものであることを考慮して、幼児の主体的な活動を促し、幼児期にふさわしい生活が展開されるようにすること。

図表10-3　子ども理解の視点

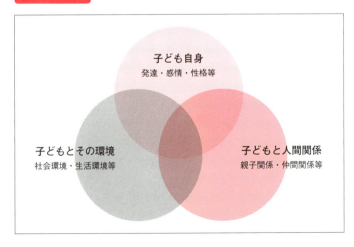

主体的な活動などが、幼児期にふさわしい生活に不可欠なものであるとされている。

　一人ひとりの子どもの理解に基づく、子どもの主体的な活動を中心とした保育の実施には、保育者が子ども理解の視点をもつことが望まれる。例えば**図表10-3**のように、①個々の子どもの発達や感情、性格など子ども自身についての理解の視点、②子どもとその社会環境や生活環境についての理解の視点、③親子関係やきょうだい関係、友だち同士の関係など、子どもの人間関係についての理解の視点をもち、総合的な子ども理解を図る必要がある。

2. 子ども理解に基づく保育の計画

　保育の計画は、子ども理解に基づき立てられる。子どもの気持ちを理解し、子どもとの相互作用のなかで臨機応変に一緒につくり発展させていくのが保育の計画の特徴である。

　指針・要領と小学校以降の学習指導要領を比較してみても、小学校以降の学習指導要領では、どの科目で、何のために、いつ、どの時期に、どのような内容を、どのように教えるのかが明示されているのと比べて、指針・要領では、細かい教科内容は明示されていない。つまり保育実践では、教科内容がベースとなっていない。子ども自身の興味関心など、子ども主体の経験において、どのような育ちや学びが育まれていくのかは、保育者と子どもたちの相互作用のなかで展開していくものとされている。

　保育の計画には、子ども理解が不可欠である。子どもの姿については、今、この子どもたちが、①何に興味をもっているのか、②どういった発達のプロセスにあるのか、③どういった生活の姿があり、実際にどのような生活課題などがあるのかといったことがあげられる。

　保育のねらいは指針・要領で示されているが、保育の内容の選択は、子どもの姿（興味関心、発達の特徴、生活課題など）をふまえて行い、子どもとの相互作用のなかで、保育者が「育ってほしい子どもの姿」を願い、設定する。乳幼児期は誕生からの期間が短く、個人差が大きい。そのために、一人ひとりの子どもへの配慮が指針・要領に示されている。小学校以降の教科教育の授業とは異なり、乳幼児期には個々の発達に応じる必要性が大きいので、保育実践における判断は、保育者の子ども理解に基づく判断を大きな頼りとしている。保育者の子ども理解と、それに基づく教育的意図は、それが一人よがりではないのかを常に保育者は自問自答する必要がある。自らの子ども理解が適切であるか、その理解に基づく保育の計画は妥当

であるかどうかを、要領・指針において示されている指標、つまり一般的な育ちの姿に基づく保育のガイドラインと照らし合わせながら保育者は、保育を計画する。

一般に、他者理解は難しい。ましてや乳幼児期の子どもは、自分の気持ちを言葉で表すことが難しい場合もある。子どもの気持ちをみとるためには、保育者は子どもをよく観察し、よく考え、よく想像することが望まれる。子どもに対して質問攻めにするのではなく、聞いてほしいと思う気持ちが湧き上がり、話したいという気持ちが育まれるように、保育者は子どもとの強い信頼関係や肯定的な場づくりを努めることが望まれる。子ども理解にあたり、保育者には、自問自答する謙虚さと「実はこうかもしれない」あるいは「こうしてみてはどうだろう」といった、想像力とフレキシビリティ（臨機応変さ）が求められる。

子ども理解を深めるためには、記録が有効な資料となる。子どもの姿の記録は、保育の計画に活用できる。保育の計画は、保育者が描いた印象や予想からだけではなく、子どもの実際の発言や実際の行動、表情といったものの記録を材料として立てることにより、信憑性が高くなる。

例えば、保育実践後の記録を①子どもの発話、②子どもの行動、③保育者のみとり（解釈）に分けた様式で記録すると、後に子どもの姿の記録を見直したり、他の保育者と議論したりするときに活用しやすい。

3. 保育の計画の種類

全体的な計画と教育課程

保育の計画は、指針・要領に基づき、園それぞれの実態に応じて作成することになっている（図表10-4、図表10-5、図表10-6）。保育所保育指針では、入園から卒園するまでの保育期間すべての計画である全体的な計画を作成することとなっている。

「全体的な計画」や「教育課程」は、園生活全体をとらえて作成される計画である。この計画は、個々の子どもの姿への理解を前提とし、指針・要領に示された目標に照らし合わせながら、各園が設けた目標に向かって展開する保育の過程（プロセス）を表すものである。入園から卒園までの子どもの育ちを長期的に見通し、作成される。

図表10-4 保育所保育指針 第1章「総則」 3「保育の計画及び評価」

（1） 全体的な計画の作成
　ア　保育所は、1の（2）に示した保育の目標を達成するために、各保育所の保育の方針や目標に基づき、子どもの発達過程を踏まえて、保育の内容が組織的・計画的に構成され、保育所の生活の全体を通して、総合的に展開されるよう、全体的な計画を作成しなければならない。
　イ　全体的な計画は、子どもや家庭の状況、地域の実態、保育時間などを考慮し、子どもの育ちに関する長期的見通しをもって適切に作成されなければならない。
　ウ　全体的な計画は、保育所保育の全体像を包括的に示すものとし、これに基づく指導計画、保健計画、食育計画等を通じて、各保育所が創意工夫して保育できるよう、作成されなければならない。
（2） 指導計画の作成
　ア　保育所は、全体的な計画に基づき、具体的な保育が適切に展開されるよう、子どもの生活や発達を見通した長期的な指導計画と、それに関連しながら、より具体的な子どもの日々の生活に即した短期的な指導計画を作成しなければならない。

図表10-5 幼保連携型認定こども園教育・保育要領 第1章「総則」 第2「1 教育及び保育の内容並びに子育ての支援等に関する全体的な計画の作成等」

（1） 教育及び保育の内容並びに子育ての支援等に関する全体的な計画の役割
　　各幼保連携型認定こども園においては、教育基本法（平成18年法律第120号）、児童福祉法（昭和22年法律第164号）及び認定こども園法その他の法令並びにこの幼保連携型認定こども園教育・保育要領の示すところに従い、教育と保育を一体的に提供するため、創意工夫を生かし、園児の心身の発達と幼保連携型認定こども園、家庭及び地域の実態に即応した適切な教育及び保育の内容並びに子育ての支援等に関する全体的な計画を作成するものとする。
　　教育及び保育の内容並びに子育ての支援等に関する全体的な計画とは、教育と保育を一体的に捉え、園児の入園から修了までの在園期間の全体にわたり、幼保連携型認定こども園の目標に向かってどのような過程をたどって教育及び保育を進めていくかを明らかにするものであり、子育ての支援と有機的に連携し、園児の園生活全体を捉え、作成する計画である。
　　各幼保連携型認定こども園においては、「幼児期の終わりまでに育ってほしい姿」を踏まえ教育及び保育の内容並びに子育ての支援等に関する全体的な計画を作成すること、その実施状況を評価して改善を図っていくこと、また実施に必要な人的又は物的な体制を確保するとともにその改善を図っていくことなどを通して、教育及び保育の内容並びに子育ての支援等に関する全体的な計画に基づき組織的かつ計画的に各幼保連携型認定こども園の教育及び保育活動の質の向上を図っていくこと（以下「カリキュラム・マネジメント」という。）に努めるものとする。

> **図表10-6** 幼稚園教育要領　第1章「総則」　第3「教育課程の役割と編成等」
>
> 1　教育課程の役割
> 　各幼稚園においては、教育基本法及び学校教育法その他の法令並びにこの幼稚園教育要領の示すところに従い、創意工夫を生かし、幼児の心身の発達と幼稚園及び地域の実態に即応した適切な教育課程を編成するものとする。
> 　また、各幼稚園においては、6に示す全体的な計画にも留意しながら、「幼児期の終わりまでに育ってほしい姿」を踏まえ教育課程を編成すること、教育課程の実施状況を評価してその改善を図っていくこと、教育課程の実施に必要な人的又は物的な体制を確保するとともにその改善を図っていくことなどを通して、教育課程に基づき組織的かつ計画的に各幼稚園の教育活動の質の向上を図っていくこと（以下「カリキュラム・マネジメント」という。）に努めるものとする。
> 2　各幼稚園の教育目標と教育課程の編成
> 　教育課程の編成に当たっては、幼児教育において育みたい資質・能力を踏まえつつ、各幼稚園の教育目標を明確にするとともに、教育課程の編成についての基本的な方針が家庭や地域とも共有されるよう努めるものとする。
> ＜略＞
> 6　全体的な計画の作成
> 　各幼稚園においては、教育課程を中心に、第3章に示す教育課程に係る教育時間の終了後等に行う教育活動の計画、学校保健計画、学校安全計画などとを関連させ、一体的に教育活動が展開されるよう全体的な計画を作成するものとする。

指導計画

　「全体的な計画」をより詳細に、また具体的に計画したものが「指導計画」である。地域や園によっては、「保育計画」「援助計画」といった呼称もある。

　「長期指導計画」とは、年、期、月の「指導計画」を指す。「年次案」「期案」「月案」等といった呼称もある。

　「短期指導計画」とは、週、日、活動、場面の「指導計画」を指す。「週案」「日案」「部分指導案」「活動案」「細案」「詳案」等といった呼称もある。「部分指導案」等とは、絵本の読み聞かせの時間の「指導計画」、話し合い場面の「指導計画」、製作活動などを一斉（いっせい）に行う設定保育などの「指導計画」、食事場面等の「指導計画」など、短い期間の「指導計画」を指す。

　図表10-7は、神戸大学の幼稚園教員養成にかかわる授業「乳幼児教育課程論」（2年生対象）等で活用している模擬保育のための部分指導案（30分程度）の様式である。保育を構造的に考えて実践し、省察（せいさつ）するためには、記録が大いに役立つ。

　毎日は難しくとも、時にじっくり考えて指導案を細部にわたり考えながら作成することは、実践におけるとっさの各種判断に大いに役立つものである。

図表10-7 部分指導案

「 タ イ ト ル 」
1. 日時　　平成　　年　　月　　日（　曜日）　時　分～　時　分
2. 対象児　　年保育　　歳児　　組（男児　　名 女児　　名）
3. 子どもの姿
＜子どもの生活の特徴＞

＜発達の特徴＞

＜遊びの特徴＞

4. ねらい

5. 保育の内容

6. 内容選択の理由

7. 実施計画

時間	環境構成	予想される幼児の姿	保育者の援助と配慮	評価の観点
	＊・・・のための・・・の準備をしておく	・・・する	◎・・・するように促す	◇子どもが笑顔で遊びに関わっているか
		グループをつくる	◎・・・しやすいよう声かけをする	
		・・・をする	◎・・・について適宜援助する	
	＊・・・のために・・・の用意をする	・・・に気付く	◎・・・と感じられるように、・・・等の言葉をかける	◇・・・など感じたことを言葉で友達に伝えているか
		・・・をする	◎・・・のための・・・の準備をする	
	(道具や素材の内容)	・・・を伝え合う	◎・・・について・・・を伝える	
		・・・を共有する	◎・・・しやすいように・・・と問いかけをする	

8. 反省と評価
＜子ども評価の観点＞

＜保育評価の観点＞

Step 2

1. 子ども理解と「ねらい」の設定

　Step 1で学んだように、保育の計画は子ども理解をその起点とする。子どもが（人やモノ等）何に気づき、どのような気持ち（興味や関心、疑問）をもったのかを保育者が理解し、「ねらい」を設定する。発達をみとったり、生活課題を抽出したりすることも「ねらい」の設定の基本となる。

　個人差や個性を考慮して一人ひとりの子どもを理解するのは、実際は難しいことでもある。保育者が子どもを理解するうえで、発達や生活課題、興味関心、探求などの視点をもつこと、さらには想像して予測をすること、子どもへの過度ではない期待をもつことにより、個々の子どもの理解を深めることができる。

　乳幼児期は個人差が大きいので、他児との比較や相対的な理解よりも、一人ひとりの気持ちや発達、課題の理解に努めたい。そして、個々の子どもの姿（子どもの事実）を理解したうえで、「ねらい」を設定することが望まれる。

　保育を計画するうえでは、子どもの姿（子どもの事実）と設定された「ねらい」、実際の活動に整合性が図られていることが不可欠である。「ねらい」の設定では、保育者は「…のような子どもの姿があったから」「…といった発達の過程の特徴があるので、この活動を選択した」「この活動は、『保育所保育指針』『幼保連携型認定こども園教育・保育要領』『幼稚園教育要領』のどのねらいと内容（複数領域にまたがってよい）にかかわるのか」といったことを考える。保育実践においては、個々の保育者が、子どもの姿と保育計画における「ねらい」との関係について整合性を図り、自ら説明できなければならない。

2. 保育の環境構成と再構成、援助の工夫

　「ねらい」を設定し、その具現化を図るためには、環境を構成したり、また状況に応じて環境を再構成したりすることが不可欠である。子どもの興味や関心などの気持ちや発達の過程、生活課題をふまえることに加えて、保育者は昨日までの子どもの遊びや生活の姿など、実態に応じた環境構成と環境の再構成を行う。環境の再構成にあたっては、特に子どもの遊びや生活の展開に臨機応変に対応しつつ、また、保育者が適切に素早く判断して、子どもの育ちや学びをうながすことが意図されている。

　環境の構成と同様に、保育の計画にあたり、「ねらい」を達成するためによく考えられた方法（方略）として、保育者の援助の工夫があげられる。例えば、「○○

に気づき、○○を工夫しながら、友だちと○○することを楽しむ」といった「ねらい」を掲げた場合、保育者の援助の工夫として、「ある子どもの気づきやアイデアを、他児が気づくように、保育者が言葉をかけるなどの工夫を行う」「子どもたちが協力できるように励ましたり、さらにかかわりが深まるように友だちとともに楽しむ様子を認めたりする」といったことを指導計画等作成の折に、保育者は考える。

また、実践している最中においても、その場面に応じて、自らが臨機応変に判断して、行動したり（遊びに部分的に加わったり、抜けたり等）、言葉をかけたり（励ましたり、認めたり、確認したり、問いかけたり、つないだり等）などの援助の工夫を行う。

保育者は、「ねらい」に応じた内容選択の理由があること、また、その「ねらい」を達成するための手だてとして、環境構成や環境の再構成を行い、援助の工夫を施すことを意識して、自らの実践を構造的に考えることが望まれる。加えて、保育者は計画の段階で「評価の観点」をもっておく。「評価の観点」とは、仮にねらいが達成できたら、どのような言動がみられるかを具体的に想定し、例えば「楽しんでいたか」は何を見て判断するのか、その観点をあらかじめ考えておくことであり、実践後の評価にも役立つ。

なお、**図表10-8**は保育の計画のプロセスを表したものである。

図表10-8 保育の計画のプロセス

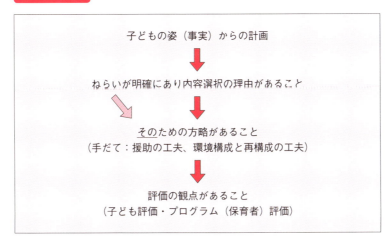

Step 3

1. 保育実践における省察と評価

　保育の質を単純に定義することは難しいが、一般に保育の質とは、大きく、①構造、②実践の過程（プロセス）、③子どもの育ちや学びの姿（アウトカム）の3つに分類できる。①は設置基準（園舎や園庭、設備、遊具の状況、一クラスの子どもの数や、先生一人あたりの子どもの数、保育者の資格要件、研修保障等）、②は実践そのもの（保育者の応答的対応、子どもの情緒の安定につながるかかわり、子どもの主体性の発揮や没頭して遊ぶ様子につながる援助等）、③は①と②の質を保障することによって、その結果、実際の子どもの育ちや学びがどのように育まれているのか、といった内容を指す。

　保育実践の評価は、実践を観察したり記録したりして、実施される。記録は、それに基づき省察したり吟味したりして、評価を行い、改善を図るうえで活用できる大切な道具となる。

　保育の評価には、国内外でいろいろな評価の方法が開発されている。保育実践においては、一人として同じ子どもはおらず、1つとして同じクラスはない。また、実践は動的で展開しているもので、現象的でもあり、その評価は難しく、1つの物差しでは測りきれないものである。しかし保育者は、専門職として、その実践を可視化し、評価し、実践の質の維持と向上を多角的に図る公的責務がある。よって保育者は、いろいろな評価の手法を学び、状況と必要性に応じて活用する柔軟な姿勢をもつことが期待される。

　保育の分野で広く浸透している保育の評価スケールの1つが、「保育環境評価スケール」である。2歳半から5歳を対象とする「ECERS-3」と、0歳から2歳半を対象とする「ITERS-3」、イギリスに適応するように開発されたECERS-Eなどがある。

　「『保育プロセスの質』評価スケール」（SSTEW）は、保育者と子どもの相互作用の質に注目した評価指標で、子どもの安心や情緒の安定、信頼や自信といった社会情動的能力の育ちと、子どもの主体的な探求を評価するものである。

　「ラーニング・ストーリー」とは、ニュージーランドにおいて、保育の可視化や子どもの理解、評価に活用されている、保育者による実践記録である。日本の保育所保育指針、幼保連携型認定こども園教育・保育要領、幼稚園教育要領（以下、指針・要領）にあたる「テ・ファリキ」の4つの基本理念（①子どもの学びと成長を支援する、②子どもの発達は包括的であり、カリキュラムはその包括的な学びと成長をうながす、③家庭や地域との連携を重要視する、④子どもは人・場所・モノと

の相互作用を通して学ぶ存在である）が含まれているかどうかが分析され、保育の評価がなされる。

2. カリキュラム・マネジメント

　カリキュラム（日本語訳は「教育課程」）により、保育の実践を計画し、実際に保育実践を行い、管理・運営して展開していくことを、カリキュラム・マネジメントという。日本では、アメリカ等での活用を紹介するかたちで、「カリキュラム・マネジメント」という言葉が、1998（平成10）年の幼稚園教育要領等の改訂の頃から使われ、現在ではその浸透が広く図られている。カリキュラム・マネジメントは、教育現場における先生一人ひとりから、さらには各クラス、各園・学校において、個人の研鑽のみならず、チームとしての組織的な協働として、今後ますます展開していくことが予測される。

　保育におけるカリキュラム・マネジメントは、実情に応じつつ、創意工夫を施しながら、カリキュラムを編成・開発・実践・評価・改善していくことである。指針・要領に示されているように、保育では、何を学ぶのかという内容よりも、学びに向かう姿勢、つまり子ども自身が主体的に気づいたり興味をもったり、疑問に思ったり考えたり、試行錯誤したりアレンジしたりといった姿勢を、学びの芽生えとして大切にしている。

　PDCAサイクルは、カリキュラム・マネジメントにあたり、活用される方法である。PはPlan：計画、DはDo：実行、CはCheck：評価、AはAct：改善を意味する。このサイクルをPDCAサイクルという。この言葉自体は、工場等の産業界が活用して一般化したが、以前から保育の現場ではこのモデルが確立されていた。

　デューイ（Dewey, J.）は子ども理解からの教育が大切であるとし、省察の大切さを指摘している。ショーン（Schön, D. A.）も、人と接する専門職の専門性の向上方法の特徴として「省察的実践者像」を提示している。

　保育の評価はモニタリングともいわれる。実践の折、および実践後の子どもの姿（子どもの事実）をモニタリングすることによって、保育者は「ねらい」の設定が適切であったか、ねらいの達成につながる環境構成であったか、援助の工夫がなされていたか、「評価の観点」と照らし合わせてどうであったのか等を吟味する。この繰り返しにより、明日の保育が構想されるのである。

参考文献

- イラム・シラージほか，秋田喜代美，淀川裕美訳『「保育プロセスの質」評価スケール』明石書店，2016．
- 厚生労働省「保育所保育指針」2017．
- 内閣府・文部科学省・厚生労働省「幼保連携型認定こども園教育・保育要領」2017．
- 文部科学省「小学校学習指導要領 解説書」2017．
- ドナルド・A・ショーン，柳沢昌一・三輪建二監訳『省察的実践とは何か——プロフェッショナルの行為と思考』鳳書房，2007．
- テルマ・ハームス・リチャード・M.クリフォード・デビィ・クレア，埋橋玲子訳『新・保育環境評価スケール①（3歳以上）』法律文化社，2016．
- Dewey, John, *How We Think : A restatement of the relation of reflective thinking to the educative process*, D.C. Heath and Company, 1933.

COLUMN 公開保育

　保育実践を公開したり、他者の実践を見て考えたりすることにより、保育実践の質の維持と向上が図られる。公開保育とは、園内や園外の保育者同士がお互いの保育を公開することである。公開保育の後に、実践検討会等、保育カンファレンスが行われることが多い。公開保育とその後の議論によって、個々の実践者の実践力の向上を図ったり、実践の課題を抽出し解決方法を検討したり、実際に有効であると考えられる普遍的な要素の抽出を図ったり、さらには、カリキュラムを開発したりすることができる。

　2011（平成23）年の国立教育政策研究所の調査によると、小学校の99.3％、中学校の93.5％で授業の公開とその事後カンファレンスが実施されている。保育現場でも、公開保育と保育カンファレンスが浸透しつつあり、園内や地域の保育者が同僚性を発揮して、ともに保育を公開し、語り合い、実践の質の維持・向上を図っている。

（北野幸子）

第11講

子ども理解に基づく保育の過程②実践編

　子どもの発達過程や家庭の状況、さらに子どもが育つ地域や社会の状況など、子どもを理解する視点はさまざまである。これらをふまえ、子どもにとってふさわしい生活が展開できる計画を全職員が共通理解をもって作成することが必要である。

　本講では、子ども理解に基づく保育の過程に加えて、学びの連続性を考えた小学校との接続について理解する。

Step 1

1. 子ども理解の方法

　保育を営むうえで欠かせないことは、子どもを理解することである。子ども理解には、一人ひとりの子どもの発達や子どものこれまでの経験・体験を理解すること、家庭の状況を理解することのように、一人ひとりの育ち（成育歴）について理解することはもちろんだが、子どもが生活する地域の実態を理解することやこれからの社会のあり方を理解することなど、子どもの育ちを見通した理解も必要である。また、保育は集団生活の場である。子ども同士のかかわりにも目を向け、子どもを理解することも必要である。集団のなかで遊びのリーダーシップをとる子どももいれば、なかなか積極的に集団に入れない子どももいる。保育実践では、一人ひとりの子どもを理解したうえで、集団のなかで一人ひとりの子どもが豊かに育つ環境をつくり出すことも必要である。

　子ども理解のために、保育者は目の前の子どもを理解しようとするこころをもち、子どもの周りの環境にも目を向けることが重要である。そのために、職員間での共通理解を図り子ども理解の視点をもつこと、家庭との連携や地域との連携が結果として、子どもの育ちにつながることを意識することが大切である。

　子ども理解に欠かせないことは、記録をすることである。保育は毎日同じことの繰り返しではなく、一回限りのものである。そのため、その日の子どもの様子を記録することは、これからの子どもの育ちを考えるためにも必要であり、子ども理解をうながすものになる。日々の記録の積み重ねが保育をよりよいものにしていくための材料となることを理解し、その方法を工夫し、園全体で子どもを理解することにつなげることが必要である。

2. 子どもの個人記録の方法

　保育所保育指針では、第1章「総則」の1の「(3)　保育の方法」として、次のように記されている。

> ア　一人一人の子どもの状況や家庭及び地域社会での生活の実態を把握するとともに、子どもが安心感と信頼感をもって活動できるよう、子どもの主体としての思いや願いを受け止めること。
> イ　子どもの生活リズムを大切にし、健康、安全で情緒の安定した生活ができる環境や、自己を十分に発揮できる環境を整えること。

> ウ　子どもの発達について理解し、一人一人の発達過程に応じて保育すること。その際、子どもの個人差に十分配慮すること。
>
> （下線は筆者）

　これらの内容からもわかるとおり、保育を実践する際は、一人ひとりの子どもについて理解をする必要がある。そのために、子どもの個人記録を活用し、保育実践のなかで活かすことが求められる。

　子どもの個人記録は、発達の状況や子どもの興味関心、遊びの内容、保育者や他の子どもとのかかわりなど、さまざまなことを記録していく。個人記録であるため、他児と比較して「できる」「できない」を記す記録ではないことに留意すること、また、子どもの言動のみで判断せず、その日の子どもの心理的な状況を考慮することも必要である。そのためには、家庭での状況を把握することも大切である。家庭での子どもの様子を把握する1つの手段として、連絡帳の活用があげられる。連絡帳には家庭での子どもの様子が記載されることが多く、子どもの生活を連続的にとらえることができる。そのため、個人記録として、連絡帳も保育実践に活用したい。

　個人記録としてポートフォリオを作成することも有効な手段である。ポートフォリオとはもともと、書類などを入れるカバンや紙ばさみという意味がある。カバンに入っている書類一つひとつを個別に扱うのではなく、カバン全体を一つの物として扱うという意味から、ポートフォリオは子どもの育ちや学びを集めた作品集であるといえる。連絡帳は家庭での子どもの様子を保育者が知ることができる手段として、ポートフォリオは保護者が園での子どもの様子を具体的に知る手段として活用すると、子どもの生活をより連続的にとらえることが可能になる。

　これらの個人記録は、日々の保育実践のための計画作成で活用することはもちろんだが、小学校へ送付する「保育所児童保育要録」などの記述の際にも活用できる。

3. 保育実践を記録する方法

　子どもを理解する手がかりとして、保育実践の記録がある。記録は、振り返ることによって、子どもと一緒に過ごしている時には気づかなかったことに気づくことができる大切な資料である。これらの記録をもとに、子ども理解に基づく保育計画が作成される。

　記録の方法には、文字記録、写真記録、映像記録、音声記録など、さまざまな方

法がある。

　文字記録として保育現場でよく用いられているのが「エピソード記録」である。エピソード記録とは、1日の保育のなかで特に印象に残った子どもの活動場面を詳細に文字で記し、その場の情景をわかりやすく表した記録である。このエピソード記録を保育実践後に書くことで、子どもの様子を振り返ることにつながり、その時の保育者自身の子どもとのかかわりを見つめ直すきっかけにもなる。

　子ども理解のために保育実践を振り返るには、活動場面をより詳細に記録することが求められる。どれか1つの方法に頼るのではなく、いくつかの方法を組み合わせた実践記録を残すことも効果的である。例えば、エピソード記録と同時にその時の子どもの姿を写真に残しておくと、時間が経過しても具体的な子どもの様子を振り返ることが可能になる。さらに、音声記録があれば子ども同士の会話やその時の保育者自身の声かけなど、より具体的にエピソードとして記述することが可能になる。記憶は、時間とともにあいまいになることが考えられるため、工夫して記録を残すことが必要である。

　また、これらの詳細な記録があれば、その場にいなかった保育者にもより子どもの様子が伝わりやすくなる。記録を使って保育者同士で子どもの育ちを共通理解することや、他の保育者からのアドバイスをもらうこともできる。実践した保育者だけが理解できる記録ではなく、全職員が共通理解できるような記録の仕方も工夫したい。

4. 保育実践記録の活用方法

　保育実践の記録は、記録をすることが目的となってはならない。記録した内容を振り返り、よりよい保育の実現をめざすことが重要である。

　記録の活用方法として、実践した保育者自身が記録をもとに自らの保育を省察することが必要である。保育者として、子どもの実態に即した環境構成ができていたか、子どもの活動中の援助や声かけが適切であったか等を振り返り、課題や改善点を明らかにし、保育の計画に反映していく。振り返りのなかで、課題や改善点を明らかにすることは当然だが、子どもの活動が生き生きとしていたものを見つめ直すことも必要である。子どもの活動が豊かなものになったきっかけは何だったのかを明確にしておくことで、さらなる保育内容の充実につながっていく。

　また、記録を重ねていくことで、子どもの成長過程を振り返ると同時に、保育者自身の成長過程も振り返ることができる。継続して記録した実践を振り返ること

で、記録をした時には気づくことができなかった視点に気づき、新たな保育内容を考えるきっかけとなる。さらに、記録を活用して他の保育者と園内研修などを通して話し合いをすることも必要である。他の保育者との話し合いのなかで、実践をした保育者には気づくことができなかった課題を発見したり、園全体で保育内容について共通理解を図ったりすることもできる。

　記録の活用方法は園内だけではない。記録を通して家庭との連携を図ることもできる。例えば、子どもの様子を「おたより」で家庭に発信することで、保護者が園での子どもの姿や保育内容について理解を深めることが可能である。それ以外にも、子どもの活動の様子を写真等で掲示しておくことで、送迎時に保護者が園を訪れた際に、子どもの様子を知ることができる。保護者が見ることができない園での子どもの様子について記録を通して伝えることで、保護者が子どもだけではなく、保育内容に関心をもつきっかけになる。また、それらの記録を地域へ発信をしていくことで、地域の人とのつながりをもつこともできる。

　記録は、保育内容の振り返りとして活用することに加え、保護者、さらには、地域の人々に保育内容を伝えていく手段として活用することで、よりよい保育実践を計画できるものになる。

Step 2

1. 教育課程・全体的な計画の方法

　保育計画のなかで最も長期的な計画として、入園から修了までを見通した「全体的な計画」をすべての園で作成しなければならない。

　幼稚園の場合、教育課程を中心として、教育時間終了後等に行う教育活動の計画、学校保健計画、学校安全計画など、各計画を一体的に展開できるよう全体的な計画の作成が求められる。また、幼保連携型認定こども園でも、教育や保育、子育て支援の内容を含めた全体的な計画を作成する。

　教育課程・全体的な計画は園長の責任の下に作成されるものだが、これらに基づいて日々の保育は実践されるため、保育にかかわるすべての職員が共通理解をしておく必要がある。そのため、できあがった計画を確認するだけではなく、計画の作成時に全職員が参加することが求められる。

　教育課程・全体的な計画の作成にあたっては、関連法令（児童福祉法・学校教育法・教育基本法・就学前の子どもに関する教育、保育等の総合的な提供の推進に関する法律（認定こども園法）など）の理解、保育所保育指針（以下、保育指針）、幼稚園教育要領、幼保連携型認定こども園教育・保育要領やそれぞれの解説の内容を理解することが必要である（**図表11-1**）。これらをもとに、各園の保育の方針や目標、子どもや家庭、地域の実態をふまえ、創意工夫をして作成する。子どもの長期的な発達を見通してそれぞれの時期にふさわしい生活が展開できるよう、保育者の専門性を発揮して具体的な内容を考察していく。

　これらの計画には、「幼児期の終わりまでに育ってほしい姿」を意識して、盛り込んでいかなければならない。幼児期の終わりまでに育ってほしい姿は、卒園前の年長児に突然現れる姿ではなく、日々の生活や遊びのなかで培っていくことが重要である。そのため、入園から修了までを見通した教育課程や全体的な計画のなかでも、それらを意識しなければならない。また、作成した計画にそって保育を行った結果を全職員で振り返り、明らかになった課題を新たな計画を作成する際に活かすことが重要である。

2. 長期指導計画と短期指導計画の作成について

　指導計画は、全体的な計画をより具体化した計画である。指導計画には、子どもの生活や発達を長期的な見通しをもってねらいを立て計画する長期指導計画と、長期指導計画をより具体的なねらいをもって計画する短期指導計画がある。長期指導

図表11-1 全体的な計画作成の手順について（参考例）

1) 保育所保育の基本について、職員間の共通理解を図る。
   - 児童福祉法や児童の権利に関する条約等、関連法令を理解する。
   - 保育所保育指針、保育所保育指針解説の内容を理解する。
2) 乳幼児の発達及び子ども、家庭、地域の実態、保育所に対する社会の要請、保護者の意向などを把握する。
3) 各保育所の保育の理念、目標、方針等について職員間の共通理解を図る。
4) 子どもの発達過程を長期的に見通し、保育所の生活全体を通して、第2章に示す事項を踏まえ、それぞれの時期にふさわしい具体的なねらいと内容を、一貫性をもって構成する。
5) 保育時間の長短、在籍期間の長短、その他子どもの発達や心身の状態及び家庭の状況に配慮して、それぞれにふさわしい生活の中で保育目標が達成されるようにする。
6) 全体的な計画に基づく保育の経過や結果について省察、評価し、課題を明確化する。その上で、改善に向けた取組の方向性を職員間で共有し、次の作成に生かす。

資料：保育所保育指針解説「第1章　3　保育の計画及び評価　(1)　全体的な計画の作成」

　計画には、1年間を見通した年間指導計画、数か月単位に区切って計画する期間指導計画（年間指導計画のなかに位置づけられることが多い）、1か月を見通して計画する月間指導計画（月案）がある。短期指導計画には、1週間を見通した計画（週案）や1日を見通した計画（日案）がある。いずれの計画も、子どもの発達や園の実態に即した「ねらい」と「内容」を考える必要がある。

　「ねらい」とは、保育指針によると「子どもが保育所において、安定した生活を送り、充実した活動ができるように、保育を通じて育みたい資質・能力を、子どもの生活する姿から捉えたものである」とされており、「内容」とは、「「ねらい」を達成するために、子どもの生活やその状況に応じて保育士等が適切に行う事項と、保育士等が援助して子どもが環境に関わって経験する事項を示したもの」とされている。

　子どもの発達や興味関心にそった「ねらい」を考え、そのねらいを達成するための内容を考えることは、保育者の専門性が発揮されることでもある。単にねらいを考え、子どもに「させる」ことが保育ではなく、子どもの主体性を引き出す「内容」を考察することが最も重要である。そのために、保育者は、子どもの主体性を引き出す環境を構成すること、必要な援助を考えることが保育の専門家として求められる。

　保育指針の第1章「総則」の3の「(3)　指導計画の展開」では、次のように記されている。

指導計画に基づく保育の実施に当たっては、次の事項に留意しなければならない。

> ア　施設長、保育士など、全職員による適切な役割分担と協力体制を整えること。
> イ　子どもが行う具体的な活動は、生活の中で様々に変化することに留意して、子どもが望ましい方向に向かって自ら活動を展開できるよう必要な援助を行うこと。
> ウ　子どもの主体的な活動を促すためには、保育士等が多様な関わりをもつことが重要であることを踏まえ、子どもの情緒の安定や発達に必要な豊かな体験が得られるよう援助すること。
> エ　保育士等は、子どもの実態や子どもを取り巻く状況の変化などに即して保育の過程を記録するとともに、これらを踏まえ、指導計画に基づく保育の内容の見直しを行い、改善を図ること。

　指導計画は、子どもの実態に即した計画を立てることが基本であるが、実施の際には柔軟性のある対応も必要である。計画どおりに進めることが大切なのではなく、子どもが望ましい方向に向かって活動を行うことが大切である。また、計画をもとに実施した結果を振り返り、見直して改善していくことも重要である。計画がうまくいったかいっていないかではなく、子どもがその時どういう姿を見せたかを省察し、次の計画を立てる際に改善し、よりよい保育を実践していくために新たな計画を作成するという循環が必要である。

3. 発達をふまえた保育計画の作成

　2017（平成29）年告示の保育指針では、保育の内容が「乳児保育」「1歳以上3歳未満児の保育」「3歳以上児の保育」に分けて記載された。これまで保育のねらいと内容は「5領域」で記載されていたが、乳児保育では「身体的発達に関する視点」「社会的発達に関する視点」「精神的発達に関する視点」の3つの視点、1歳以上3歳未満児では、3歳以上児とは異なるねらいと内容の5領域、3歳以上児は幼稚園、認定こども園と共通するねらいと内容の5領域で示されている。よって、それぞれのねらいと内容を理解し、発達をふまえた保育計画を作成しなければならない。発達の特徴について、保育指針第2章「保育の内容」には次のような記載がある。

【乳児期の発達の特徴】

> 　乳児期の発達については、視覚、聴覚などの感覚や、座る、はう、歩くなどの運動機能が著しく発達し、特定の大人との応答的な関わりを通じて、情緒的な絆が形成されるといった特徴がある。これらの発達の特徴を踏まえて、乳児保育は、愛情豊かに、応答的に行われることが特に必要である。

【1歳以上3歳未満児の特徴】

> この時期においては、歩き始めから、歩く、走る、跳ぶなどへと、基本的な運動機能が次第に発達し、排泄の自立のための身体的機能も整うようになる。つまむ、めくるなどの指先の機能も発達し、食事、衣類の着脱なども、保育士等の援助の下で自分で行うようになる。発声も明瞭になり、語彙も増加し、自分の意思や欲求を言葉で表出できるようになる。このように自分でできることが増えてくる時期であることから、保育士等は、子どもの生活の安定を図りながら、自分でしようとする気持ちを尊重し、温かく見守るとともに、愛情豊かに、応答的に関わることが必要である。

【3歳以上児の特徴】

> この時期においては、運動機能の発達により、基本的な動作が一通りできるようになるとともに、基本的な生活習慣もほぼ自立できるようになる。理解する語彙数が急激に増加し、知的興味や関心も高まってくる。仲間と遊び、仲間の中の一人という自覚が生じ、集団的な遊びや協同的な活動も見られるようになる。これらの発達の特徴を踏まえて、この時期の保育においては、個の成長と集団としての活動の充実が図られるようにしなければならない。

　これらの発達の特徴をふまえ、保育指針の第1章の2に示された養護における「生命の保持」および「情緒の安定」にかかわる保育の内容と一体的な計画を作成しなければならない。

　特に、発達の個人差が大きい乳児と1歳以上3歳未満児は、年齢ごとの指導計画を作成すると同時に、個別の指導計画を作成する必要がある。また、乳児期の3つの視点から1歳以上3歳未満児の5領域へ、さらに3歳以上児の5領域へと子どもの育ちを見通して、それぞれの時期にふさわしい内容を考えて計画することが重要である。

Step3

1. 障害のある子どもの理解と保育

　障害のある子どもの保育は、必要に応じて個別の指導計画を作成するとともに、指導計画のなかにも位置づけ、関連づけることが大切である。そのため、保育者は、障害のある子どもが抱えている課題を理解し、必要な支援を考えるとともに、クラスの子どもと一緒に成長していくための支援を考えることも必要である。

　また、障害のある子どもの理解と援助には、家庭との連携が欠かせない。家庭と連携する際は、子どもの抱えている課題の共有だけでなく、得意とすることなども共有し、子ども理解を互いに深めていける関係を築くことが大切である。さらに、園と家庭と専門機関が協力し、よりよい支援体制を整えることも必要である。

　障害のある子どもをもつ保護者の最も身近な専門家は保育者である。障害のある子どもの小学校就学に関しても保護者の相談に応じるなど、適切な支援ができる体制を園全体で構築していくと同時に、就学後も専門機関と保護者との連携が継続していけるよう、就学に向けた資料を作成することも重要である。

2. 小学校教育との接続

　保育の根幹を示す全体的な計画は、入園から修了までの長期的な計画である。しかし、子どもの育ちは小学校就学後も続いていくものであり、そこに切れ目があってはならない。学びの連続性を意識した計画が必要である。

　2017（平成29）年の告示で、保育所保育指針・幼稚園教育要領等に新たに加わった資質・能力の3本の柱は、小学校以降の学習で培われる資質・能力につながる基礎として、乳幼児期の遊びを通して育まれなければならない。また、幼児期の終わりまでに育ってほしい姿を意識した子どもへのかかわりも重要である。これらの資質・能力や育ってほしい姿は、子どもの育ちを小学校教員にもわかりやすく示したものである。実際、小学校学習指導要領解説のなかでも、随所に幼児期の教育との関連について述べられている。

　例えば「総則編」では、学校段階等間の接続について、「幼児期の終わりまでに育ってほしい姿を踏まえた指導を工夫することにより、幼稚園教育要領等に基づく幼児期の教育を通して育まれた資質・能力を踏まえて教育活動を実施し、児童が主体的に自己を発揮しながら学びに向かうことが可能となるようにすること」と記され、幼児期の教育と小学校教育との接続の重要性について明示されている。さらに、各教科の低学年の内容の取り扱いでも「幼児期の終わりまでに育ってほしい姿

との関連を考慮すること」との記載がある。

このように、乳幼児期に培われてきた学びは小学校以降の教育のなかでも発揮されることが期待されており、今後、ますます小学校教育との接続が求められていく。

小学校の入学当初は学びの接続を意識した「スタート・カリキュラム」を作成し、実践することが求められている。スタート・カリキュラムの編成に関しては、小学校学習指導要領解説「生活編」で、「幼稚園・認定こども園・保育所への訪問や教職員との意見交換、指導要録等を活用するなど、幼児期の学びと育ちの様子や指導の在り方を把握することが重要である」とされている。

幼児期の教育は決して小学校教育を前倒しすることではなく、保育者は、幼児期の教育のあり方について小学校教員に伝え、子どもの育ちを一緒に考えていくことが重要である。

3. PDCA サイクルの方法

次の日の保育をよりよいものにしていくために、保育を振り返ることが保育者にとって欠かせない専門性の1つである。この保育を振り返る際に活用できるのが、PDCA サイクルである。

保育では、子どもが主体的に遊びを展開するための環境を整えることが重要である。そのためにまず、子どもの実態を把握し、必要なねらいを立て、ねらいを実現するための遊びの内容を計画する（Plan）。また、計画した内容にそって子どもが望ましい体験ができるよう、保育者の援助についても計画を行う。これらの計画に基づき、保育を実践し（Do）、実践後には、子どもの活動中の姿や保育者の援助の方法について振り返り（Check）、保育内容について省察を行う（Act）。この省察の際には、活動時の子どもの姿についてていねいに振り返ることも重要だが、保育者自身の子どもへのかかわり方と、その時に示した子どもの姿とを併せて振り返ることが大事である。最後に、振り返りの内容を反映させた新たな計画を作成し、次の保育につなげていくことで、よりよい保育へとつながる。

単に計画を立て、実践をすることだけでは保育は成り立たず、子どもの成長のみならず保育者自身の成長も見込めない。保育の振り返りをもとに、次の計画を立てることでより充実した計画とすることができ、子どもの望ましい成長と保育者自身の成長につながるのである。

参考文献
- 厚生労働省「保育所保育指針解説」2018.
- 内閣府・文部科学省・厚生労働省「幼保連携型認定こども園教育・保育要領解説」2018.
- 文部科学省「幼稚園教育要領解説」2018.
- 文部科学省「小学校学習指導要領解説」2017.

COLUMN　環境を構成する

　乳幼児期の教育は「環境を通して行う」ことが基本である。
　保育所保育指針では、保育の環境について「保育の環境には、保育士等や子どもなどの人的環境、施設や遊具などの物的環境、更には自然や社会の事象などがある。保育所は、こうした人、物、場などの環境が相互に関連し合い、子どもの生活が豊かなものになるよう、次の事項に留意しつつ、計画的に環境を構成し、工夫して保育しなければならない」と記されている。
　例えば、ダンゴムシに興味を抱く子どもの様子から環境を考えてみる。そもそも、コンクリートだらけの環境ではなかなかダンゴムシを発見することはできないだろう。ダンゴムシが存在する自然環境の中に園があることで、子どもはダンゴムシに興味を抱くことになる。また、ダンゴムシを一緒に探す友だちや、発見したときの喜びを伝える保育者も大事な環境である。そこからさらに、子どもの好奇心や探求心を引き出すために、保育者が準備する物も環境である。ダンゴムシは何を食べるのかと関心をもった子どもがすぐに調べることができる本などを準備しておくこと、ダンゴムシの生態に興味をもった子どもが観察できる虫眼鏡や観察しやすい透明な箱を準備しておくことなど、子どもの興味関心にそった環境を構成することが保育者には求められる。
　子どもの豊かな育ちのために、環境を構成することは重要であり、保育者の専門性が発揮される大事な役割である。　　　　　　　　　　　（金子　幸）

第12講

諸外国の保育の思想と歴史

ここでは、諸外国の保育の思想と歴史の学習を通して、現代の保育の基本理念に関する理解を深めることを目的とする。近代以前の子育てや近代初期に現れてきた保育実践・保育思想、諸外国の保育の歴史や児童中心主義の保育思想について学習し、子どもの自己活動の重視や母親・保育者の愛と信頼関係に基づく保育の必要性やその方法について理解を深める。

Step 1

1. 近代以前の保育と保育思想

ギリシャ・ローマの教育

　教育思想の歴史が始まった古代ギリシャ時代は現代のような学校制度はなく、都市国家の市民の子どもだけが少年期から教育を受けていた。有名な都市国家がスパルタとアテネである。スパルタは国家を守る兵士の育成を究極の目的とし、健康な子どもだけが7歳から国立の教育舎で教育を受けた。それまでは母親の他に乳母と侍女が保育を行い、しつけも厳しくなされていた。一方、アテネでは音楽や体操を通した調和的な人間の育成がめざされており、幼児教育においても遊戯が重視されていた。また、ギリシャ神話などの物語を聞きながら、文化的な雰囲気のなかで母親や乳母から保育されていたが、スパルタと同様、しつけは厳しく行われ、わがままは許されていなかった。

　古代に一大帝国を築いたローマでは、体操や音楽、文学などではなく、軍事訓練や耕作・労働によって身体を鍛え、実生活に役立つ教育が行われた。ローマの教育の基本は家庭教育にあり、子どもは父親から読み書きや運動を教わった。また、母親のひざもとで教育されることが大切とされ、母親の社会的評価も高かった。しかし、幼い子どもを収容する教育施設では、子どもがいうことを聞かない場合は教師たちによって鞭打たれる体罰が行われていた。

キリスト教の影響とヒューマニズムの誕生

　キリスト教は西洋の保育思想に大きな影響を与えているが、保育思想上注目すべきことは、キリスト教によって子どもの見方が転換していくことにある。当時は教師が子どもを鞭打ち、厳しくしつけることは当たり前であった。これに対しイエス・キリスト（Jesus Christus）は、幼児の純粋性が神に近いものと考え、子どもを尊重すべきとした。このような思想はルソー（Rousseau, J. J.）に引き継がれていく。

　しかし、実際には社会における子どもの見方がすぐに変わったわけではない。キリストの死後、キリストの教えは迫害されるが、それに抵抗するようにして信者は増加し、洗礼志願者を教育する必要性が生じてきた。やがて教会は組織化され、教会学校・修道院学校がつくられるようになり、中世にキリスト教の影響は広まっていった。このことは教会の権威を強め、神や教会を絶対的なものととらえることへつながっていった。これに対し、歴史学や自然科学が発展するなかで、人間性を再

評価する動きが現れはじめた。それが文化面で現れたのがイタリアを始めとするルネサンス（文芸復興）である。

ルネサンスではいわゆるヒューマニズム（人文主義）が発生した。ヒューマニズムとは端的にいえば、人間の尊重と自由を重視する人間中心主義の思想である。やがて教育においても、自然科学やその研究手法を取り入れる動きが現れ、実生活に役立つ知識を習得させることが必要だと考えられるようになった。近世になると、ヒューマニズム思想の広がりとともに、子どもの独自性を認め、子どもの発達に着目した保育の思想も現れてきた。

コメニウス

「近代教育学の父」と呼ばれるコメニウス（Comemnius, J. A., 1592〜1670年）は主著『大教授学』（1657年）において、「すべての人にすべてのことを教える」という教育システムを構想し、誕生から青年期（24歳）までの統一した学校体系を提案した。キリスト教の牧師であったコメニウスは、子どもを神の最高の被造物ととらえ、子どもの性質と発達段階に即した指導を行うべきと考えた。特に0〜6歳の乳幼児期においては、母親のもとで基礎的なことを学ぶこととし、それを「母親学校」と命名している。具体的には、水・土・空気などの自然の名称や数・量を理解させることであり、そのために実物や絵などを用いて感覚を通して直観的に指導するべきだとした（直観教育）。そのためコメニウスは、世界最初の絵入り教科書といわれる『世界図絵』（1658年）も著している。このようなコメニウスの思想は保育の思想の原点となって、後の思想家・実践家に継承されていく。

ルソー

フランス革命に大きな影響を与えた思想家ルソー（Rousseau, J. J., 1712〜1778年）は、著書『エミール』（1762年）のなかで教育について述べている。ルソーは、神の被造物である人間は本来善であるけれども、人間社会で生きるようになって悪に転じると考えた。そこで、人間が積極的に教育を行うのではなく、自然の摂理にしたがって、事物を通して行われる教育がよいと考えた（消極教育）。

また、人間も神が造った自然であるととらえ、成長・発達に即した教育が行われるべきであるとした。ルソーは、乳幼児期（0〜5歳）は家庭教育による身体教育（健康の増進、感覚の訓練、言葉の指導など）を中心とし、児童期（5〜12歳）は感覚の教育を行う時期、少年期（12〜16歳）は手工教育や理性の教育を行う時期、青年期（16〜20歳）は感情の教育、成人期（20〜22歳）に市民・家庭人としての道

徳教育がなされる時期であるとした。

2. 近代市民社会への転換期における保育思想

　産業革命によって資本主義が広まりつつあったこの時期、貴族などの上流階級を除く一般民衆の大多数は、程度の差はあれ、貧しい生活を送っていた。労働者家庭は、多産であり、子どもの死亡率も高かった。特に、貧困家庭の子どもたちは5～6歳になると、産業革命によって始まった工場労働に朝から晩まで従事していた。当然母親も労働しており、子どもは十分な家庭教育を受けられる状況ではなかった。このような状況に対して、乳幼児期の保育を重視した教育実践がなされはじめた。

ペスタロッチー

　ペスタロッチー（Pestalozzi, J. H., 1746～1827年）はスイスの教育者・教育思想家であり、後の教育思想に多大な影響を与えた人物である。貧民教育や戦争孤児の教育、実験学校で実践を行ったほか、多くの著作を執筆した。ペスタロッチーは、ルソーの思想に影響を受けつつも、人間が社会的にも経済的にも自立して生きていく力を育成することが教育の目的だと考えていた。その方法として、単なる職業教育ではなく、誰にでも必要とされる普遍的な能力を育成することをめざした。それが「頭・心・手」に象徴される知的・道徳的・身体的な諸能力を調和的に発達させるという方法であった。

　また、ペスタロッチーは家庭教育を重視し、学校教育は家庭を手本とすべきであると主張した。その意味は第1に、家庭における生活が生きる基本であり、そのなかで人間が自然に教育されるものだからである。第2に、家庭教育における愛と信頼に満ちた人間関係、特に母子関係が子どもの保育にとって重要であるからである。当時の家庭や母親を取り巻く環境が厳しいものであったからこそ、母親が適切に教育を受け、家庭が子どもにとって安らぎを得られるような社会にすべきであるとペスタロッチーは考え、乳幼児期の保育を重視したのである。

オウエン

　イギリスの実業家オウエン（Owen, R., 1771～1858年）は、自身が経営するニューラナークの工場村のなかに「性格形成学院」（New Institution of the Formation of Character）を設置し、そのなかに「幼児学校」（Infant school）を開設し、実践を

行った。当時のイギリスの子どもの就労年齢は6〜7歳であったが、ニューラナークでは10歳以上とし、それ以下の子どもに対して学校で教育を受けさせた。

オウエンは「幸福」を人生の究極目的と考え、すべての人を幸福に導くためには、個人の能力の調和的な発展と貧困の根絶が必要と考えた。そのためにはまず、よい性格（人格）を形成すべきであるが、人格を形成するためには社会体制自体が改善されなくてはならない。このような社会改革の思想はすでにペスタロッチーにも現れていたが、オウエンはそれをニューラナークの工場村で実践したのである。

「性格形成学院」では1〜3歳、4〜5歳、6〜10歳の子どものための昼間の課程と、昼間働く11〜20歳の青少年のための夜間の課程があった。1〜5歳までの「幼児学校」では、身体を健康にするために戸外での活動や体育が推奨されていた。2歳になるとダンス、4歳以上は音楽なども教授された。絵や模型を用いたり、実物を観察するなどし、話し合いながら学ぶ指導法がとられており、子どもの発達段階や興味を大切にした保育が行われていた。また、集団的な訓練を重視し、規律を守り、よい性格を形成するために必要な習慣の形成をめざしたが、教師が子どもに怒ったり、気難しい顔をすることを禁じ、賞罰も廃止したといわれている。

フレーベル

フレーベル（Fröbel, F. W., 1782〜1852年）は世界初の幼稚園（Kindergarten）を創設し、子どもの遊びを重視したドイツの教育実践家としてよく知られている。フレーベルはペスタロッチーや当時の哲学などの影響を受け、独自の教育思想を形成した。その特徴は、万物に神が宿り、それが絶対的法則として宇宙や万物に影響しているという「万有在神論」である。そして、フレーベルは教育の目的は人間が本来もっている「神的な本性（神性）」を十分発展させることであると考えた。

したがって、保育においても、子どもの「神性」を十分に発展させることが目的となる（児童神性論）。フレーベルは、子どもが興味関心をもって自ら活動することを子どもの内部からの発展ととらえ、子どもの創造的な自己表現・自己活動を重視した。それが「遊び」である。

乳幼児期においてはまず感覚が発達し、身体を使用する能力が発達する。これが「遊び」活動につながり、「遊び」を通して言語活動や事物の認識を行う。フレーベルは子どもの遊具である「恩物（Gaben）」を製作したり、親子で楽しむ『母の歌と愛撫の歌』（1844年）を著すなど、子どもの活動をうながす具体的な方法を示すとともに、当時の母親や保育者向けに保育の仕方を指導した。

Step 2

1. 国民教育制度の発展と保育

家族のあり方の変化と子どもへの関心

　アリエス（Aries, P.）は人々の間で子どもに対する関心が起こる以前と以後を、「伝統的家族」と「近代家族」とに分けて、その特徴を論じている。「伝統的家族」、つまり、子どもへの関心があまりなかった時代の家族は、世襲財産の維持と社会秩序の維持という役目をもった一種の社会制度だった。父親の遺産を継ぐ子ども以外は家族から離れていき、今でいう家族の絆のようなものはなかった。これに対し、「近代家族」は子どもと子どもの将来のために組織された。「近代家族」の変化は、資産階級で16世紀末に始まり、学校教育の普及などとも関連しながら、20世紀初頭にかけてようやく民衆階級にも広まった。子どもを子どもとして慈しみ、愛情をもって育てるという意識は、「近代家族」の成立と関係している。

　近代に入ると、各国で国民教育のための学校教育制度が整備されていく。コンドルセ（Condorcet, Nicolas de.）に代表されるフランス革命期の教育理論家たちは、教会中心の教育ではなく、無償で全市民に教育の機会を与える公教育制度を樹立すべきだと主張した。また、産業革命によって始まった工場労働に対し、それまでの職業教育であった徒弟制度では対応できなくなっていた。社会の変化にともない生じた新しい教育課題に対応するため、しだいに国家が教育に関与することになる。

イギリス

　イギリスでは早くも1832年に、民主主義実現のために幼児学校を義務教育にすべきという提案が出ており、幼児学校を含む初等教育への国庫補助金が支出された。しかし、「初等教育法」（1871年）が成立し、公立学校が開設されるようになると、幼児学校に対しても3 R's（読み書き算）の試験が行われるなど、国の教育統制が強まった。試験結果によって学校の補助金や教員の給与が左右されたため、結果的に3 R'sの注入による形式訓練が普及していった。1850年代からイギリスでもフレーベル主義の影響がみられるが、幼稚園そのものはわずかしか設置されなかった。19世紀末には幼児学校は問題点を指摘されるようになり、入学者も減少していった。

　このような状況に対し、新しい幼児教育運動が進展していき、20世紀初頭から保育のための施設ができていく。なかでもマクミラン（McMillan）姉妹が1911年に

創設した「戸外保育学校」(Open-air Nursery school) では保健・給食・午睡・戸外遊び・生活指導などを重視して、午前8時から午後5時半まで保育し、後の「保育学校」普及の基礎となった。やがて保育学校は教育政策の一環となり、1918年に「保育学校規程」が公布され、公立の保育学校が設置された。この保育学校の発達は、幼児学校へもよい影響を与えることとなった。

ドイツ

ドイツでは、フレーベル (Fröbel, F. W.) が幼稚園を創設した1840年前後に、規模の小さな幼児学校と児童保護施設が100施設ほど存在していた。これらの施設は当時の社会的必要に応じて設置されたもので、単なる託児所にすぎなかった。このようななか、子どもの発達に応じた保育施設であるフレーベルの幼稚園は数を増やしたが、当時の政治的混乱のなか、幼稚園禁止令が出され、廃園に追い込まれた。フレーベルの死後、彼の教え子やフレーベル思想の継承者たちによって幼稚園禁止令は解除され、各地に幼稚園が復活した。のちにドイツの幼稚園運動は社会的な婦人運動と結合し、幼稚園も婦人団体により設置された。しかし、ドイツの幼稚園は、全体的には教会による児童福祉事業として運営されたことに特徴がみられる。

アメリカ

アメリカでは1870年までに、ドイツ移民の子どものためにドイツ語で指導する「ドイツ語幼稚園」が設置された。またピーボディ (Peabody, E. P.) はアメリカ初の「英語幼稚園」を創設し、幼稚園の普及と発展に尽力した。1873年にはセントルイス市に初の「公立幼稚園」が創設され、以後、公立小学校に併設されたりしながら、公立幼稚園が普及していった。

19世紀末までに総合大学や師範学校に附属幼稚園が多く開設されたが、当時の幼稚園はフレーベルの教育方法に固執し、恩物の使用も形式化していた。これに対し、ソーンダイク (Thorndike, E. L.) などの児童研究や、デューイ (Dewey, J.) などの児童中心主義の立場を論理的根拠とする進歩派から批判が起こり、20世紀初頭の十数年間、論争が繰り広げられた。その間にデューイの経験主義的な教育思想が小学校・幼稚園にしだいに浸透していき、幼稚園は保守的なフレーベル主義から、子どもの生活に即した新しい幼稚園教育へと進んでいった。

一方、イギリスの影響を受けたアメリカの保育学校は1920年代に有名な大学や児童研究所に附設され、幼児教育研究と母親教育をめざして発展した。また保育所 (Day Nursery) は、1854年にフランスの託児所の影響で創設された。保育所は大

部分が私立で慈善団体などが経営しており、勤労夫人や貧困者の子どもを長時間保育していた。

2. 児童中心主義の思想の広がり

　19世紀末から20世紀初頭にかけて、「新教育運動」と呼ばれる世界的な学校改革運動が起こった。19世紀後半に公教育制度が確立されていくなかで学校教育の形式化・画一化が進み、教師中心の指導に対する批判が出てくるようになる。これに対し、子どもの自由を尊重し、「子どもから」の教育をめざす児童中心主義の思想が広まっていく。以下では、現代にも大きな影響を与えている3名の思想家、実践家を取り上げる。

エレン・ケイ

　スウェーデンの社会批評家・女性解放論者であるエレン・ケイ（Ellen K. S. Key, 1849〜1926年）は著書『児童の世紀』（1900年）のなかで「20世紀は子どもの世紀である」と宣言した。本書の主題は子どもの権利と母性の擁護である。当時の社会では、貧しい家庭の主婦や子どもが紡績工場で低賃金の長時間労働に従事しており、親が働いている間、家に残された子どもが窓から落ちるなどの問題が起きていた。また、家事労働と育児は女性の負担となっていて、母親の家庭外労働が家庭と育児をおろそかにさせ、子どもの非行や夫との不和につながっていることをエレン・ケイは指摘している。このような状態に対し、彼女は社会福祉サービスや適切な保育施設・学校教育の必要性を訴えたのである。母親教育の重要性や育児期間中の養育手当の必要性など、今日の子育て支援にもかかわる視点を彼女はすでに提示しており、それが子どもの権利の保障につながることを示す先駆的な論考を行っている。

　エレン・ケイは、子どもを大人と同じように人格をもつ存在ととらえ、子どもは本質的に善であるという性善説に立っている。さらに、ルソーの自然の教育や消極教育の思想に影響を受けていて、教育においては子どもの本性にしたがった教育が必要であることを述べている。子どもは、他者の権利を侵害しない限り、自由に行動させることとし、親や教育者も子どもに干渉したり強制したりするのではなく、子ども自身に経験させることで自分の結論にたどりつくようにすべきだとした。また、子どもには成長する権利があり、子どもが楽しく教育を受けられることを重視し、体罰や威嚇を厳しく批判している。

デューイ

　アメリカの哲学者・教育学者であるデューイ（Dewey, J., 1858～1952年）は、1896年にシカゴ大学附属の「実験学校」（通称デューイ・スクール）を設置し、実践を行った。デューイ・スクールは4歳から12歳の子どもがいる小学校であったが、観察や実験、フィールドワークなど、子どもの活動を中心とした探究的な学習が行われていた。

　デューイは子どもの自発的活動のなかに遊び、競技、物まねなどを含めているが、「活動的作業」という言葉で遊びと仕事の両方を含めて表している。食卓を整えるとか、動物の世話をするという大人の仕事を、子どもたちはしばしば手伝いたがる。これは子どもにとって遊びではないが、強制された仕事でもない。子どもはこの仕事に興味をもって自発的に行っている。このような場合、子どもは経験からさまざまなことを学ぶのである。子どもにとって遊びと仕事は連続的で一体的なものであるとデューイは考え、学校教育では「仕事」は社会生活との連続性を実現する活動であり、子どもの感覚と思考、知性と社会性の全体的な発達を支える活動と位置づけられている。

モンテッソーリ

　イタリアで最初の女性医学博士であるモンテッソーリ（Montessori, M., 1870～1952年）は、知的障害児の治療・教育の研究・実践を行い、その教育方法を健常児にも適用した。ローマのスラム街サン・ロレンツォの「子どもの家」で、彼女が開発した教育遊具である「感覚教具」（モンテッソーリ教具）や家事仕事である「実生活の訓練」などを通して教育実践を行い、大きな成果をあげ、教育関係者に多大な影響を与えた。

　モンテッソーリの教育方法の原理の1つは、子どもの自発的活動の原理である。モンテッソーリによれば、諸能力の習得の際に、その能力を習得するための環境からの感受性が高まる一定の特別な期間、「敏感期」が存在する。この時期を逃すと正常な発達が阻害されると考えたモンテッソーリは、子どもの自由で自発的な活動を重視したのである。

　モンテッソーリの教育方法のもう1つの原理は、社会もしくは共同体の原理である。彼女は、人間は社会生活なしに発達することはできず、教育や道徳教育は社会なしに考えることができないと述べている。子どもの社会性を育てるため、モンテッソーリの学校では、縦割り編成による異年齢集団による保育が行われている。

Step 3

1. 保育の思想家たちの共通点

　保育の思想家たちは、単に子どもがか弱い、庇護すべき対象だから保育の必要性を訴えたのではない。当時の社会状況に対し、平和な世界や平等な社会の実現のため、あるいはそのような社会で自立して生きる人間を育成するために乳幼児期が重要であると考えていた。

　保育の思想家たちに共通するのは、子どもが自ら成長・発達することに注目し、子どもの自己活動を重視している点である。これは、子どもを大人より未熟で劣ったものと考える子ども観ではなく、子どもの独自性を認め、子どもの人間性を尊重するという子ども観に基礎をおくものである。そのような子ども観から導かれる保育の方法は、伝統的なしつけや知識の注入ではなく、子どもの興味関心に基づいて展開されるものであった。

　また、乳幼児期における家庭教育の重視も共通して指摘されることであるが、これは保育が母親の仕事と考えられていたからでも、母親がうまく保育できるからでもない。むしろ、保育のための適切な知識をすべての母親がもつべきこと、保育方法の指導を母親が受けるべきであることが主張されている。ペスタロッチーは母親が子どもを甘やかしたり、罰を与えたりせずに、子どもを道徳的に導くために思慮深い愛情をもつことを強調し、そのための母親教育の必要性を訴えた。フレーベルは幼稚園の目的の1つとして、母親や保育者のための教育を位置づけていた。これらは、母子関係の重要性を彼らが認識していたと同時に、母親教育を保育の重要な課題と認識していたことを示している。

　保育において家庭教育が重要だという指摘は、幼稚園や保育所等の施設における保育を否定することではない。むしろ、保育のための適切な知識や技術をもち、愛と信頼関係に基づく人間関係が重要であることや、現在必要とされている子育て支援の必要性も示しているのである。

2. 心理学研究・脳科学研究の発展による保育への影響

　現代の幼児の保育思想は、19世紀から20世紀にかけての児童中心主義の新教育運動の流れをくんでいる一方で、心理学の科学的手法の発展による影響も受けている。モンテッソーリ（Montessori, M.）はまさに保育に科学的手法を取り入れようとしたのであるが、それは子どもの本来の自然の成長・発達を細かく観察するということを意味した。

幼児の心理学研究は保育実践に大きな影響を与えている。発達心理学者たちの膨大な研究結果に基づき、現代の私たちは子どもがどのようなプロセスで発達するのかを知ることができる。近年では、脳科学研究の手法も発展し、子どもの脳と言語・運動能力等の発達の関係なども詳細にわかるようになってきた。また、栄養学や生理学など、さまざまな分野の知見を総合して、よりよい保育が実践できるようになってきたといえる。

　現代に生きる私たちは、そのような情報を参考にしながら保育することができる。これは一見とてもよいことのようにみえるが、注意も必要である。

　第1に、子どもの個別性の問題である。私たちは200年前と異なり、子どもが発達することを知っている。そして、発達のプロセスに応じて保育を行うことがよいことであり、それが当然であると考えている。しかし、子どもの発達はあくまで段階的な目安として示されているものであり、すべての子どもがかならずその年齢で到達するといったものではない。子どもの個別性は親子関係や家庭環境にも影響を受ける。年齢だけで子どもの発達を判断することはできないし、発達段階だけで子どもの個性をすべて把握することはできない。

　第2に、研究結果と一般的な理解の差の問題である。乳児の脳に関する能力の研究が進むにつれ、乳児が予想以上にたくさんの能力があることがわかってきた。そのことが乳幼児向けのDVDやテレビ番組など教育ビジネスにつながっているという現状がある。このようなテレビ視聴が子どもの脳を発達させると考えている保護者のなかには、自分が直接子どもとかかわらなくても、テレビ視聴などによって言葉を覚えたり、知識を習得したりすると考える者もいる。研究結果を一部だけしか理解していないと、逆に子どもの発達を阻害することになりかねない。保育にかかわる者には、研究結果を適切に理解したうえで実践に活かすという態度が求められる。

3. 保育思想を学ぶ必要性

　現代の心理学・脳科学研究は、保育に対して多くの有効な情報を提供している。しかし、その理解の仕方を誤れば、効果がないばかりか、問題も生じかねない。それを避けるためには、保育全体を見通した保育思想をふまえることが重要である。保育思想を学ぶことで、子どもの発達だけでなく、母子関係をはじめとする人間関係、社会背景、保育方法など、総合的に保育をとらえる視点をもつことができる。保育思想は歴史のなかで積み重ねられてきた保育の知恵である。保育思想を、日々の保育に応用していくといった姿勢が望まれる。

参考文献

- 小川正通『世界の幼児教育――歴史・思想・施設』明治図書出版，1971.
- 乙訓稔『西洋近代幼児教育思想史――デューイからコルチャック』東信堂，2009.
- 金沢勝夫・下山田裕彦『幼児教育の思想――ギリシアからボルノウまで』川島書店，1980.
- 荘司雅子『幼児教育の源流』明治図書出版，1976.
- 皇至道『西洋教育通史』玉川大学出版部，1962.
- デューイ，宮原誠一訳『学校と社会』岩波書店，2003.
- デューイ，松野安男訳『民主主義と教育（下）』岩波書店，2013.
- フィリップ・アリエス，中内敏夫・森田伸子編訳『「教育」の誕生』藤原書店，1997.
- 長田新編『ペスタロッチー全集 第13巻』平凡社，1960.
- 日本ペスタロッチー・フレーベル学会編『ペスタロッチー・フレーベル事典』玉川大学出版部，1996.
- 待井和江編『現代の保育学4 保育原理 第3版』ミネルヴァ書房，1991.

COLUMN　ロックの教育思想

　ロック（Locke, John, 1632-1704）はイギリス経験論を代表する哲学者であり、近代民主主義理論を樹立した政治学者でもある。教育史上では、「白紙説」が有名であるが、これは著書『教育に関する考察』（1693）のなかで、ロックが子どもを一枚の白紙または蜜蝋のようなものにたとえて、人の考え次第でどんな風にも形成されると述べていることによる。これはロックの経験論ともつながっており、身分や生まれつきの能力よりも、経験、つまり教育によって人間の違いが生じるとロックは考えていた。また、ロックは、子どもをよく観察し、子どもの精神や性質の特性に合わせて教育すべきだと考えていた。実はルソー（Rousseau, J. J.）の『エミール』にみられる子ども観は、ロックの『教育に関する考察』に影響を受けている。

　ロックは子どもの教育の目標として、「徳」「知恵」「躾」「学習」をあげたが、最も重視したのは徳育である。また、幼児期の教育方法として、玩具やゲームなどを用いた遊びを通して学習させることを提言している。子どもの活動性や自由を認め、子どもの興味関心に基づいた教育を推奨していることは、近代に始まる児童中心の教育思想の先駆けともいえる。

（椋木香子）

参考文献
- ジョン・ロック，押川襄訳『教育に関する考察』玉川大学出版部，1969.
- 乙訓稔『西洋近代幼児教育思想史――コメニウスからフレーベル』東信堂，2005.
- 教育思想史学会編『教育思想事典』勁草書房，2000.

第13講

日本の保育の思想と歴史

　現在は過去の連続にある。過去を学ぶことは、現在を知り、未来を考えることにつながる。

　本講では、過去の人や社会が、いかに当時の子どもとそれを取り巻く環境をとらえ、いかにそれをふまえて子どもたちを育てていったのか、保育を構想したのかを学ぶ。

　現在は過去とのつながりのなかにある。本講の学びを通じて、日本の教育の思想と歴史、子育ての思想、施設保育の始まりを学び、私たちの今をより深く考え、知る機会としてほしい。

Step 1

1. 近代までの日本の保育の思想と歴史

子どもを大切にする伝統

　万葉集の秀歌といわれる、山上憶良のうた「銀も金も玉も何せむに勝れる宝子に及かめやも」は、広く知られており、「子宝思想」の由来ともいわれている。明治維新前後に日本を訪問した欧米の人々が、日本において子どもが大切にされているこのような思想にふれ感銘を受けたといった記録もある。

　かつては衛生、健康、栄養等の条件の厳しさからも、乳児や幼児が死亡する率が高かった。平安時代でも乳児死亡率は4分の1、明治期でも10％を優に超えていたとされている。子どもを労働力やものとしてとらえ、子どもが売り買いされてきた事実もある。いずれにせよ、子どもが元気に育つことが大変難しい時代に、子どもは尊い存在とみなされており、そのため、その育ちを喜ぶ行事の伝統がある。例えば、お宮参り、お食い初め、初節句、七五三など、現在でもその風習が残っている。

身分や立場による教育の伝統

　集団の教育、制度化された教育について考える場合、日本に限らず、教育はかつて身分や立場によってそのあり方や内容が異なっていた。

　日本の教育制度の歴史をさかのぼれば、大宝律令（701（大宝元）年）がある。大宝律令のなかには22か条の「学令」が定められている。ここでは、中央の官僚つまり官吏を養成する大学寮と地方官吏を養成する国学が設置されることとなった。大学寮や国学といった学びの場（施設）をつかさどったのは貴族であり、特に大学寮や国学では、教育の対象は貴族であり、官吏や地方官吏への教育がなされた。

　貴族に加えて、僧侶も学びの場（施設）をつかさどったり、提供したりしてきた。遣唐使とともに唐に渡った人物である空海は、高野山金剛峯寺を設立し、真言宗を広めた。ここでの教育に加えて、さらに空海は、828年に「綜芸種智院」という教育施設を設立している。比叡山に延暦寺根本中堂をひらき、天台宗を広めた最澄もまた、僧侶の養成のための教育に尽力した。特に、教育内容を検討し、現在でいうカリキュラムを示して体系的教育を試みた点で先駆的であった。

　鎌倉時代に永平寺等を建て、曹洞宗をひらいた道元も僧侶の教育に尽力し、その規律等を含めた教育の規定や各行事などを定め、集団教育を進めていった。

　以上のように、かつては貴族階級や僧侶のみが、教育の対象の中心であった。し

かし次第に、律令国家の乱れから武士階級が台頭し、それにともない武士階級を対象とした教育も発展してくることとなる。

平安時代初期、あるいは、鎌倉時代に創建されたといわれている「足利学校」は、現在の高等教育機関にあたるもので、僧侶のみならず武士や医師も学んだ。鎌倉時代の中期には、武士の私設図書館である「金沢文庫」が設立された。貴族階級や僧侶のみならず、次第に武士も教育の対象となっていったことがうかがえる。

教育の必要性の強調

近世には、教育への必要性がますます意識されるようになっていく。教育の必要性については教育の可能性を高く評価した、近江聖人といわれた中江藤樹がいる。近江（滋賀県）出身の中江藤樹は、「藤樹書院」という私塾をひらいた。『翁問答』や『鑑草』といった著書がある。中江藤樹は、身分を問わず、教育によるその能力の発展が可能であるといった平等教育の大切さを主張した。

子どもの発達に応じた教育の必要性を主張した人物としては、貝原益軒がいる。『大和俗訓』『和俗童子訓』といった著作がある。貝原益軒は子どもの発達の筋道を明らかにし、子ども自らが学ぶことを尊重しつつ、その発達に応じた教育方法により大人が子どもを導くことの必要性を説いている。発達の特徴に応じた教育として「随年教法」を提案している。6歳以前の子どもについても貝原益軒は、子どもが食事を摂り、話すことができ、喜怒哀楽の理解ができるようになれば、なるべく早くから教育をしなければならないとも主張している。

2. 江戸時代の施設教育の発展

江戸時代には、多種多様な集団教育の施設が設立されている。種類でいえば、江戸幕府の人材育成を担った公的教育機関である「昌平坂学問所」、各藩の公的教育機関である「藩校」、その他にも「郷校」「心学舎」「私塾」「寺子屋」などがあり、武士のみならず広く教育が浸透していった。その対象は多くが8歳からとなっており、それ以前は早くから読み書き算を教えるというよりも、家庭生活のなかで、価値や態度についての教育がなされていた。多くの施設教育は男子を対象としていたが、女子の教育は家庭が担い、一部の子どもたちには寺子屋や芸事などを学ぶ機会も与えられていたとされる。教養教育や素直さ、謙虚さ、孝行といった態度にかかわる教育、お行儀等の作法が家庭教育でなされていた。

「昌平坂学問所」は、1797（寛政9）年に江戸幕府の直轄の公的教育機関として

設立された。江戸幕府の安定した運営は、この高等教育機関による人材育成によってもたらされたと評価されている。

　各藩では、「藩校」といわれるそれぞれの地域の学校が設立され、人材育成が積極的になされた。武士の教育が日本全国でまんべんなく高い質で実施されていたこれらの藩校は、現在の各都道府県の大学の前身となっているものも多い。

　「藩校」は、藩の人材育成を担った公的教育機関である。「藩校」では、当初は儒学中心で、のちには医学、物理学、兵学など幅広い教育がなされた。多くが7～8歳からの就学であったとされる。机上の学問のみならず、剣術など武術の教育も行われていた。最古の藩校といわれる岡山藩の「岡山学校」、会津藩の「日新館」、長州藩の「明倫館」、佐賀藩の「弘道館」、鹿児島藩（薩摩藩）の「造士館」などがある。

　日本最古の庶民の学校といわれるのが、岡山藩主池田光政によって開設された「閑谷学校」である。武士のみならず、庶民の子どもも通っており、他の藩から学びに来た子どもたちもいた。その対象年齢は、8歳から20歳の子どもであった。

　「藩校」が公的教育機関である一方で、他方に「私塾」も設立された。有名な私塾としては、江戸では荻生徂徠が創設した「蘐園塾」、大分で廣瀬淡窓が創設した「咸宜園」、長崎でシーボルト（Siebold, P. F. B.）が創設した「鳴滝塾」、山口で吉田松陰が創設した「松下村塾」、大阪で緒方洪庵が創設した「適塾」、大阪で大塩平八郎が創設した「洗心洞塾」などが著名である。

　多くの「私塾」では、武士のみならず能力の高い農民や商人の子どもたちも学ぶ機会を得た。江戸時代の教育の水準は大変高かったといわれている。

　「寺子屋」は、近世の庶民の私的な教育機関である。「寺子屋」は「手習所」「手習塾」とも呼ばれており、多くが6歳頃から15歳頃までの子どもを対象としていた。教育の可能性や必要性についての認識が、社会階層を問わず、大変高かったことが予測される。多くの子どもが「寺子屋」に通っており、主に当初は読み・書き・算を学んでおり、日本には、識字率、計算能力の高い子どもたちが多数いたとされている。「寺子屋」の数は、3万校から4万校といわれている。将軍や藩主は、庶民の教育の必要性、そのための「寺子屋」の意味と必要性を高く意識していた。徳川吉宗は、「寺子屋」等における庶民の教育の大切さを認識しており、『六諭衍義大意』を広く配布した。

　また「寺子屋」では、「往来物」と呼ばれる教材が活用されていた。現存するものでも約7000もあり、庶民に至るまで教育が広く普及していたことがうかがえる。「往来物」には、地理や歴史、道徳教育、実学的教育の教材があった。

3. 保育施設の構想

　保育所や幼稚園は、明治以降の海外からもたらされた施設との印象をもっている人も多いであろう。しかし、それ以前に日本独自の、集団保育の構想があった。

　江戸時代には、大原左金吾は、「養育の館」(1797（寛政9）年）を構想し、幼い子どもに施設教育を施すことの重要性を幕府に提言している。その内容は、間引きを否定し、また貧困地域の労働の保障のための施設保育が充実されることが大切だと説いたものである。しかし「養育の館」は実現をみなかった。

　同じく、施設保育を構想したのが、佐藤信淵である。著書『垂統秘録』において、4歳、5歳くらいまでの幼児を保育する「慈育館」と、おおむね8歳になるまでの子どもを保育する「遊戯廠」を構想した。「慈育館」は養護の観点から、社会経済的困難な状況にある子どもを昼夜問わず保育する施設であり、「遊戯廠」は、さらにその対象を広げ、地域の子どもがともに遊び育つ場として構想されていた。

　明治維新を経て、1871（明治4）年には文部省が設置された。1872（明治5）年には、教育制度として「学制」が公布された。これが今日の日本の近代的な教育制度の起源ともいえる。文部省は、国家が国民教育に果たすべき役割として教育の定着と推進を図り、すべての子どもが入学しなければならない学校として「小学」が構想された。保護者が子どもに教育を受けさせる義務といったことも当時規定された。「小学」には種別があり、「尋常小学」が、基本となる普通教育を提供する学校として位置づけられ、一般の児童が入学した。「学制」は、満6歳までの子どもを対象とした集団保育の施設制度が整備されていたフランスの教育制度を参考としたといわれており、幼児を対象とした教育機関「幼稚小学」が構想されていた。

　保育施設は、他の施設に附設する形で設置されていたものもある。例えば、「亜米利加婦人教授所」(1871（明治4）年）など、宣教師による女子教育の施設（学校）では、保育を行う施設が附設されていた。お寺に附設された保育施設もあった。

　小学校に附設された保育施設もあったとされる。農繁期の託児所や、小学校に就学させてもらえずきょうだいの子守をしなければならない子どもが、幼いきょうだいを連れて通う「子守学校」が、「藩校」やのちの「小学校」に附設された。

　最も古い就学前の公的な保育施設は、1875（明治8）年に設置された、京都の上京第三十区第二十七番組小学校（のちの柳池小学校）附設の「幼穉遊嬉場」であるといわれている。しかし、これは1年半程度しか存続しなかったといわれる。日本の公的保育施設の設置と発展は、1876（明治9）年、東京女子師範学校（現在のお茶の水女子大学）附属幼稚園の設立によりはじまることとなる。

Step2

日本の近代的な保育制度と施設保育のはじまり

東京女子師範学校附属幼稚園の開設

　日本の公的保育施設の起源は、1876（明治9）年に設立された東京女子師範学校（現在のお茶の水女子大学）附属幼稚園である。開設の背景には、近代的教育と女子教育を発展させる必要性を訴え実現に導いた人物、当時の文部官僚である田中不二麻呂、当時の東京女子師範学校摂理（校長）であった中村正直、幼稚園に関する本の翻訳である『幼稚園記』を著した関信三、イギリスの幼稚園に関する本の翻訳である『幼稚園』を著した桑田親五などの尽力があった。

　東京女子師範学校附属幼稚園の現在の園長にあたる幹事は、関信三であった。主任にあたる主席保姆（主任保育者）は松野クララであり、保姆（保育者）には豊田芙雄や近藤浜がいた。

　東京女子師範学校附属幼稚園では、1878（明治11）年より保育研修のようないわゆる実習生・研修生を受け入れ、1879（明治12）年に東京女子師範学校附属幼稚園保姆練習科が設置された。これが日本の保育者養成のはじまりだといわれる。同養成課程は1880（明治13）年に廃止され、短命に終わった。

保育の広がり

　1889（明治22）年にキリスト教会の神戸婦人会による幼稚園設立計画にともない、婦人宣教師ハウ（Howe, A. L.）により「頌栄保姆伝習所」という保育者養成校が開設した。ハウはフレーベル（Fröbel, F. W.）の『母の歌愛撫の歌』の翻訳をしたが、その図版は日本らしい風景や生活の様子に変えて、子どもの実情にあった教材とし、普及しやすいように工夫していった。

　東京女子師範学校附属幼稚園の保姆であった豊田芙雄は、1879（明治12）年には、鹿児島に派遣され、鹿児島女子師範学校附属幼稚園が開園した。同年には、大阪府立模範幼稚園や、仙台区木町通小学校附属幼稚園が開設されている。

　社会経済的に困難な状況にある子どもの託児所も開設されていた。1883（明治16）年に渡辺嘉重が著した『子守教育法』では、「子守学校」の記録が残っている。困難な状況にある子どもの支援のために託児的な機能を果たすことが目的とされた保育施設としては、赤沢鐘美・仲子夫妻が、1890（明治23）年に新潟静修学校に設置した保育施設があり、これが日本最初の保育所ともいわれている。同年に鳥取では、筧雄平も託児所を開設したという記録もある。

1900(明治33)年には、都市においても困難な状況にある子どもを対象とした幼稚園が設置されている「二葉幼稚園」は、華族女学校附属幼稚園に勤めていた、野口幽香と森島峰が貧困地域に設立した慈善的施設である。

日本の「児童福祉の父」とも呼ばれる石井十次は、1887(明治20)年に私立岡山孤児院を設立したが、1899(明治32)年には幼稚園も設立している。1909(明治42)年にはさらに、大阪の貧困地域に「愛染橋保育所」と「愛染橋夜学校」を設立した。

幼稚園保育及設備規程

1899(明治32)年に「幼稚園保育及設備規程」が公布された。これが日本ではじめての施設保育にかかわる法的基準である。ここでは、幼稚園を「満三歳から就学前までの幼児を保育する所」と定義した。一園の園児数は、100人以内、保姆(保育者)1人あたりの子ども数は40人以内とされた。また、一日の保育時間は5時間以内とされた。

保育の目的は、幼児の保育を通じて、健全な発育をせしめ、良い習慣を形成し、家庭教育を補うこととされた。幼稚園は、家庭教育の代替として位置づけられていた点が特徴的である。

保育内容は「保育4項目」で、①遊嬉、②唱歌、③談話、④手技からなっていた。

幼稚園令

1926(大正15)年には、省令よりもさらに重要な位置づけとされる勅令として、「幼稚園令」が公布された。これは幼稚園のみを規定した単独の勅令である。「幼稚園令」では、第1条で保育の目的として、「幼稚園ハ幼児ヲ保育シテ其ノ心身ヲ健全ニ発達セシメ善良ナル性情ヲ涵養シ家庭教育ヲ補フヲ以テ目的トス」とされていた。健全育成、性格形成、家庭教育の補助といったことが目的とされていた。

保育者養成に関しても「幼稚園令」の第9条で「保姆ハ女子ニシテ保姆免許状ヲ有スル者タルヘシ」とされた。国家試験としての「保姆検定」がなされ、その合格者のみが幼稚園の保育者としてみなされることとなった。「保姆検定」は小学校教育検定委員会により実施され、尋常小学校本科正教員相当にあたるものとして位置づけられることとなった。

保育の内容は、「幼稚園令施行規則」(1926(大正15)年)によって、4項目から5項目(遊戯、唱歌、観察、談話、手技等)に改定された。

Step 3

1. 日本の新教育運動（大正自由主義教育運動）

新教育運動とは

　新教育運動とは、近代的な公的教育が広まったのちに、それまでの画一的で形骸化した教育を、より子どもの興味関心に応じた自由な教育へと展開させようとして、19世紀末から20世紀初頭に世界的に起こった教育運動である。

　日本では、アメリカの哲学者・教育学者であるデューイ（Dewey, J.）の影響を大きく受けている。デューイは児童中心主義を提唱し、教師中心の教え込みによる教育を批判し、子どもの興味関心を起点とし、その個性を活かし、体験を通じて学ぶ教育へと転換することを主張した。

　日本の保育界においても世界各国と同様、幼稚園は当初、フレーベル（Fröbel, F. W.）の理念と方法を導入しながら浸透していった。しかし、次第にフレーベルの考案した恩物や歌、遊びのみによる形式的な保育のみではなく、フレーベルの思想を継承しつつも、自国の文化や目の前の子どもの興味関心を大切にした、より自由な保育が構想されていくようになっていった。

2. 東京女子高等師範学校における保育改革

　東京女子高等師範学校においても、形骸化したフレーベル主義保育から刷新を図ろうとの試みがみられるようになる。恩物のみに傾倒した保育を見直し、日本の伝統や生活、遊びを取り入れた保育を形づくり、子ども中心の保育を提唱した人物に、東 基吉、和田 實、中村五六などがいる。

　東基吉は、恩物主義保育を批判し、幼稚園で行われていた保育をより日本の方法、より子どもたち中心で自由な保育へと変化するようにうながした人物である。1904（明治37）年に著した『幼稚園保育法』は、日本人による初めての保育に関する体系的な著作といわれている。翻訳により海外からもたらされた方法を模倣してきた保育から、日本らしい保育を考えていく手がかりをつくったといえる。

　和田實は、基本的生活習慣の涵養や子ども自らが主体的に遊ぶことが可能となる保育の重要性を提唱し、その方法を探求した人物である。1908（明治41）年には、中村五六とともに『幼児教育法』を著した。1913（大正2）年には『幼児保育法』を著している。

　中村五六は、1890（明治23）年より東京女子高等師範学校附属幼稚園の主事（園

長）を20年にもわたり務めた人物である。保育内容の研究や開発に加えて、保育者に必要な資質能力として、子どもの見本となりうる道徳性や教養、保育独自の方法と技術といったものが必要であるということも提唱している。

倉橋惣三は、「日本のフレーベル」とも呼ばれた人物であり、子どもの興味関心や発達を大切にした児童中心主義に関して、海外の研究動向を日本の保育界に大いに伝えた。また自らの理論をつくりあげていきながら、日本の子どもの生活に根ざした、遊びを中心とした保育を提唱していった。

倉橋惣三は、フレーベルの精神こそを大切にすべきで、その方法のみを受け継いで定型化し機械化した保育、つまりマニュアル化した保育を批判した。幼児を教育するといって幼児の生活をおろそかにすることを批判し、「生活を 生活で 生活へ」という言葉に象徴されるように、子どもの遊びを中心とした生活によって保育することの重要性を主張している。また、子どもの主体性を尊重し、遊びや生活を通じた保育と保育者の教育的意図や発達を考慮した教育計画を融合する方法を探求し、保育方法として「誘導保育」を提唱した。その保育案の展開は、次のとおりである（図表13-1）。

（1）幼児さながらの生活

幼児は自ら育つ力をもっている存在であり、幼稚園は子ども自身が育つ場所として、子どもが自分を発揮できるように配慮することが大切であるとされた。幼児に無理強いしない、幼児に適した生活の場づくりを配慮することが、保育者がまずせねばならないことであるとされた。

（2）自由と設備

幼稚園での生活を損なわないためには、そこでの自由な要素を最大限確保することが大切であるとされた。また、自由に子どもが生活するためには、それをうながす設備が必要であるとした。つまり「環境を通じた保育」の重要性が問われていたといえるのである。

（3）自己充実

子どもの自由が保障され、発達に適し、かつ生活に根ざした場で、遊びたいという欲求が湧き出てくるような環境において、子ども自らが遊び満足することが自己充実であり、遊びを通じた学びの指導には、自らが充実感、達成感を得ることが大切だとされている。

図表13-1　保育案の展開

(1)幼児さながらの生活
↓
(2)自由と設備
↓
(3)自己充実
↓
(4)充実指導
↓
(5)誘導
↓
(6)教導

（4）充実指導

　倉橋惣三は、(3)自己充実のみでは不十分であるとし、幼児教育の目標は、さらに充実指導によりもたらされる部分が必要であるとしている。これは教育可能性、発達の最近接領域とかかわる問題である。つまり、自分１人ではできないが、安心できる場でよい関係にある保育者により、適切な助言や指導を得ることによって、可能となる内容があるということである。そして、そのための保育者のはたらきかけ、つまり指導が必要であるということである。

（5）誘導

　(4)充実指導が個々の断片的指導であるのに対し、誘導はより持続して没頭しさらに深めていくことができるように、導き、系統的な保育案に位置づけられるものである。ときに興味関心をさほど積極的にもっているようには思われない子どもに、興味関心を喚起する。子どもの生活や遊びを、伝えたい育てたい子どもの姿とつなげるために、例えばあるテーマについて多角的、総合的に探求するような活動（プロジェクト）へと導く指導である。誘導保育案では、導入（動機づけ）から、実際の作業、達成、そしてその活用といった展開が想定されていた。

（6）教導

　小学校以降の子どもに対して行われる教育方法とされ、その部分的展開が幼稚園でもみられるとされていた。教師が必要性を認識し、子どもにその教育目的を明示しながら意図的に教える指導法を指す。子どもの問いに応じたり、子どもの問いがなくても与えるべき知識や技術を提示したりする方法である。

　『育ての心』（1936（昭和11）年）は、保育者の存在が子どもにとってどのようなものであるか、保育者が子どもとかかわる時に留意すべきことは何か、保育にたずさわるものがどのような姿勢であるべきか、について著したものである。

　倉橋惣三は、保育は、子どもとの相互作用によりともに形つくられるものであると指摘している。知識の伝授といった一方向的に与えるのが保育ではなく、人と人の間のふれあいが保育であるとしている。子どもとのふれあいのなかで、保育者は子どもの純粋さや善良さから受け取るものがあるとし、保育をしながら自らが成長し学んでいることに気づく、そのような姿勢をもつことが必要であるとしている。

3. 及川平治と「分団式動的教育法」

　及川平治は、明石女子師範学校（現在の神戸大学）の附属幼稚園の主事（園長）

であり、日本の新教育運動の中心的人物である。また、戸外での遊びを通して自然に触れたり、社会とかかわったりすることによって、体験や生活こそを大切にした保育を提案した人物である。

及川平治は、日本の新教育運動といわれる大正自由主義教育運動のリーダーであった人物である。1921（大正10）年、東京高等師範学校（現在の筑波大学）で「八大教育主張講演会」が開催された。2000人以上の教育者が全国から集まったなかで、その講演者として名を連ねた1人が及川平治である。日本の新教育運動の中心的人物といわれる8人の講演者とテーマは、以下のとおりである。

樋口長市「自学教育論」　　稲毛金七「創造教育論」
河野清丸「自動教育論」　　及川平治「動的教育論」
手塚岸衛「自由教育論」　　小原國芳「全人教育論」
千葉命吉「一切衝動皆満足論」　片上伸「文芸教育論」

及川平治はアメリカのデューイと友人でもあり、その影響を受け、児童中心主義に基づく生活を基盤とした単元学習を幼児教育に導入した。その著書には『分団式動的教育法』（1912（大正元）年）がある。これは、個々の子どもの興味関心を起点とし、「静的」な固定されたカリキュラムや指導法によるだけではなく、「動的」に教育実践を行おうとするものであった。「分団」とは、現在の言葉でいう「グループ」を指す。「分団式動的教育法」とは、個人を尊重しつつ協同を図りながら、子どもたちの個々の生き生きとした活動を展開させる教育方法である。そこでは、子どもをしっかりと観察することや、子どもと教育者の相互作用が大切にされる。

一人ひとりの子どもの育ちを尊重しつつ、グループの協同的な学びをうながそうとするその教育方法はプロジェクト型の保育であり、日本におけるその先駆的な実践が及川平治のもと、明石女子師範学校附属幼稚園で展開された。

及川平治は「教育の科学化」をめざした人物でもある。彼は、保育の計画は子どもの姿を観察した記録から立てることが大切であるとした。保育は実践であり、ライブ性に満ちている。しかしそうであっても、保育の意図や意義を明示して、実践の計画を表すことが試みられた。また保育はやりっぱなしにするのではなく、実践後に保育を省察し、評価し、必要に応じて改変を図ることがめざされていた。

及川平治と明石女子師範学校附属幼稚園では、個々の子どもを大切にした児童中心主義とプラグマティズムの伝統を発展的に継承しつつ、科学的根拠に基づいた保育実践、省察による保育の改善、思考が行為と結びつく保育実践への試行錯誤の試みがなされていた。

参考文献
- 文部省編『幼稚園教育百年史』ひかりのくに，1979.
- 湯川嘉津美『日本幼稚園成立史の研究』風間書房，2001.
- 新保育士養成講座編纂委員会編『新保育士養成講座① 保育原理』全国社会福祉協議会，2011.
- 倉橋惣三『育ての心（上）』フレーベル館，2008.
- 倉橋惣三『育ての心（下）』フレーベル館，2008.

COLUMN　及川平治と日本の新教育運動

　かつて、学校という場で教師が行う教育とは、すべての子どもを対象としたものではなかった。産業革命以降、親の仕事を見よう見まねで学び、後を継ぐといった時代から、新しい仕事、例えば工場などで働く人が増えていく時代へと変化していった。そこでは、すべての人が読んだり、書いたり、計算できることが必要とされた。

　世界中で小学校が広まった当時は、この読み書き算を教えることが中心であった。子どもたちは教師が与える内容を覚えたり、与える問いに答えたりする、教授主義的な教育が広まった。一方、こういった教育は、子どもの興味関心を起点とした教育ではない、学びとは子どもたちが興味をもったり、疑問をもったり、さらに探求したいと思う内容を取り上げるべきではないか、つまり児童を中心とした教育に展開していくべきではないかといった運動が起こった。これを新教育運動という。

　日本の新教育運動の代表の一人が、及川平治（1875（明治8）～1939（昭和14）年）である。及川は、アメリカのカリキュラム論を日本に導入し、個性重視、生活経験を大切にした教育を提唱し、明石女子師範学校の附属幼稚園と小学校（現神戸大学附属幼稚園・小学校）でその実践を開発した。その実践には、現在でいう栽培や、フィールドワーク、振り返りの話し合い、生活活動などが含まれていた。現在、子どもの興味関心、実際の生活を起点とした教育が大切にされており、さらには、よりアクティブに動的に活動しながら学び活用する力を育むことが子どもたちに期待されている。アクティブ・ラーニングは、日本の新教育運動においてその萌芽がみられる。

（北野幸子）

第14講

諸外国の保育の現状と課題

「保育」はその地域や国の生活、文化とのかかわりが深い。ところ変われば「保育」も変わる。世界に目を向ければ4歳から義務教育が始まる国や、1歳児の就園率が9割にのぼる国もある。

しかし、一方で、児童の権利保障の観点からみれば、国境を越えて、「保育」の原理原則について共通に大切にされていることも多くある。文化を継承しつつ、よりよい未来の「保育」を創造するために広い視野で考えたい。

Step 1

1. 世界の保育の制度

諸外国の「保育」は、その地域や国の歴史、文化の特徴と密接にかかわっている。例えば、日本の保育所のように、保育者1人で30人の年長児の子どもの保育を行っている国もあるが、北欧では、保育者1人で7～10人程度の子どもの保育を行っており、広大な国土であるオーストラリアでは小規模な家庭的保育が多い。

保育の管轄は、①1つの省庁が乳幼児の保育にかかわるすべての施設を管轄している国、②子どもの年齢によって、社会福祉分野の管轄と教育分野の管轄に分かれている国、③同じ年齢の子どもであっても、社会福祉分野と教育分野の異なる管轄の施設に通うといった、混在型の国がある。日本は、保育所は厚生労働省管轄、幼稚園は文部科学省管轄、幼保連携型認定こども園は内閣府管轄であり、③にあたる。同じ年齢の子どもが違う省庁の管轄による施設に通う例は、世界では数少なくなってきた。つまり世界では、管轄の一元化が進められている。

保育の利用率は世界各国で上昇傾向にあり、低年齢の利用も増加している。

設置者については、①私立園による保育が多い国、②2～3歳児までは主に私立で、それ以降は主に公立である国、③保育施設全体が主に公立である国がある。③の場合が多く、民営化よりも、公立化が進められている。

2. 保育の機能：子どもの福祉

国境を越えて、保育施設に期待されている共通の機能がある。保育施設は、子どもの福祉、つまり子どもが幸せに生きることを保障するために、保育がその基盤を支える役割を果たしている。乳幼児に対して、質の高い集団保育を保障することが、不条理な不平等を削減することにつながる。つまり、子どもの貧困問題、経済格差やそれと関係の深い教育格差問題を是正することに保育が役立つことが、この20年、多くの研究によって明らかにされている。特に、社会経済的状況に基づく格差の改善に保育が役立つとする研究が、保育保障の重要性を指摘している。

保育の機能の1つは、子どもの人格形成に果たす機能があげられる。保育は、子どもの情緒の安定、安心を保障する場である。子どもにとって園は、自らが全面的に受け入れられている、愛されていると感じる、心地よい居場所である。主体性が尊重され、子どもの愛着形成に不可欠であることが明らかになっている。自己肯定感や自己有能感が育まれることが、子どもの社会性の形成にも大きな影響を与える。

もう1つは、学びに向かう力の形成である。乳幼児期の豊かな経験がのちの教育に多大な影響を与えるということが明らかにされている。言葉の教育格差を埋めることは、8歳以降では困難であるとされており、乳幼児期に園において、遊びや生活を中心に、同世代の子どもとの相互作用や世界のさまざまな事象、自然について、興味関心をもち探求することが重要であることが指摘されている。

3. 保育の社会経済的な効果への注目

2000年にノーベル経済学賞を受賞したヘックマン（Heckman, J. J.）は、公的投資の費用対効果が幼児期に大変高いことを明らかにしている。つまり、乳幼児教育への公的資金の活用は投資であると指摘した。他にも多くの研究が、幼児期以降の公的教育、さらには職業訓練と比べて、落ちこぼれの阻止や犯罪率の低下、勤勉性の向上に寄与する点から、幼児期の教育投資の効果が高いことを指摘している。これらを受けて、2000（平成12）年以降、保育界への公的投資の拡大が世界各国でなされている。日本においても、子ども・子育て支援新制度のもと、保育への公的投資の拡大が図られつつある。

アメリカ国立小児保健・人間発達研究所の長期追跡研究では、1991年から子どもの発達について調査を行っている。アメリカ小児科学会とアメリカ公衆衛生協会による基準を満たしている園に通う子どもは、満たしていない園に通う子どもと比較した場合、3歳時点での言語理解力が優れており、問題行動も少ないことが明らかにされている。

保育者が受容的でかつ応答的で、子どもに肯定的であること、保育者1人あたりの担当する子ども数が少ないこと、保育者が有資格者であること、保育者の経験年数が長いことなどが、子どもの育ちによい影響を与えることが示唆されている。

4. 女性の就労と子育て支援

先進国における少子化問題はいずれも深刻である。データによると、保育施設の整備状況や子育て支援の充実が女性の就労率を高めることが明らかになっている。女性の就労率が高い国において、出生率も高くなっている傾向もある。少子化対策、労働力不足にともなう女性の就労に対する期待とそれを支援するための労働対策、世代間交流や子育て経験不足の保護者支援等にも、保育の機能が期待されており、実際にその効果が明らかにされつつある。

Step 2

世界の保育

スウェーデン

　スウェーデンでは、保育が一元化されている。その管轄は教育関係省庁である。また、6歳児の保育（3時間分）が無償化されている。

　まず、「家庭的保育」「保育所」「幼稚園」が、「就学前保育」と総称される形で一元化が進められた。1975年には「保育法」（1981年以降は「社会サービス法」に統合）の制定により、すべての6歳児を対象に3時間の保育が無償化された。1996年には、保育関連施設が教育省の管轄となり、学校として位置づけられた。特に、2011年7月の「教育法」の改正によって、学校教育制度の初期段階として保育が明確に位置づけられた。2～3歳の就園率が85％を上回っており、4歳以降は9割を超える。1998年には、6歳児対象の「就学前保育クラス」（義務教育ではないがほとんどの子どもが通っている）が設置され、義務教育へのなだらかな接続が図られている。約15％の私立園と、その他の公立園においては保護者の保育料負担に差はなく、その代わりに法で定める基準を満たしていることがしっかりと確認されている。

　スウェーデンのカリキュラムは、「プレスクール・カリキュラム 2010年版」（2011年）である。スウェーデンのカリキュラムの特徴としては、基本となる「価値」が明示されていること、「目標」と「評価」が明示されていること、法的拘束力が明示されていることがあげられる。

　特に保育において大切にされていることは、主体的に遊び、遊びを通じて学ぶことである。カリキュラムでは、「価値」あるものとして、一人ひとりの尊重、環境との共生、他者への思いやりと尊重である。子どもの自尊感情や好奇心、意欲を大切にし、子どもの主体性を尊重し、学び合う力を育むことが大切とされている。

　スウェーデンには、住む地域にかかわらず、等しく質の高い教育をすべての国民に保障しようとする理念がある。この生涯学習の理念の一環として、乳幼児期の保育が位置づけられている。よって、保育や大学など、義務教育以外への公的負担も高い。設備整備は進んでおり待機児童数も低い。保育者1人あたりの子どもの数は大変少なく5人前後である。

　昨今では、保育の質の向上を図るために、高等教育を受けた職員の採用の促進や、保育者による個々の子どもの記録（ドキュメンテーション）の業務化、アクション・リサーチの推進による「子どもの視点」（children's perspective）を大切

にして子どもの見解を取り入れる（子どもへのインタビューやヒアリングなどによって）などの努力が進められている。

ノルウェー

　ノルウェーは、子どもの権利保障の観点から、子どもオンブズパーソン制度が世界で初めて導入された国である。子どものいじめ問題対策に関する研究も大変進んでいる。特別な支援を必要とする子どもに対する支援も充実している。

　ノルウェーにおいても、スウェーデンと同様、保育所等の管轄が教育科学省に移行され、一元化が図られている。2005年に制定された「幼稚園法」に基づき、2006年に「幼稚園カリキュラム」が制定された。ここで幼児期の保育は、生涯学習の初期と位置づけられた。また、子どもの福祉の実現、格差の是正という人権の観点から、社会による保育の責任が明示されている。ノルウェーの就学前保育は、入園は任意であるものの、1歳児以降の子どもの約9割が就園している。公私立の比は若干私立が多い。

　昨今では、「幼稚園法」が改定され、それに基づき、「幼稚園枠組計画」（2011年。2017年改訂）が告示されている。ノルウェーのカリキュラムにおいて、保育領域は、「コミュニケーション・言語・文章」「身体・運動・健康」「芸術・文化・創造」「自然・環境・科学技術」「倫理・宗教・哲学」「身近な共同体・社会」「数・空間・形」の7領域からなっている。

　保育実践においては、週1回、森に出かけていくことが一般的で、自然体験活動を重視している。また、子どもの保育保障という人権意識が高い一方で、社会への責任に対する意識を育てることも大切にされており、持続可能な社会の形成者として育てることも保育のねらいとされている。

イギリス

　イギリスでは、保育は家庭の判断による私事性（しじせい）が高いものとされてきたが、1997年のブレア政権以降、保育の充実と女性の就労が促進されてきた。1998年には、保育の管轄は教育雇用局に一元化された。イギリスの保育の一元化、そして昨今の改革は、福祉の観点から進められていることが特徴である。例えば、1998年から着手された政策である「シュア・スタート」は、早期介入の補償保育プログラムであり、まずは、社会経済的に支援を必要とする地域の保育の充実を図るものであった。「子どもセンター（Sure start Children's Centre）」が設置され、保育の保障と家庭支援が包括的に行われている。

2006年には「児童ケア法（Child Care Act）」が制定されている。保育のカリキュラムである「乳幼児基礎段階」が2008年に制定されているが、2012年の改訂版では、特に子どものケアへの配慮、家庭や施設における児童虐待問題への対応が明示されている。

　イギリスのカリキュラムは、序文、子どもの学びと発達、アセスメント、安全基準と福祉、といった内容で構成されている。評価についてより綿密であり、2歳児において「育ちの確認」がなされている点と、最終学年における子どもの観察や対話（保護者も含む）に基づく継続過程評価の実施がある。

　質の確保とかかわり、監査の充実も図られている。イギリスでは、学校の種類によらず、すべての施設において定期的な監査が「教育水準監査院」によりなされている。保育関連施設も2000年に対象となり、公私や規模に限らず監査がなされ、質の確保が進められている。

　統一的機構である「教育水準監査院」による監査がなされる背景には、イギリスの保育関連施設が多様であることがあげられる。例えば以下のものがある。

① デイ・ナーサリー：生後3か月〜5歳。就労家庭の支援が多い。私立が多い。一年を通じて一日開所。
② プレイグループ：3〜5歳。非営利の組織。親やボランティアが運営。形態は多様。週に数回、2〜3時間というものが一般的。
③ ナーサリー・スクール：義務教育開始前の2〜5歳。開所時間9時〜3時半が一般的。半日制施設もあり。小学校と同じように長期休業期間あり。小学校に付設されているものもあり。
④ レセプション・クラス：4〜5歳。就学準備教育。読み書きなども教えている。
⑤ インファント・スクール：5〜7歳。義務教育（初等教育）機関。
⑥ 認可保育ママ：生後数か月〜8歳。家庭的保育。5歳以下は3人まで。

フランス

　フランスは、少子社会対策を成功させた国の1つとして評価されている。少子社会対策の一環として、保育政策が施設保育のみならず、家庭保育や、その他家庭経済支援により、広く多様に展開している。1985年に設けられた育児親手当は、1994年に拡大され、2003年にはさらに乳幼児受け入れ手当も設置された。保育所等に子どもを預ける場合には「保育方法自由選択補足手当」が、家庭で子育てのために一時仕事を休む場合は「就業自由選択補足手当」が受けられる。

フランスの保育は、0～3歳が対象の集団保育所、3～5歳（地域によっては2歳～）が対象のエコール・マテルネル（保育学校）がある。エコール・マテルネルは義務教育であり、「エコール」の意味は学校である。家庭的保育については、認定保育ママが広く利用されている。

保育カリキュラムは、「学習する際に必要なことば」「ともに生きる」「からだで表現し行動する」「世界の発見」「感覚とイマジネーションと創造」の5つの保育領域からなっている。小学校とのなだらかな接続については、エコール・マテルネルと小学校が、ともに初等教育課程のなかで位置づけられており、年長から小学校2年生までの3年が、「基礎学習期」として位置づけられている。領域も「ことばとフランス語の技法」「ともに生きる」「算数」「世界の発見」「外国語あるいは地方語」「芸術教育」「体育」となり、教科と領域が融合的である。1年生になる前には、個々の子どもの成績表が小学校1年生の担任そして保護者に配布される。

フランスでは男性保育者がほかの先進国よりも多く、エコール・マテルネルの保育者は、児童教育と児童心理学の専門的知識をもち、その社会的地位や、研修保障、保育者の評価体制も充実している。

アメリカ

保育に限らず、アメリカの公共政策は、基本的に個人主義的特徴があるといえる。つまり個人が選択し、個人で責任をとるという制度である。また、地方の権限が強いので、州によりさまざまで連邦政府がアメリカ合衆国全体の児童福祉の統一的な政策を展開したことも少ない。しかし、個々人の責任に依存する場合、子どもは当然、家庭を選んで生まれてくることができないため、自らの力ではどうしようもない貧困や問題をかかえてしまうことは自明なことである。

生まれながらに格差を背負ってしまうことは、不条理である。よって児童福祉の分野では、1960年代半ば以降、連邦政府が支援の必要な家庭の子どもを対象とした保育政策を展開した。その代表的なものが、ヘッド・スタート計画である。これは、「貧困との闘い」をうたった政策である。補償教育とも呼ばれるが、現在では、アメリカ保健社会福祉省の管轄でなされている。当初は小学校への就学準備の教育中心であったが、昨今では健康や栄養への配慮が含まれ、さらに保護者支援などその内容が充実されている。

2001年には、「落ちこぼれをつくらないための初等中等教育法」（No Child Left Behind Act）が制定された。2002年には「よいスタートが賢い子どもを育てる」（Good Start, Grow Smart）を政策展開し、2009年以降には「ゆりかごから就職す

るまで」(cradle to career) を対象とした総合的教育システムの構築が進められている。

　アメリカの保育は、その管轄が一元化されていない。社会保障に関しては保健社会福祉省（DHHS）、保育教育制度の大部分は、各州が管轄している。よって、管轄は、①連邦政府による補償プログラム、②州による福祉関連部局の施設、③教育部局の施設の3つに分かれている。国際的にみれば、同じ年の子どもが異なる省庁による施設に通う国は、日本、韓国と同様にまれになってきた。

　保育の場は、家庭的保育、チャイルド・ケア、早期教育センター、デイ・ナーサリー、3、4歳児を対象とする公立のプレ幼稚園、主に5歳児を対象とする幼稚園がある。5歳児が幼稚園に通う率は9割にのぼり、大半が公立で、義務教育の1年目となっている。

　アメリカの保育施設において広く浸透しているカリキュラムのガイドラインは、全米乳幼児教育協会による「発達にふさわしい実践」(Developmentally Appropriate Practice)（1986年に採択）である。アメリカでは、幼稚園は広く提供されており規定があるが、これより低い年齢の子どもの保育は地域で差が大きい。その地域差を是正するため、2009年以降、州によるカリキュラム基準の策定が進められている。ここでは、いわゆる21世紀型スキル (21st Century Competencies) と呼ばれる分野横断的な考える力の育成がめざされており、その基礎としての幼児期の教育の重要性が認識されつつある。

　アメリカでは、保育の政策立案、実施、その評価が、綿密に根拠に基づき進められている。「アメリカ児童ケア局（US Child Care Bureau）」を中心に、多くの大学で保育研究が進められている。ペリー・プレスクールの研究では、保育プログラムの質がその後の学力、勤勉、経済に影響があるとし、その投資効果は7倍としている。また、「すべての子どものための成功」プログラムの研究では、保育の保障と家庭支援により、小学校以降の落第率の低下、成績の上昇といった効果が明らかにされている。まさに、エビデンスに基づき保育政策が進められている。

ニュージーランド

　家庭重視の文化的特徴があるといわれるニュージーランドでは、1907年に保健医療関係の専門家が家庭保育を支援する、ニュージーランド・ブランケット協会が設立されている。1940年代に発展したプレイセンターも、保護者が集団保育を運営して地域で家庭的な保育を支援するものであった。つまり、ここでは保護者により、保護者の保育力の向上をも図りつつ子育てを支援する施設や組織が発展していっ

た。1952年にも、保護者により、ペアレンツ・センターが設立されている。集団保育施設としては、3〜5歳を対象とする幼稚園、テ・コハンガ・レオは、マオリの子どもたちを対象とした保育施設でもある。太平洋諸島の言語や文化を伝承するために、保護者と子どもの居場所となっている太平洋諸島言語グループもある。さらには、保育センター、インファント・センター、託児所、就学前施設などもある。島嶼部(とうしょぶ)や過疎地には家庭的保育や通信学校がある。

　このような家庭的保育や子育て支援の施設、そして集団保育施設はいずれも、現在、教育省の管轄にある。5歳の誕生日から小学校に入学することができ、入学式で一斉に小学校に上がる日本とは異なり、誕生日にバラバラと入学するといった姿もみられる。義務教育は6歳から始まる。

　保育のカリキュラムは、1996年に策定された「テ・ファリキ（Te Whāriki）」であり、2006年には、「学びの評価（Kei Tua o te Pae：Assessment for Learning）」が導入された（2017年改訂）。「テ・ファリキ」の基本原理は、①子どもの学びと成長を支援すること、②子どもの発達は包括的であり、その包括的な学びと成長をうながすカリキュラムであること、③家庭や地域との連携を重要視すること、④子どもは、人・場所・モノとの相互作用を通して学ぶ存在であることを前提とすることである。目標は、①ウェルビーイング、②帰属意識、③貢献、④コミュニケーション、⑤探求である。このカリキュラムに基づく保育と保育の評価を実施することが、補助金の条件となっており、カー（Carr, M.）等が開発した「学びの物語」はその評価の一つの方法として広く浸透している。

Step3

1. 保育の提供と量的拡大

　集団保育の保障が、子どもの社会性の発達をうながし、ものへの好奇心をふくらませ、知ることの楽しさ、さらなる探求心の発展をもたらすことが明らかにされている。その意味で、まずは保育の提供、量的な拡大が重要な課題とされている。

　ユネスコ（UNESCO）では、「万人のための教育（EFA：Education for All）」、つまり、世界中のすべての人に初等教育を保障する取り組みを進めている。さらにユネスコは、「すべての子どもへの幼児教育」を提言している。2010年9月27日から29日にモスクワにて、ユネスコの最初の国際保育会議が開催された。そこでは、質の高い保育プログラムを提供すること、保育への投資こそが他の何よりも社会に貢献するものであり、また何よりも子どもの権利保障の基盤であることが確認された。

　子どもたちが保育所に通うことができるようにすることは、子どもの権利保障にかかわる問題として認識されている。よって世界各国で、さらには、ユネスコ、ユニセフ（UNICEF）、OECDといった国際機関において、就園率が話題となっている。

　日本でも、子ども・子育て支援新制度のもと、待機児童をなくしていく努力が進められている。

　保育の量的拡大は、待機児童問題のみにとどまらない。公的な施設の利用のしやすさ、最適配置を考える場合、定員問題（キャパシティー）の問題と同時に、交通利便性（アクセス）の問題を考える必要がある。子どもにとって園は通いやすい身近な施設である必要がある。例えばニュージーランドでは、太平洋諸島言語グループという保育施設がある。ニュージーランドやオーストラリアでは通信教育も工夫されており、小規模保育同士の連携も図られている。

2. 保育の質の維持と向上

　保育の質の維持と向上が、国境を越えて進められつつある。つまり、保育の質の基準についての研究を進め、その知見を共有し、保育施設、保育者、保育の内容や方法にかかわる質の基準が検討されている。

　その背景には、質の高い保育の保障によって、子どもの福祉の実現、子どもの現在の幸せと生涯にわたる学びの基盤づくりが可能であることがあげられる。つまり、保育の質が、子どもの貧困を削減し、社会へ経済効果をもたらす。

図表14-1 評価基準

1	50％の給与保証による1年の育児休業制度があること
2	不利な立場にある子どもを優先する公的支援があること
3	3歳児以下の保育サービス利用率が25％以上であること
4	4歳児の就園率が80％以上であること
5	80％以上のスタッフが保育の有資格者であること
6	50％以上のスタッフが高等教育機関により養成され認証されていること
7	保育者1人あたりの子ども比が1対15以下であること
8	GDP比1％以上の公的資金を保育分野に活用していること
9	貧困家庭の子ども率が10％未満であること
10	すべての子どもを対象とした基本的保健サービスを提供していること

資料：UNICEF, *The Child Care Transition, Innocenti Report Card 8*, 2008. より作成。

　ユニセフでは、**図表14-1**の質評価の基準を提示している。また、OECDでは、保育の質を高めるために必要な手段として、①質に関する目標と規制の設定、②カリキュラムと基準の設計と実施、③資格、養成、労働条件の改善、④家族や地域社会との連携、⑤データ収集、調査研究、モニタリングの推進をあげている。

　①質に関する目標と規制の設定や、②カリキュラムと基準の設計と実施は、多くのOECD加盟国で達成されている。③資格、養成、労働条件の改善については、例えば2014年のヨーロッパデータ（EU, 2014年）によると、園長の資格要件に、資格を有すること、経験年数が問われること、管理職対象の研修を受けていることの3つの条件を満たすことが各国で進められつつある。労働条件については、研修の保障やメンタルヘルスの観点から、休憩したり、振り返ったり、記録を書く時間の確保などが検討されている。④家族や地域社会との連携については、その効果が高く評価されており、実践が多様に展開している。⑤データ収集、調査研究、モニタリングの推進に関しては、各国で研究機関の設置、大調査や縦断調査の実施、アクション・リサーチの推進、監査機構の整備などが行われている。

　保育の独自性の尊重と、小学校以降の教育との接続、家庭との連携などの課題が国境を越えて、認識されている。グローバル化社会といわれる現在、それぞれの地域や国の独自性を発揮しながら、子どもの最善の利益を保証するために、国境を越えて保育関係者が連携しながら、保育の質の維持と向上が図られている。

参考文献

- Copple, C. & Bredekamp, S., *Developmentally Appropriate Practice in Early Childhood Programs*：*Serving Children from Birth through Age 8*, NAEYC, 2009.
- DFE, *Statuary Framework for the Early Years Foundation Stage*, 2012.
- European Commission/ EACEA/Eurydice/ Eurostat, *Key Data on Early Childhood Education and Care in Europe. 2014 Edition*, Eurydice and Eurostat Report, 2014.
- OECD, *Starting Strong 2* OECD, 2006.
- OECD, *Starting Strong III*：*A Quality Toolbox for Early Childhood Education and Care*. Paris：OECD, 2012.
- UNESCO, *Moscow Framework for Action and Cooperation*：*Harnessing the Wealth of Nations*, 2010.
- UNICEF, *The Child Care Transition, Innocenti Report Card 8*, 2008.
- Schweinhart, L. J., Montie, J., Xiang, Z., Barnett, W. S., Belfield, C. R., & Nores, M., *Lifetime effects*：*The High/Scope Perry Preschool study through age 40. (Monographs of the High/Scope Educational Research Foundation, 14)*, Ypsilanti, MI：High/Scope Press, 2005.

COLUMN　保育の実践の質の評価──世界の事例

　保育の実践の質の評価の方法が世界各国で開発され、導入されている。世界で最も広く浸透している評価に、1980年代にアメリカで開発された「保育環境評価スケール（ECERS）」等がある。これは、保育者の姿から環境や環境とのかかわりを評価するものである。

　ベルキーでは、子どもが没頭して遊んでいるかを評価する指標（CIS, 1994）が開発されている（①環境、②活動における子どもの主体性、③保育者のかかわり方、④１日の保育の流れ、⑤クラスの雰囲気の観点から、５段階評定）。

　アメリカでは、保育者と子どもの相互作用や、子ども同士の相互作用、子どもが環境といかにかかわり探求するかを評価する指標（CLASS, 2007等）が開発されている。同様に、保育者と子どもの相互作用の質に注目した評価指標（「保育プロセスの質」評価スケール（SSTEW）, 2015）もある。

　保育実践はさまざまな要素からなり、その質を画一的に定義することは困難である。また、唯一無二の評価方法があるとはいえない。現状をとらえ、さらなる実践の改善を図るその道具の１つとして、いろいろな評価法を学び、適切に活用することが保育の実践の質の向上につながると考える。

　　　　　　　　　　　　　　　　　　　　　　　　　　　　（北野幸子）

第15講

日本の保育の現状と課題

　現在、日本の保育は大きな変革期にある。少子高齢社会の到来、家庭教育環境の変化、地域の変化、グローバル化の波など、子どもとそれを取り巻く社会の変化が、かつてないスピードで起こっている。それに対応すべく、戦後で最も大きな保育制度改革が進められている。

　本講では今日的課題を整理し、子ども・子育て支援新制度の改革の実態を紹介する。過去の文化を継承しつつ、よりよい保育制度の改革はいかにすれば可能かを考えるきっかけとしてほしい。

Step 1

1. 子育てにかかわる現状と課題——待機児童問題

　保育は義務教育ではない。しかし、住む地域や親の就労形態によって、子どもや家族が希望しても保育を受ける機会が得られる場合とそうでない場合があるということは、子どもの権利保障の観点から不平等といえるのではないだろうか。

　共働きの保護者にとって、同じく税金を払っているのに、また「保育を必要とする」（かつての「保育に欠ける」）要件が同じであるにもかかわらず、住む場所や申請するタイミング等が理由で、子どもを保育施設に預けることができない場合とできる場合があるとしたら、それは不条理さを感じることではないだろうか。

　待機児童問題とは、「保育を必要とする」状態にあり、保育の利用について市町村等に申請し、その必要性が認められているにもかかわらず、通うことのできる施設がなかったり、定員に空きがなかったりして、子どもが待機させられている状態によって生じる問題を指す。2017（平成29）年10月1日時点のデータによると、日本全国の待機児童は、5万5433人とされている。なお2017（平成29）年4月1日時点のデータによると2万6081人であり、年度途中における変動も大きい。10月1日時点のデータのうち、5万2285人が3歳未満児である。また、同データのうち、最も待機児童が多い地域は東京都1万2191人である。

　2003（平成15）年以降、例えば同じ市内に入所可能な保育所があるにもかかわらず、第1希望に入所するために待機している子どもや、保育所以外の地方単独事業の託児施設等に入所している子どもを待機児童から除くようになった。よって実質的、潜在的な待機児童数はさらに多いことが予測される。実際、4月時点の2倍以上の待機児童が10月にいる点からも、定員を増やしても埋まり、さらに待機児童が増えるといった、いたちごっこのような状態が現状ではまだ起こっている。例えば、横浜市は2013（平成25）年4月1日時点で待機児童をゼロとすることができたが、預けられるのであれば就労したい、あるいは横浜市に住みたいと考える人が増え、翌2014（平成26）年4月にはまた待機児童が生じることとなった。

2. 子育てにかかわる現状と課題——少子社会問題

　待機児童が多い反面、日本は少子高齢社会へと突入している。日本の合計特殊出生率（1人の女性が一生に産む子どもの平均数）が1989（平成元）年に1.57となり（「1.57ショック」）、社会保障制度の破綻や、労働人口の減少などが心配された。日本は1997（平成9）年より高齢者の数が子どもの数を上回っている。

ライフスタイルの変化にともない、共働き家庭は、現在では専業主婦（主夫）家庭よりも多い。生活の豊かさや経済的安定、社会とのつながりや豊かな関係性などを求め、出産後も共働きのスタイルをとろうとするカップルが多いなか、出産後の継続勤務を支援する制度の整備が不十分である。したがって、希望に反して、結婚や出産、子育てを理由に、職場を去らねばならない状況にある女性が多い。先に述べたように、ライフスタイルの変化によって施設保育へのニーズが高まっているにもかかわらず、実際の設備の整備は追いついていない。0〜1歳児を保育所に預けることができないという、待機児童の問題は解決されていない現状がある。

 職場にいる時間が長いといった働き方にも問題があるといわれている。2017（平成29）年の男性の育児休業取得率は5.14％であり、前年からは1.98ポイント増加し、1996（平成8）年の調査以降過去最高ではあったが、女性の育児休業取得率83.2％との差は依然大きい。6歳未満児のいる夫の家事・育児関連時間は1日当たり1時間程度と、国際的にみても大変低い。希望しているにもかかわらず子どもを産むうえでの経済的な理由や物理的な困難さがあり、出生率は上昇していない。

3. 近年の少子社会および待機児童対策

 近年の少子化や待機児童に関する対策の主なものを以下に紹介しよう。

「今後の子育て支援のための施策の基本的方向について」（エンゼルプラン）（1994（平成6）年）

 「1.57ショック」を受けて策定された。それまでは縦割り行政といわれ、管轄する省庁がそれぞれ政策を立案してきたが、エンゼルプランは、省庁を超えて策定され（文部、厚生、労働、建設の4大臣合意）、エンゼルプランでは、①子育てと仕事の両立支援、②家庭における子育て支援、③子育てのための住宅および生活環境の整備、④ゆとりある教育の実現と健全育成の推進、⑤子育てコストの軽減がめざされた。

「重点的に推進すべき少子化対策の具体的実施計画について」（新エンゼルプラン）（1999（平成11）年）

 止まらない少子化の対策を継続して行うために、少子化対策推進関係閣僚会議による「少子化対策推進基本方針」に基づき、大蔵、文部、厚生、労働、建設、自治の6大臣の合意により策定された。

待機児童ゼロ作戦（2001（平成13）年）

　待機児童の解消のため、公設民営型保育所設置の推進や、学校の空き教室や駅などでの保育施設の拡充（かくじゅう）への支援が定められた（2001（平成13）年7月6日閣僚決定）。2004（平成16）年までの目標として「児童受け入れ数を15万人増加させること」が掲げられた。

少子化対策プラスワン（2002（平成14）年）

　「男性を含めた働き方の見直し」「地域における子育て支援」「社会保障における次世代支援」「子どもの社会性の向上や自立の促進」が社会全体でめざされた。

次世代育成支援対策推進法（2003（平成15）年）

　地方公共団体や企業は、それぞれが次世代育成支援のための行動計画を立てて、目標達成をめざし、少子社会の対策を実施していくこととなった。

少子化社会対策基本法（2003（平成15）年）

　少子化社会対策の必要性、その実施について議員立法というかたちで制定された。この法律に基づき「少子化社会対策大綱」が策定され、その具体的な目的と内容が「子ども・子育て応援プラン」で示された。

「少子化社会対策大綱に基づく重点施策の具体的実施計画について」（子ども・子育て応援プラン）（2004（平成16）年）

　新エンゼルプランに続く政策。2009（平成21）年末に、一時保育実施9500か所、延長保育実施16200か所、休日保育2200か所、夜間保育140か所、保育所受け入れ児童数拡大215万人とすることを目標として掲げた。

新しい少子化対策について（2006（平成18）年）

　妊娠、出産から高校、大学期に至るまでの長期間にわたり、かつ、継続的支援をめざすことが少子化社会対策会議において決定された。家族や地域のつながりと、社会全体で子育てや家族に対する関心を高めることがめざされた。

新待機児童ゼロ作戦（2008（平成20）年）

　量的拡充に加え、安全や安心、質保障についても言及された。2018（平成30）年末までに、3歳未満児への施設保育を38％に拡大することを目標として掲げた。

子ども・子育てビジョン（2010（平成22）年）

　新しい少子化社会対策大綱として策定され、社会全体で子どもを育てること、自己実現を可能とすることが目標とされ、4つの向かうべき社会像が示された。「子どもの育ちを支え、若者が安心して成長できる社会」「妊娠、出産、子育ての希望が実現できる社会」「多様なネットワークで子育て力のある地域社会」「男性も女性も仕事と生活が調和する社会」とともに、幼保一体化や施設の充実（2012（平成24）年末までに認定こども園を2000か所以上設置）などの具体的目標が掲げられた。

子ども・子育て関連3法（2012（平成24）年）

　「子ども・子育て支援法」「就学前の子どもに関する教育、保育等の総合的な提供の推進に関する法律の一部を改正する法律」「子ども・子育て支援法及び就学前の子どもに関する教育、保育等の総合的な提供の推進に関する法律の一部を改正する法律の施行に伴う関係法律の整備等に関する法律」の3法のことをいう。特徴として、①認定こども園、幼稚園、保育所を通じた共通の給付および小規模保育等への給付の創設、②認定こども園制度の改善、③地域の実情に応じた子ども・子育て支援の充実、④基礎自治体（市町村）が実施主体となること、⑤消費税の活用による社会全体による費用負担、⑥政府の推進体制の整備、⑦子ども・子育て会議の設置と市町村等の合議制機関の設置努力義務化などがあげられる。

少子化危機突破のための緊急対策（2013（平成25）年）

　少子化社会対策会議決定として、もはや少子化は危機的状況で緊急対策が必要とされ、「子育て支援」と「働き方改革」をより一層強化し、「結婚・妊娠・出産支援」対策を行うこととされた。

少子化社会対策大綱（2015（平成27）年）

　「少子化社会対策基本法」に基づく総合的かつ長期的な少子化を改善するための指針（3回目の策定）。子育て支援施策の充実や働き方の見直し、多子世帯への支援などを進め、社会全体で子どもを育てる基盤づくりについて2020年までの具体的目標を定めている。

ニッポン一億総活躍プラン（2016（平成28）年）

　三本の矢の経済政策を強化するとともに、子育て支援や社会保障の基盤を強化する経済社会システムづくりを指す。子育て安心プラン、働き方改革等が該当する。

Step 2

1. 子ども・子育て支援新制度のこれから
―― 子ども・子育て支援新制度の特徴

　2015（平成27）年４月より、子ども・子育て支援新制度が本格的に実施されている。Step 1の「子ども・子育て関連３法」のところで、３つの法律と７つの特徴をあげたので参照されたい。特に、新制度においては、地域のニーズがより反映されるように、基礎自治体（市町村）が実施主体であり、地域のニーズに基づき計画を策定、給付・事業を実施することとなっている。それは、決して国の責任が軽減されることではなく、国・都道府県は実施主体の市町村を重層的に支えることであり、財政的な費用負担にも表れている。新制度は、消費税による国および地方の恒久財源の確保を前提とし、社会全体で子どもと子育てを支援するということとされている。これまでは保護者の就労により、学校教育と児童福祉施設とにバラバラであった政府の組織も、内閣府に子ども・子育て本部が設置され、一体的に進められることとなっている。

　新制度の大きな特徴の１つは、「子ども・子育て会議の設置」である。地域に根ざし、地域の人々が自ら参画し、よりよい地域づくりの主体となることが新制度ではめざされている。「子ども・子育て会議」では、有識者、地方公共団体、事業主代表・労働者代表、子育て当事者、子育て支援当事者等（子ども・子育て支援に関する事業に従事する者）が、地域の子育て支援の制度づくりに参画し、地域創生を民主的な方法で実現することがめざされている。市町村等の合議制機関（地方版子ども・子育て会議）の設置は努力義務とされ、各地でその設置が進められている。

　新制度における具体的な給付や事業についてみてみよう。新制度においては、給付と事業が「子ども・子育て支援給付」と「地域子ども・子育て支援事業」との２つに分けて進められる。

　「子ども・子育て支援給付」は、①施設型給付、②地域型保育給付、③児童手当の３つがある。①施設型給付の対象は、認定こども園・幼稚園・保育所である。

　2015（平成27）年４月より、認定こども園のうち「幼保連携型認定こども園」についての制度が新しくなった。これまでは、幼稚園の運営費および施設整備費の助成については原則として学校法人に、保育所の施設整備費の助成については原則として社会福祉法人等に限られていた。しかし、今後は、「幼保連携型認定こども園」については、設置者が学校法人、社会福祉法人のいずれであっても、運営費および施設整備費の助成が可能になった。「幼保連携型認定こども園」について、認可・指導監督が一本化され、財政措置は「施設型給付」に一本化された。「幼保連携型

図表15-1 地域型保育給付の対象事業

事業名	形態	規模	場所
小規模保育事業	比較的小規模で家庭的保育事業に近い雰囲気のもと、きめ細かな保育を実施	6〜19人まで	多様なスペース
家庭的保育事業	家庭的な雰囲気のもとで、少人数を対象にきめ細かな保育を実施	少人数(現行は家庭的保育者1人につき子ども3人) ※家庭的保育補助者がいる場合は子ども5人まで	家庭的保育者の居宅その他さまざまなスペース
居宅訪問型保育事業	住み慣れた居宅において、1対1を基本とするきめ細かな保育を実施	1対1が基本	利用する保護者・子どもの居宅
事業所内保育事業	企業が主として従業員への仕事と子育ての両立支援策として実施	さまざま(数人〜数十人程度)	事業所その他さまざまなスペース

資料:内閣府資料をもとに作成。

認定こども園」は、教育基本法で位置づけられる「学校」であり、かつ、児童福祉法で位置づけられる「児童福祉施設」でもある、学校教育と児童福祉の両方の機能を担う専門施設として法的に位置づけられた。

　②地域型保育給付の対象は、小規模保育事業、家庭的保育事業、居宅訪問型保育事業、事業所内保育事業（**図表15-1**）である。地域型保育給付によって、都市部における待機児童解消と、子どもの数が減少傾向にある地域における保育機能の確保がめざされている。

　「地域子ども・子育て支援事業」には、利用者支援事業、地域子育て支援拠点事業、一時預かり事業、乳児家庭全戸訪問事業、延長保育事業、病児保育事業、放課後児童健全育成事業（放課後児童クラブ）、妊婦健康診査等がある。ここでは、教育・保育施設を利用する子どもとその家庭だけでなく、在宅の子育て家庭を含む、すべての子どもとその家庭を対象とする事業が行われることとなっている。

2. 家庭教育環境の現状と課題

　新制度では、子育ての第一義的責任が家庭教育にあることを前提としつつ、家庭の子育て支援をめざしている。教育基本法第10条（家庭教育）では、「父母その他の保護者は、子の教育について第一義的責任を有するものであって、生活のために必要な習慣を身に付けさせるとともに、自立心を育成し、心身の調和のとれた発達

を図るよう努めるものとする」とあり、また第10条第2項では「国及び地方公共団体は、家庭教育の自主性を尊重しつつ、保護者に対する学習の機会及び情報の提供その他の家庭教育を支援するために必要な施策を講ずるよう努めなければならない」とされている。

それでは、子どもを産み、育てやすい家庭環境とはどのような環境であろうか。現在めざされている子育て支援としては、①就労と家事・育児の両方を支援し、②保育設備と保育者配置の整備により子育て支援内容を充実し、③経済的支援を進めることにより形づくることがあげられる。

（1）就労と家事・育児の支援について

これと関連して、母親および父親の育児休業や育児時間がとりやすい職場環境、働き方の工夫などがめざされている。しかし現状は厳しい。日本では就労時間が長いこと、家事と育児の負担が女性に偏（かたよ）っている傾向が指摘されている。

1990年代半ばより、共働き世帯数が専業主婦（主夫）世帯を上回り、近年ではさらに増加傾向にある。多くの大都市で保育所待機児童の問題が深刻化している。一方で、幼稚園では定員割れなど充足率が低下する傾向にある。幼稚園の保育はおおむね4時間程度と規定されているが、実際、私立幼稚園の大多数、公立幼稚園の一部では4時間を超えて、預かり保育を実施する園が増えている。法的には、3歳の誕生日から幼稚園に通うことができるので「満3歳児保育」も広がっており、幼稚園教育が4年間となっている私立幼稚園もある。加えて、3歳未満児を対象とした未就園児クラスを設けている園も増えている。新制度では、親の就労により「幼稚園」と「保育所」に分断されていた子どもが、保護者の就労形態にかかわらず、地域の「こども園」に多様な形で就園できるようになった。幼稚園の定員割れの問題や、保育所の待機児童の問題の改善が図られることが期待される。また、保護者の就労と家事・育児の支援が進められることとなる。

（2）保育施設と保育者配置の整備について

保育施設の整備が進められているが、待機児童問題は大きく深刻で、潜在的（せんざいてき）待機児童も大変多いため、解消に至らない実態がある。新制度では地域型保育給付の対象事業として、小規模保育事業、家庭的保育事業、居宅訪問型保育事業、事業所内保育事業が進められることとなり、よりきめ細かな保育の提供が可能となった。その規定が整備され、配置の基準、従事者の研修規定等が定められることにより、質の維持向上が図られている。

さらに、保育士不足が深刻である。現在保育士資格を有しながらも、保育士として働いていないいわゆる潜在保育士は、76万人ほどいるといわれている。保育とい

う仕事にあこがれをもち、実際に勉強して国家資格である保育士資格を有する人が（そのなかには保育の仕事に携わったことがある人もいるであろうが）多数いるにもかかわらず、現在保育士が不足している。保育士の仕事には子どものいのちをあずかり安全を保障するという責任の重さがあり、乳幼児期の独自性をふまえ、発達に適した教育を行うといった専門的知識や技術を必要とする大切な仕事である。

　2015（平成27）年4月から施行された新制度においては、待遇については、民間の保育者の給与が3％程度ほど改善されている。しかし、10年以上の継続勤務を想定しておらず、そこへの待遇改善をめざす制度となっていない。そのため、特に民間保育者の長期の雇用が困難となっている現状がある。

　全国保育士会では以前から「キャリアパス」を作成してきた。全日本私立幼稚園連合会では、オリジナルの研修俯瞰図を作成したポイント制の研修も進められている。保育専門職としての必要な知識や技術といった要件とは何なのか、保育実践を重ね省察しながら経験を積み重ねることにより専門性がいかに向上していくかを可視化する努力が進められている。

　これらをふまえて、2017（平成29）年4月に、保育現場におけるリーダー的職員等に対する研修内容や研修の実施方法等に関する「保育士等キャリアアップ研修ガイドライン」が示された。さらなる発展をめざした提案として、2017（平成29）年6月には、全国保育士会より『「保育士・保育教諭が誇りとやりがいを持って働き続けられる、新たなキャリアアップの道筋について」保育士等のキャリアアップ検討特別委員会報告書』があらわされた。今後、保育者の処遇改善、つまり、かかわる対策がさらに整備されていくことが期待される。

（3）経済的支援について

　社会経済的な状況により、子どもの教育格差が拡大している。3歳の時点で後の学びの基礎ともなるといわれる語彙数の差がすでに1対2と広がっていること、8歳までに取り返しがつかないと危惧されるほどの格差がつくとの指摘もある。

　日本の子どもの経済的格差は大変深刻な問題である。「子どもの貧困率」とは、平均的な所得の半分を下回る世帯で暮らす18歳未満の子どもの割合を示す。この率が、日本では2015（平成27）年に13.9％となり、7人に1人の子どもが貧困にある。さらに深刻なのは、一人親家庭の子どもの貧困率が50％を超えていることである。子どもの貧困は教育格差につながる。実際に日本の全国学力テストでも、経済格差がスコアの差となっている。新制度では、子ども・子育てにかかわる公的資金の投資の拡大が図られ、今後の保育の無償化や義務教育化が議論されている。

Step3

1. 地域でともに子どもを育てる
――子育ての私事性と公共性の融合をめざして

「子ども・子育てビジョン」(2010 (平成22) 年) は、家庭が中心的に担ってきた子育てを、社会全体で支えていくシステムに転換しようとするものである。各法で子育ての第一義的責任は保護者にあることが明示されているが、その支援の責任は、社会全体にある。子どもこそを主人公 (チルドレン・ファースト) に、「少子化対策」から「子ども・子育て支援」へと転換が図られつつある。「子育ては私事的なものか、あるいは、公的なものか」といった二項対立的な議論ではなく、子育ての私事性と公共性の融合が新しい制度ではめざされている。

待機児童問題は早急に改善すべきではあるが、一方で施設の整備が子どもの家庭教育の機能を軽減するものとなってはならない。家庭教育の重要性を社会に広く伝えること、実際の家庭教育の充実につながる支援を行うことも、保育者の大切な役割である。保育施設と家庭との連携や保育専門職と保護者との連携が、子どもの育ちに多大な効果をもたらすことが各種研究で明らかになっている。子ども・子育て支援が、保護者の子どもへの関心や、子どもとかかわる時間、子どもを育てる責任を軽減するものとなってはいけない。子ども・子育て支援新制度では専業主婦 (主夫) 家庭での家庭教育の充実も考慮され、その質の向上につながる支援の拡充がめざされている。

2. すべての子どもの教育・保育保障―― 一元化をめざして

子どもの貧困と教育格差問題を考えた場合、すべての子どもの教育・保育の保障が必要であり、また社会の豊かさにつながることは自明であろう。保育所、幼稚園、認定こども園が、それぞれ「保育所保育指針」「幼稚園教育要領」「幼保連携型認定こども園教育・保育要領」に基づいて保育を行っている。その教育内容については、整合性が図られており一元化している。しかし、その管轄はなお分断している。近所の同い年の子どもが、子ども本人の希望と関係なく、保護者の就労形態によって異なる種類の施設で集団教育を受けざるをえないという実態は、世界各国では稀な事例となってきた。子どもの権利保障の観点から改善すべきであろう。

また、集団教育の保障という観点から、その無償化や義務教育化も昨今、政府当局によって検討されつつある。近年の脳科学の研究、社会経済学的研究から、保育はすべての子どもに提供されるべき重要なものとの認識が広まっている。つまり、

保育の提供体制の整備は、社会保障の基盤をつくることと位置づけられつつある。

　日本全国を見渡すと、小学校就学前に、集団教育の経験がまったくない子どもが1万人ほどいるといわれている。その子どもたちの人とかかわる力の育ちや、友だちと一緒に体験的に学ぶ経験の希薄さが心配される。地域や園によっては、1年や2年しか集団保育を提供していないところもある。幼稚園教育要領はそもそも、3年間を想定してつくられているものである。保育の先進国といわれる北欧各国やフランスなどでは、8割以上の2歳児が集団保育施設に通っている。

　集団教育の醍醐味は個性や家庭の独自性によらず、多様な感性、多様な特質、多様な能力をもつ子どもとふれあい、感化されることにある。虫嫌いな子どもが虫好きの子どもとともに育ち学ぶこと、室内遊びが好きな子どもが運動の得意な子どもにあこがれること、自分では気づきもしないことを発見し、感動する子どもの感性に出会うこと、一緒に努力し達成する楽しさを知ることなど、集団保育では家庭教育とは異なる教育がある。特別な支援の必要な子どもとともに育つことは、その理解やともに育つ力の育成において、障害の有無にかかわらず両者に必要な教育経験である。集団教育はすべての子どもに保障されるべきことである。

　保育者についても、現在、国家資格である保育士、免許である幼稚園教諭、そして両方の免許・資格をもち認定こども園で働く専門職の呼称である保育教諭に分断されている。一方で幼稚園教諭には、初任者研修と10年経験者研修が法律で義務化されており、記録や教材研究、環境設定の時間が就労時間に含まれている。保育士については、実際にはそれらを行っているにもかかわらず、それが個々人の責任において努力してなすこととして規定されており、行政等の責任が明示されていない。新制度では、保育者の研修支援が含まれている。研修時間の保障につながる義務化や、養成の一元化や資格の融合が今後、図られていくことが期待される。

　保育者によってなされるのはいずれにおいてもが、子どもの主体性を尊重し、環境を通じた、遊びと生活においてなされる教育である。これは就学後の教育方法とは大きく異なる。2015（平成27）年1月、行政より日本のすべての保育施設と小学校に「スタート・カリキュラム・スタートブック」が配布された。保育の重要性とその独自性への理解をひろめ、小学校教育へのなだらかな接続の具体的な方法の検討が、カリキュラム策定とともに今後各地で進められていくこととなっている。

参考文献
- 阿部彩『子どもの貧困——日本の不公平を考える』岩波書店，2008.
- 浜野隆「家庭背景と子どもの学力等の関係（案）」（文部科学省全国学力・学習状況調査補完研究）2009.

COLUMN　保育士のキャリアアップと研修

　保育の仕事は、処置的な仕事ではなく、子どもの心身の発達を育む、未来につながる仕事である。一人として同じ子どもはいないので、そのつど自分で子どもの状態を洞察し、適切に判断し、はたらきかけるなど、考える力が問われる仕事でもある。

　実践で判断したり、応用したりする力を維持するためには、保育士は研修し続ける必要がある。2017（平成29）年に厚生労働省は、「保育士等キャリアアップ研修ガイドライン」（2017（平成29）年4月1日、雇児保発0401第1号）を定めた。ここでは、以下の研修が提示されている。

ア　専門分野別研修
　①乳児保育　②幼児教育　③障害児保育　④食育・アレルギー対応　⑤保健衛生・安全対策　⑥保護者支援・子育て支援
イ　マネジメント研修
ウ　保育実践研修

　また、同年6月には、全国保育士会の「保育士等のキャリアアップ検討特別委員会」の報告書『保育士・保育教諭が誇りとやりがいを持って働き続けられる、新たなキャリアアップの道筋について』が著された。

　そもそも研修とは、保育の質の維持・向上を図るうえで不可欠なものであり、保育者自身が必要と感じ、子どものために培いたい力量形成を自覚し行うものである。今日の保育士不足のなか、その時間の確保等に困難も指摘されるが、保育の質の維持・向上には、研修時間が業務としてしっかりと確保されることが不可欠であり、そのシステム化が望まれる。

（北野幸子）

参考資料

参考資料 保育所保育指針

（平成29年3月31日 厚生労働省告示第117号）

児童福祉施設の設備及び運営に関する基準（昭和23年厚生省令第63号）第35条の規定に基づき、保育所保育指針（平成20年厚生労働省告示第141号）の全部を次のように改正し、平成30年4月1日から適用する。

目次
- 第1章　総則　……………………… 188
- 第2章　保育の内容　……………… 193
- 第3章　健康及び安全　…………… 205
- 第4章　子育て支援　……………… 206
- 第5章　職員の資質向上　………… 207

第1章　総則

この指針は、児童福祉施設の設備及び運営に関する基準（昭和23年厚生省令第63号。以下「設備運営基準」という。）第35条の規定に基づき、保育所における保育の内容に関する事項及びこれに関連する運営に関する事項を定めるものである。各保育所は、この指針において規定される保育の内容に係る基本原則に関する事項等を踏まえ、各保育所の実情に応じて創意工夫を図り、保育所の機能及び質の向上に努めなければならない。

1　保育所保育に関する基本原則
　(1)　保育所の役割
　　ア　保育所は、児童福祉法（昭和22年法律第164号）第39条の規定に基づき、保育を必要とする子どもの保育を行い、その健全な心身の発達を図ることを目的とする児童福祉施設であり、入所する子どもの最善の利益を考慮し、その福祉を積極的に増進することに最もふさわしい生活の場でなければならない。
　　イ　保育所は、その目的を達成するために、保育に関する専門性を有する職員が、家庭との緊密な連携の下に、子どもの状況や発達過程を踏まえ、保育所における環境を通して、養護及び教育を一体的に行うことを特性としている。
　　ウ　保育所は、入所する子どもを保育するとともに、家庭や地域の様々な社会資源との連携を図りながら、入所する子どもの保護者に対する支援及び地域の子育て家庭に対する支援等を行う役割を担うものである。
　　エ　保育所における保育士は、児童福祉法第18条の4の規定を踏まえ、保育所の役割及び機能が適切に発揮されるように、倫理観に裏付けられた専門的知識、技術及び判断をもって、子どもを保育するとともに、子どもの保護者に対する保育に関する指導を行うものであり、その職責を遂行するための専門性の向上に絶えず努めなければならない。
　(2)　保育の目標
　　ア　保育所は、子どもが生涯にわたる人間形成にとって極めて重要な時期に、その生活時間の大半を過ごす場である。このため、保育所の保育は、子どもが現在を最も良く生き、望ましい未来をつくり出す力の基礎を培うために、次の目標を目指して行わなければならない。
　　　(ｱ)　十分に養護の行き届いた環境の下に、くつろいだ雰囲気の中で子どもの様々な欲求を満たし、生命の保持及び情緒の安定を図ること。
　　　(ｲ)　健康、安全など生活に必要な基本的な習慣や態度を養い、心身の健康の基礎を培うこと。
　　　(ｳ)　人との関わりの中で、人に対する愛情と信頼感、そして人権を大切にする心を育てるとともに、自主、自立及び協調の態度を養い、道徳性の芽生えを培うこと。
　　　(ｴ)　生命、自然及び社会の事象についての興味や関心を育て、それらに対する豊かな心情や思考力の芽生えを培うこと。
　　　(ｵ)　生活の中で、言葉への興味や関心を育て、話したり、聞いたり、相手の話を理解しようとするなど、言葉の豊かさを養うこと。
　　　(ｶ)　様々な体験を通して、豊かな感性や表現力を育み、創造性の芽生えを培うこと。
　　イ　保育所は、入所する子どもの保護者に対し、その意向を受け止め、子どもと保護者の安定した関係に配慮し、保育所の

特性や保育士等の専門性を生かして、その援助に当たらなければならない。
(3) 保育の方法
保育の目標を達成するために、保育士等は、次の事項に留意して保育しなければならない。
ア 一人一人の子どもの状況や家庭及び地域社会での生活の実態を把握するとともに、子どもが安心感と信頼感をもって活動できるよう、子どもの主体としての思いや願いを受け止めること。
イ 子どもの生活のリズムを大切にし、健康、安全で情緒の安定した生活ができる環境や、自己を十分に発揮できる環境を整えること。
ウ 子どもの発達について理解し、一人一人の発達過程に応じて保育すること。その際、子どもの個人差に十分配慮すること。
エ 子ども相互の関係づくりや互いに尊重する心を大切にし、集団における活動を効果あるものにするよう援助すること。
オ 子どもが自発的・意欲的に関われるような環境を構成し、子どもの主体的な活動や子ども相互の関わりを大切にすること。特に、乳幼児期にふさわしい体験が得られるように、生活や遊びを通して総合的に保育すること。
カ 一人一人の保護者の状況やその意向を理解、受容し、それぞれの親子関係や家庭生活等に配慮しながら、様々な機会をとらえ、適切に援助すること。
(4) 保育の環境
保育の環境には、保育士等や子どもなどの人的環境、施設や遊具などの物的環境、更には自然や社会の事象などがある。保育所は、こうした人、物、場などの環境が相互に関連し合い、子どもの生活が豊かなものとなるよう、次の事項に留意しつつ、計画的に環境を構成し、工夫して保育しなければならない。
ア 子ども自らが環境に関わり、自発的に活動し、様々な経験を積んでいくことができるよう配慮すること。
イ 子どもの活動が豊かに展開されるよう、保育所の設備や環境を整え、保育所の保健的環境や安全の確保などに努めること。
ウ 保育室は、温かな親しみとくつろぎの場となるとともに、生き生きと活動できる場となるように配慮すること。
エ 子どもが人と関わる力を育てていくため、子ども自らが周囲の子どもや大人と関わっていくことができる環境を整えること。
(5) 保育所の社会的責任
ア 保育所は、子どもの人権に十分配慮するとともに、子ども一人一人の人格を尊重して保育を行わなければならない。
イ 保育所は、地域社会との交流や連携を図り、保護者や地域社会に、当該保育所が行う保育の内容を適切に説明するよう努めなければならない。
ウ 保育所は、入所する子ども等の個人情報を適切に取り扱うとともに、保護者の苦情などに対し、その解決を図るよう努めなければならない。
2 養護に関する基本的事項
(1) 養護の理念
保育における養護とは、子どもの生命の保持及び情緒の安定を図るために保育士等が行う援助や関わりであり、保育所における保育は、養護及び教育を一体的に行うことをその特性とするものである。保育所における保育全体を通じて、養護に関するねらい及び内容を踏まえた保育が展開されなければならない。
(2) 養護に関わるねらい及び内容
ア 生命の保持
(ア) ねらい
① 一人一人の子どもが、快適に生活できるようにする。
② 一人一人の子どもが、健康で安全に過ごせるようにする。
③ 一人一人の子どもの生理的欲求が、十分に満たされるようにする。
④ 一人一人の子どもの健康増進が、積極的に図られるようにする。
(イ) 内容
① 一人一人の子どもの平常の健康状態や発育及び発達状態を的確に把握し、異常を感じる場合は、速やかに

適切に対応する。
② 家庭との連携を密にし、嘱託医等との連携を図りながら、子どもの疾病や事故防止に関する認識を深め、保健的で安全な保育環境の維持及び向上に努める。
③ 清潔で安全な環境を整え、適切な援助や応答的な関わりを通して子どもの生理的欲求を満たしていく。また、家庭と協力しながら、子どもの発達過程等に応じた適切な生活のリズムがつくられていくようにする。
④ 子どもの発達過程等に応じて、適度な運動と休息を取ることができるようにする。また、食事、排泄、衣類の着脱、身の回りを清潔にすることなどについて、子どもが意欲的に生活できるよう適切に援助する。

イ 情緒の安定
(ア) ねらい
① 一人一人の子どもが、安定感をもって過ごせるようにする。
② 一人一人の子どもが、自分の気持ちを安心して表すことができるようにする。
③ 一人一人の子どもが、周囲から主体として受け止められ、主体として育ち、自分を肯定する気持ちが育まれていくようにする。
④ 一人一人の子どもがくつろいで共に過ごし、心身の疲れが癒されるようにする。

(イ) 内容
① 一人一人の子どもの置かれている状態や発達過程などを的確に把握し、子どもの欲求を適切に満たしながら、応答的な触れ合いや言葉がけを行う。
② 一人一人の子どもの気持ちを受容し、共感しながら、子どもとの継続的な信頼関係を築いていく。
③ 保育士等との信頼関係を基盤に、一人一人の子どもが主体的に活動し、自発性や探索意欲などを高めるとともに、自分への自信をもつことができるよう成長の過程を見守り、

適切に働きかける。
④ 一人一人の子どもの生活のリズム、発達過程、保育時間などに応じて、活動内容のバランスや調和を図りながら、適切な食事や休息が取れるようにする。

3 保育の計画及び評価
(1) 全体的な計画の作成
ア 保育所は、1の(2)に示した保育の目標を達成するために、各保育所の保育の方針や目標に基づき、子どもの発達過程を踏まえて、保育の内容が組織的・計画的に構成され、保育所の生活の全体を通して、総合的に展開されるよう、全体的な計画を作成しなければならない。
イ 全体的な計画は、子どもや家庭の状況、地域の実態、保育時間などを考慮し、子どもの育ちに関する長期的見通しをもって適切に作成されなければならない。
ウ 全体的な計画は、保育所保育の全体像を包括的に示すものとし、これに基づく指導計画、保健計画、食育計画等を通じて、各保育所が創意工夫して保育できるよう、作成されなければならない。

(2) 指導計画の作成
ア 保育所は、全体的な計画に基づき、具体的な保育が適切に展開されるよう、子どもの生活や発達を見通した長期的な指導計画と、それに関連しながら、より具体的な子どもの日々の生活に即した短期的な指導計画を作成しなければならない。
イ 指導計画の作成に当たっては、第2章及びその他の関連する章に示された事項のほか、子ども一人一人の発達過程や状況を十分に踏まえるとともに、次の事項に留意しなければならない。
(ア) 3歳未満児については、一人一人の子どもの生育歴、心身の発達、活動の実態等に即して、個別的な計画を作成すること。
(イ) 3歳以上児については、個の成長と、子ども相互の関係や協同的な活動が促されるよう配慮すること。
(ウ) 異年齢で構成される組やグループで

の保育においては、一人一人の子どもの生活や経験、発達過程などを把握し、適切な援助や環境構成ができるよう配慮すること。
　ウ　指導計画においては、保育所の生活における子どもの発達過程を見通し、生活の連続性、季節の変化などを考慮し、子どもの実態に即した具体的なねらい及び内容を設定すること。また、具体的なねらいが達成されるよう、子どもの生活する姿や発想を大切にして適切な環境を構成し、子どもが主体的に活動できるようにすること。
　エ　一日の生活のリズムや在園時間が異なる子どもが共に過ごすことを踏まえ、活動と休息、緊張感と解放感等の調和を図るよう配慮すること。
　オ　午睡は生活のリズムを構成する重要な要素であり、安心して眠ることのできる安全な睡眠環境を確保するとともに、在園時間が異なることや、睡眠時間は子どもの発達の状況や個人によって差があることから、一律とならないよう配慮すること。
　カ　長時間にわたる保育については、子どもの発達過程、生活のリズム及び心身の状態に十分配慮して、保育の内容や方法、職員の協力体制、家庭との連携などを指導計画に位置付けること。
　キ　障害のある子どもの保育については、一人一人の子どもの発達過程や障害の状態を把握し、適切な環境の下で、障害のある子どもが他の子どもとの生活を通して共に成長できるよう、指導計画の中に位置付けること。また、子どもの状況に応じた保育を実施する観点から、家庭や関係機関と連携した支援のための計画を個別に作成するなど適切な対応を図ること。
(3)　指導計画の展開
　　指導計画に基づく保育の実施に当たっては、次の事項に留意しなければならない。
　ア　施設長、保育士など、全職員による適切な役割分担と協力体制を整えること。
　イ　子どもが行う具体的な活動は、生活の中で様々に変化することに留意して、子どもが望ましい方向に向かって自ら活動を展開できるよう必要な援助を行うこと。
　ウ　子どもの主体的な活動を促すためには、保育士等が多様な関わりをもつことが重要であることを踏まえ、子どもの情緒の安定や発達に必要な豊かな体験が得られるよう援助すること。
　エ　保育士等は、子どもの実態や子どもを取り巻く状況の変化などに即して保育の過程を記録するとともに、これらを踏まえ、指導計画に基づく保育の内容の見直しを行い、改善を図ること。
(4)　保育内容等の評価
　ア　保育士等の自己評価
　　(ア)　保育士等は、保育の計画や保育の記録を通して、自らの保育実践を振り返り、自己評価することを通して、その専門性の向上や保育実践の改善に努めなければならない。
　　(イ)　保育士等による自己評価に当たっては、子どもの活動内容やその結果だけでなく、子どもの心の育ちや意欲、取り組む過程などにも十分配慮するよう留意すること。
　　(ウ)　保育士等は、自己評価における自らの保育実践の振り返りや職員相互の話し合い等を通じて、専門性の向上及び保育の質の向上のための課題を明確にするとともに、保育所全体の保育の内容に関する認識を深めること。
　イ　保育所の自己評価
　　(ア)　保育所は、保育の質の向上を図るため、保育の計画の展開や保育士等の自己評価を踏まえ、当該保育所の保育の内容等について、自ら評価を行い、その結果を公表するよう努めなければならない。
　　(イ)　保育所が自己評価を行うに当たっては、地域の実情や保育所の実態に即して、適切に評価の観点や項目等を設定し、全職員による共通理解をもって取り組むよう留意すること。
　　(ウ)　設備運営基準第36条の趣旨を踏まえ、保育の内容等の評価に関し、保護者及び地域住民等の意見を聴くことが

　　　　望ましいこと。
　(5) 評価を踏まえた計画の改善
　　ア　保育所は、評価の結果を踏まえ、当該保育所の保育の内容等の改善を図ること。
　　イ　保育の計画に基づく保育、保育の内容の評価及びこれに基づく改善という一連の取組により、保育の質の向上が図られるよう、全職員が共通理解をもって取り組むことに留意すること。
4　幼児教育を行う施設として共有すべき事項
　(1) 育みたい資質・能力
　　ア　保育所においては、生涯にわたる生きる力の基礎を培うため、1の(2)に示す保育の目標を踏まえ、次に掲げる資質・能力を一体的に育むよう努めるものとする。
　　　(ｱ)　豊かな体験を通じて、感じたり、気付いたり、分かったり、できるようになったりする「知識及び技能の基礎」
　　　(ｲ)　気付いたことや、できるようになったことなどを使い、考えたり、試したり、工夫したり、表現したりする「思考力、判断力、表現力等の基礎」
　　　(ｳ)　心情、意欲、態度が育つ中で、よりよい生活を営もうとする「学びに向かう力、人間性等」
　　イ　アに示す資質・能力は、第2章に示すねらい及び内容に基づく保育活動全体によって育むものである。
　(2) 幼児期の終わりまでに育ってほしい姿
　　　次に示す「幼児期の終わりまでに育ってほしい姿」は、第2章に示すねらい及び内容に基づく保育活動全体を通して資質・能力が育まれている子どもの小学校就学時の具体的な姿であり、保育士等が指導を行う際に考慮するものである。
　　ア　健康な心と体
　　　　保育所の生活の中で、充実感をもって自分のやりたいことに向かって心と体を十分に働かせ、見通しをもって行動し、自ら健康で安全な生活をつくり出すようになる。
　　イ　自立心
　　　　身近な環境に主体的に関わり様々な活動を楽しむ中で、しなければならないことを自覚し、自分の力で行うために考えたり、工夫したりしながら、諦めずにやり遂げることで達成感を味わい、自信をもって行動するようになる。
　　ウ　協同性
　　　　友達と関わる中で、互いの思いや考えなどを共有し、共通の目的の実現に向けて、考えたり、工夫したり、協力したりし、充実感をもってやり遂げるようになる。
　　エ　道徳性・規範意識の芽生え
　　　　友達と様々な体験を重ねる中で、してよいことや悪いことが分かり、自分の行動を振り返ったり、友達の気持ちに共感したりし、相手の立場に立って行動するようになる。また、きまりを守る必要性が分かり、自分の気持ちを調整し、友達と折り合いを付けながら、きまりをつくったり、守ったりするようになる。
　　オ　社会生活との関わり
　　　　家族を大切にしようとする気持ちをもつとともに、地域の身近な人と触れ合う中で、人との様々な関わり方に気付き、相手の気持ちを考えて関わり、自分が役に立つ喜びを感じ、地域に親しみをもつようになる。また、保育所内外の様々な環境に関わる中で、遊びや生活に必要な情報を取り入れ、情報に基づき判断したり、情報を伝え合ったり、活用したりするなど、情報を役立てながら活動するようになるとともに、公共の施設を大切に利用するなどして、社会とのつながりなどを意識するようになる。
　　カ　思考力の芽生え
　　　　身近な事象に積極的に関わる中で、物の性質や仕組みなどを感じ取ったり、気付いたりし、考えたり、予想したり、工夫したりするなど、多様な関わりを楽しむようになる。また、友達の様々な考えに触れる中で、自分と異なる考えがあることに気付き、自ら判断したり、考え直したりするなど、新しい考えを生み出す喜びを味わいながら、自分の考えをよりよいものにするようになる。
　　キ　自然との関わり・生命尊重
　　　　自然に触れて感動する体験を通して、

自然の変化などを感じ取り、好奇心や探究心をもって考え言葉などで表現しながら、身近な事象への関心が高まるとともに、自然への愛情や畏敬の念をもつようになる。また、身近な動植物に心を動かされる中で、生命の不思議さや尊さに気付き、身近な動植物への接し方を考え、命あるものとしていたわり、大切にする気持ちをもって関わるようになる。

ク 数量や図形、標識や文字などへの関心・感覚
　遊びや生活の中で、数量や図形、標識や文字などに親しむ体験を重ねたり、標識や文字の役割に気付いたりし、自らの必要感に基づきこれらを活用し、興味や関心、感覚をもつようになる。

ケ 言葉による伝え合い
　保育士等や友達と心を通わせる中で、絵本や物語などに親しみながら、豊かな言葉や表現を身に付け、経験したことや考えたことなどを言葉で伝えたり、相手の話を注意して聞いたりし、言葉による伝え合いを楽しむようになる。

コ 豊かな感性と表現
　心を動かす出来事などに触れ感性を働かせる中で、様々な素材の特徴や表現の仕方などに気付き、感じたことや考えたことを自分で表現したり、友達同士で表現する過程を楽しんだりし、表現する喜びを味わい、意欲をもつようになる。

第2章　保育の内容

　この章に示す「ねらい」は、第1章の1の(2)に示された保育の目標をより具体化したものであり、子どもか保育所において、安定した生活を送り、充実した活動ができるように、保育を通じて育みたい資質・能力を、子どもの生活する姿から捉えたものである。また、「内容」は、「ねらい」を達成するために、子どもの生活やその状況に応じて保育士等が適切に行う事項と、保育士等が援助して子どもが環境に関わって経験する事項を示したものである。
　保育における「養護」とは、子どもの生命の保持及び情緒の安定を図るために保育士等が行う援助や関わりであり、「教育」とは、子どもが健やかに成長し、その活動がより豊かに展開されるための発達の援助である。本章では、保育士等が、「ねらい」及び「内容」を具体的に把握するため、主に教育に関わる側面からの視点を示しているが、実際の保育においては、養護と教育が一体となって展開されることに留意する必要がある。

1　乳児保育に関わるねらい及び内容
(1) 基本的事項
ア　乳児期の発達については、視覚、聴覚などの感覚や、座る、はう、歩くなどの運動機能が著しく発達し、特定の大人との応答的な関わりを通じて、情緒的な絆（きずな）が形成されるといった特徴がある。これらの発達の特徴を踏まえて、乳児保育は、愛情豊かに、応答的に行われることが特に必要である。
イ　本項においては、この時期の発達の特徴を踏まえ、乳児保育の「ねらい」及び「内容」については、身体的発達に関する視点「健やかに伸び伸びと育つ」、社会的発達に関する視点「身近な人と気持ちが通じ合う」及び精神的発達に関する視点「身近なものと関わり感性が育つ」としてまとめ、示している。
ウ　本項の各視点において示す保育の内容は、第1章の2に示された養護における「生命の保持」及び「情緒の安定」に関わる保育の内容と、一体となって展開されるものであることに留意が必要である。

(2) ねらい及び内容
ア　健やかに伸び伸びと育つ
　健康な心と体を育て、自ら健康で安全な生活をつくり出す力の基盤を培う。
(ア) ねらい
① 身体感覚が育ち、快適な環境に心地よさを感じる。
② 伸び伸びと体を動かし、はう、歩くなどの運動をしようとする。
③ 食事、睡眠等の生活のリズムの感覚が芽生える。
(イ) 内容
① 保育士等の愛情豊かな受容の下で、生理的・心理的欲求を満たし、心地よく生活をする。
② 一人一人の発育に応じて、はう、立つ、歩くなど、十分に体を動か

す。
　　③　個人差に応じて授乳を行い、離乳を進めていく中で、様々な食品に少しずつ慣れ、食べることを楽しむ。
　　④　一人一人の生活のリズムに応じて、安全な環境の下で十分に午睡をする。
　　⑤　おむつ交換や衣服の着脱などを通じて、清潔になることの心地よさを感じる。
　(ウ)　内容の取扱い
　　上記の取扱いに当たっては、次の事項に留意する必要がある。
　　①　心と体の健康は、相互に密接な関連があるものであることを踏まえ、温かい触れ合いの中で、心と体の発達を促すこと。特に、寝返り、お座り、はいはい、つかまり立ち、伝い歩きなど、発育に応じて、遊びの中で体を動かす機会を十分に確保し、自ら体を動かそうとする意欲が育つようにすること。
　　②　健康な心と体を育てるためには望ましい食習慣の形成が重要であることを踏まえ、離乳食が完了期へと徐々に移行する中で、様々な食品に慣れるようにするとともに、和やかな雰囲気の中で食べる喜びや楽しさを味わい、進んで食べようとする気持ちが育つようにすること。なお、食物アレルギーのある子どもへの対応については、嘱託医等の指示や協力の下に適切に対応すること。
　イ　身近な人と気持ちが通じ合う
　　受容的・応答的な関わりの下で、何かを伝えようとする意欲や身近な大人との信頼関係を育て、人と関わる力の基盤を培う。
　　(ア)　ねらい
　　①　安心できる関係の下で、身近な人と共に過ごす喜びを感じる。
　　②　体の動きや表情、発声等により、保育士等と気持ちを通わせようとする。
　　③　身近な人と親しみ、関わりを深め、愛情や信頼感が芽生える。

　(イ)　内容
　　①　子どもからの働きかけを踏まえた、応答的な触れ合いや言葉がけによって、欲求が満たされ、安定感をもって過ごす。
　　②　体の動きや表情、発声、喃語等を優しく受け止めてもらい、保育士等とのやり取りを楽しむ。
　　③　生活や遊びの中で、自分の身近な人の存在に気付き、親しみの気持ちを表す。
　　④　保育士等による語りかけや歌いかけ、発声や喃語等への応答を通じて、言葉の理解や発語の意欲が育つ。
　　⑤　温かく、受容的な関わりを通じて、自分を肯定する気持ちが芽生える。
　(ウ)　内容の取扱い
　　上記の取扱いに当たっては、次の事項に留意する必要がある。
　　①　保育士等との信頼関係に支えられて生活を確立していくことが人と関わる基盤となることを考慮して、子どもの多様な感情を受け止め、温かく受容的・応答的に関わり、一人一人に応じた適切な援助を行うようにすること。
　　②　身近な人に親しみをもって接し、自分の感情などを表し、それに相手が応答する言葉を聞くことを通して、次第に言葉が獲得されていくことを考慮して、楽しい雰囲気の中での保育士等との関わり合いを大切にし、ゆっくりと優しく話しかけるなど、積極的に言葉のやり取りを楽しむことができるようにすること。
　ウ　身近なものと関わり感性が育つ
　　身近な環境に興味や好奇心をもって関わり、感じたことや考えたことを表現する力の基盤を培う。
　　(ア)　ねらい
　　①　身の回りのものに親しみ、様々なものに興味や関心をもつ。
　　②　見る、触れる、探索するなど、身近な環境に自分から関わろうとす

　　　　③　身体の諸感覚による認識が豊かになり、表情や手足、体の動き等で表現する。
　(イ)　内容
　　　　①　身近な生活用具、玩具や絵本などが用意された中で、身の回りのものに対する興味や好奇心をもつ。
　　　　②　生活や遊びの中で様々なものに触れ、音、形、色、手触りなどに気付き、感覚の働きを豊かにする。
　　　　③　保育士等と一緒に様々な色彩や形のものや絵本などを見る。
　　　　④　玩具や身の回りのものを、つまむ、つかむ、たたく、引っ張るなど、手や指を使って遊ぶ。
　　　　⑤　保育士等のあやし遊びに機嫌よく応じたり、歌やリズムに合わせて手足や体を動かして楽しんだりする。
　(ウ)　内容の取扱い
　　　上記の取扱いに当たっては、次の事項に留意する必要がある。
　　　　①　玩具などは、音質、形、色、大きさなど子どもの発達状態に応じて適切なものを選び、その時々の子どもの興味や関心を踏まえるなど、遊びを通して感覚の発達が促されるものとなるように工夫すること。なお、安全な環境の下で、子どもが探索意欲を満たして自由に遊べるよう、身の回りのものについては、常に十分な点検を行うこと。
　　　　②　乳児期においては、表情、発声、体の動きなどで、感情を表現することが多いことから、これらの表現しようとする意欲を積極的に受け止めて、子どもが様々な活動を楽しむことを通して表現が豊かになるようにすること。
　(3)　保育の実施に関わる配慮事項
　　ア　乳児は疾病への抵抗力が弱く、心身の機能の未熟さに伴う疾病の発生が多いことから、一人一人の発育及び発達状態や健康状態についての適切な判断に基づく保健的な対応を行うこと。
　　イ　一人一人の子どもの生育歴の違いに留意しつつ、欲求を適切に満たし、特定の保育士が応答的に関わるように努めること。
　　ウ　乳児保育に関わる職員間の連携や嘱託医との連携を図り、第3章に示す事項を踏まえ、適切に対応すること。栄養士及び看護師等が配置されている場合は、その専門性を生かした対応を図ること。
　　エ　保護者との信頼関係を築きながら保育を進めるとともに、保護者からの相談に応じ、保護者への支援に努めていくこと。
　　オ　担当の保育士が替わる場合には、子どものそれまでの生育歴や発達過程に留意し、職員間で協力して対応すること。
2　1歳以上3歳未満児の保育に関わるねらい及び内容
　(1)　基本的事項
　　ア　この時期においては、歩き始めから、歩く、走る、跳ぶなどへと、基本的な運動機能が次第に発達し、排泄の自立のための身体的機能も整うようになる。つまむ、めくるなどの指先の機能も発達し、食事、衣類の着脱なども、保育士等の援助の下で自分で行うようになる。発声も明瞭になり、語彙も増加し、自分の意思や欲求を言葉で表出できるようになる。このように自分でできることが増えてくる時期であることから、保育士等は、子どもの生活の安定を図りながら、自分でしようとする気持ちを尊重し、温かく見守るとともに、愛情豊かに、応答的に関わることが必要である。
　　イ　本項においては、この時期の発達の特徴を踏まえ、保育の「ねらい」及び「内容」について、心身の健康に関する領域「健康」、人との関わりに関する領域「人間関係」、身近な環境との関わりに関する領域「環境」、言葉の獲得に関する領域「言葉」及び感性と表現に関する領域「表現」としてまとめ、示している。
　　ウ　本項の各領域において示す保育の内容は、第1章の2に示された養護における「生命の保持」及び「情緒の安定」に関わる保育の内容と、一体となって展開されるものであることに留意が必要であ

る。
(2) ねらい及び内容
　ア　健康
　　健康な心と体を育て、自ら健康で安全な生活をつくり出す力を養う。
　　(ｱ)　ねらい
　　　①　明るく伸び伸びと生活し、自分から体を動かすことを楽しむ。
　　　②　自分の体を十分に動かし、様々な動きをしようとする。
　　　③　健康、安全な生活に必要な習慣に気付き、自分でしてみようとする気持ちが育つ。
　　(ｲ)　内容
　　　①　保育士等の愛情豊かな受容の下で、安定感をもって生活をする。
　　　②　食事や午睡、遊びと休息など、保育所における生活のリズムが形成される。
　　　③　走る、跳ぶ、登る、押す、引っ張るなど全身を使う遊びを楽しむ。
　　　④　様々な食品や調理形態に慣れ、ゆったりとした雰囲気の中で食事や間食を楽しむ。
　　　⑤　身の回りを清潔に保つ心地よさを感じ、その習慣が少しずつ身に付く。
　　　⑥　保育士等の助けを借りながら、衣類の着脱を自分でしようとする。
　　　⑦　便器での排泄に慣れ、自分で排泄ができるようになる。
　　(ｳ)　内容の取扱い
　　　　上記の取扱いに当たっては、次の事項に留意する必要がある。
　　　①　心と体の健康は、相互に密接な関連があるものであることを踏まえ、子どもの気持ちに配慮した温かい触れ合いの中で、心と体の発達を促すこと。特に、一人一人の発育に応じて、体を動かす機会を十分に確保し、自ら体を動かそうとする意欲が育つようにすること。
　　　②　健康な心と体を育てるためには望ましい食習慣の形成が重要であることを踏まえ、ゆったりとした雰囲気の中で食べる喜びや楽しさを味わい、進んで食べようとする気持ちが育つようにすること。なお、食物アレルギーのある子どもへの対応については、嘱託医等の指示や協力の下に適切に対応すること。
　　　③　排泄の習慣については、一人一人の排尿間隔等を踏まえ、おむつが汚れていないときに便器に座らせるなどにより、少しずつ慣れさせるようにすること。
　　　④　食事、排泄、睡眠、衣類の着脱、身の回りを清潔にすることなど、生活に必要な基本的な習慣については、一人一人の状態に応じ、落ち着いた雰囲気の中で行うようにし、子どもが自分でしようとする気持ちを尊重すること。また、基本的な生活習慣の形成に当たっては、家庭での生活経験に配慮し、家庭との適切な連携の下で行うようにすること。
　イ　人間関係
　　他の人々と親しみ、支え合って生活するために、自立心を育て、人と関わる力を養う。
　　(ｱ)　ねらい
　　　①　保育所での生活を楽しみ、身近な人と関わる心地よさを感じる。
　　　②　周囲の子ども等への興味や関心が高まり、関わりをもとうとする。
　　　③　保育所の生活の仕方に慣れ、きまりの大切さに気付く。
　　(ｲ)　内容
　　　①　保育士等や周囲の子ども等との安定した関係の中で、共に過ごす心地よさを感じる。
　　　②　保育士等の受容的・応答的な関わりの中で、欲求を適切に満たし、安定感をもって過ごす。
　　　③　身の回りに様々な人がいることに気付き、徐々に他の子どもと関わりをもって遊ぶ。
　　　④　保育士等の仲立ちにより、他の子どもとの関わり方を少しずつ身につける。
　　　⑤　保育所の生活の仕方に慣れ、きまりがあることや、その大切さに気付

く。
⑥ 生活や遊びの中で、年長児や保育士等の真似をしたり、ごっこ遊びを楽しんだりする。
(ウ) 内容の取扱い
上記の取扱いに当たっては、次の事項に留意する必要がある。
① 保育士等との信頼関係に支えられて生活を確立するとともに、自分で何かをしようとする気持ちが旺盛になる時期であることに鑑み、そのような子どもの気持ちを尊重し、温かく見守るとともに、愛情豊かに、応答的に関わり、適切な援助を行うようにすること。
② 思い通りにいかない場合等の子どもの不安定な感情の表出については、保育士等が受容的に受け止めるとともに、そうした気持ちから立ち直る経験や感情をコントロールすることへの気付き等につなげていけるように援助すること。
③ この時期は自己と他者との違いの認識がまだ十分ではないことから、子どもの自我の育ちを見守るとともに、保育士等が仲立ちとなって、自分の気持ちを相手に伝えることや相手の気持ちに気付くことの大切さなど、友達の気持ちや友達との関わり方を丁寧に伝えていくこと。

ウ 環境
周囲の様々な環境に好奇心や探究心をもって関わり、それらを生活に取り入れていこうとする力を養う。
(ア) ねらい
① 身近な環境に親しみ、触れ合う中で、様々なものに興味や関心をもつ。
② 様々なものに関わる中で、発見を楽しんだり、考えたりしようとする。
③ 見る、聞く、触るなどの経験を通して、感覚の働きを豊かにする。
(イ) 内容
① 安全で活動しやすい環境での探索活動等を通して、見る、聞く、触れる、嗅ぐ、味わうなどの感覚の働きを豊かにする。
② 玩具、絵本、遊具などに興味をもち、それらを使った遊びを楽しむ。
③ 身の回りの物に触れる中で、形、色、大きさ、量などの物の性質や仕組みに気付く。
④ 自分の物と人の物の区別や、場所的感覚など、環境を捉える感覚が育つ。
⑤ 身近な生き物に気付き、親しみをもつ。
⑥ 近隣の生活や季節の行事などに興味や関心をもつ。
(ウ) 内容の取扱い
上記の取扱いに当たっては、次の事項に留意する必要がある。
① 玩具などは、音質、形、色、大きさなど子どもの発達状態に応じて適切なものを選び、遊びを通して感覚の発達が促されるように工夫すること。
② 身近な生き物との関わりについては、子どもが命を感じ、生命の尊さに気付く経験へとつながるものであることから、そうした気付きを促すような関わりとなるようにすること。
③ 地域の生活や季節の行事などに触れる際には、社会とのつながりや地域社会の文化への気付きにつながるものとなることが望ましいこと。その際、保育所内外の行事や地域の人々との触れ合いなどを通して行うこと等も考慮すること。

エ 言葉
経験したことや考えたことなどを自分なりの言葉で表現し、相手の話す言葉を聞こうとする意欲や態度を育て、言葉に対する感覚や言葉で表現する力を養う。
(ア) ねらい
① 言葉遊びや言葉で表現する楽しさを感じる。
② 人の言葉や話などを聞き、自分でも思ったことを伝えようとする。
③ 絵本や物語等に親しむとともに、

言葉のやり取りを通じて身近な人と気持ちを通わせる。
(イ) 内容
① 保育士等の応答的な関わりや話しかけにより、自ら言葉を使おうとする。
② 生活に必要な簡単な言葉に気付き、聞き分ける。
③ 親しみをもって日常の挨拶に応じる。
④ 絵本や紙芝居を楽しみ、簡単な言葉を繰り返したり、模倣をしたりして遊ぶ。
⑤ 保育士等とごっこ遊びをする中で、言葉のやり取りを楽しむ。
⑥ 保育士等を仲立ちとして、生活や遊びの中で友達との言葉のやり取りを楽しむ。
⑦ 保育士等や友達の言葉や話に興味や関心をもって、聞いたり、話したりする。
(ウ) 内容の取扱い
上記の取扱いに当たっては、次の事項に留意する必要がある。
① 身近な人に親しみをもって接し、自分の感情などを伝え、それに相手が応答し、その言葉を聞くことを通して、次第に言葉が獲得されていくものであることを考慮して、楽しい雰囲気の中で保育士等との言葉のやり取りができるようにすること。
② 子どもが自分の思いを言葉で伝えるとともに、他の子どもの話などを聞くことを通して、次第に話を理解し、言葉による伝え合いができるようになるよう、気持ちや経験等の言語化を行うことを援助するなど、子ども同士の関わりの仲立ちを行うようにすること。
③ この時期は、片言から、二語文、ごっこ遊びでのやり取りができる程度へと、大きく言葉の習得が進む時期であることから、それぞれの子どもの発達の状況に応じて、遊びや関わりの工夫など、保育の内容を適切に展開することが必要であること。

オ 表現
感じたことや考えたことを自分なりに表現することを通して、豊かな感性や表現する力を養い、創造性を豊かにする。
(ア) ねらい
① 身体の諸感覚の経験を豊かにし、様々な感覚を味わう。
② 感じたことや考えたことなどを自分なりに表現しようとする。
③ 生活や遊びの様々な体験を通して、イメージや感性が豊かになる。
(イ) 内容
① 水、砂、土、紙、粘土など様々な素材に触れて楽しむ。
② 音楽、リズムやそれに合わせた体の動きを楽しむ。
③ 生活の中で様々な音、形、色、手触り、動き、味、香りなどに気付いたり、感じたりして楽しむ。
④ 歌を歌ったり、簡単な手遊びや全身を使う遊びを楽しんだりする。
⑤ 保育士等からの話や、生活や遊びの中での出来事を通して、イメージを豊かにする。
⑥ 生活や遊びの中で、興味のあることや経験したことなどを自分なりに表現する。
(ウ) 内容の取扱い
上記の取扱いに当たっては、次の事項に留意する必要がある。
① 子どもの表現は、遊びや生活の様々な場面で表出されているものであることから、それらを積極的に受け止め、様々な表現の仕方や感性を豊かにする経験となるようにすること。
② 子どもが試行錯誤しながら様々な表現を楽しむことや、自分の力でやり遂げる充実感などに気付くよう、温かく見守るとともに、適切に援助を行うようにすること。
③ 様々な感情の表現等を通じて、子どもが自分の感情や気持ちに気付くようになる時期であることに鑑み、受容的な関わりの中で自信をもって表現をすることや、諦めずに続けた

後の達成感等を感じられるような経験が蓄積されるようにすること。
④ 身近な自然や身の回りの事物に関わる中で、発見や心が動く経験が得られるよう、諸感覚を働かせることを楽しむ遊びや素材を用意するなど保育の環境を整えること。
(3) 保育の実施に関わる配慮事項
ア 特に感染症にかかりやすい時期であるので、体の状態、機嫌、食欲などの日常の状態の観察を十分に行うとともに、適切な判断に基づく保健的な対応を心がけること。
イ 探索活動が十分できるように、事故防止に努めながら活動しやすい環境を整え、全身を使う遊びなど様々な遊びを取り入れること。
ウ 自我が形成され、子どもが自分の感情や気持ちに気付くようになる重要な時期であることに鑑み、情緒の安定を図りながら、子どもの自発的な活動を尊重するとともに促していくこと。
エ 担当の保育士が替わる場合には、子どものそれまでの経験や発達過程に留意し、職員間で協力して対応すること。

3 3歳以上児の保育に関するねらい及び内容
(1) 基本的事項
ア この時期においては、運動機能の発達により、基本的な動作が一通りできるようになるとともに、基本的な生活習慣もほぼ自立できるようになる。理解する語彙数が急激に増加し、知的興味や関心も高まってくる。仲間と遊び、仲間の中の一人という自覚が生じ、集団的な遊びや協同的な活動も見られるようになる。これらの発達の特徴を踏まえて、この時期の保育においては、個の成長と集団としての活動の充実が図られるようにしなければならない。
イ 本項においては、この時期の発達の特徴を踏まえ、保育の「ねらい」及び「内容」について、心身の健康に関する領域「健康」、人との関わりに関する領域「人間関係」、身近な環境との関わりに関する領域「環境」、言葉の獲得に関する領域「言葉」及び感性と表現に関する領域「表現」としてまとめ、示している。
ウ 本項の各領域において示す保育の内容は、第1章の2に示された養護における「生命の保持」及び「情緒の安定」に関わる保育の内容と、一体となって展開されるものであることに留意が必要である。

(2) ねらい及び内容
ア 健康
健康な心と体を育て、自ら健康で安全な生活をつくり出す力を養う。
(ｱ) ねらい
① 明るく伸び伸びと行動し、充実感を味わう。
② 自分の体を十分に動かし、進んで運動しようとする。
③ 健康、安全な生活に必要な習慣や態度を身に付け、見通しをもって行動する。
(ｲ) 内容
① 保育士等や友達と触れ合い、安定感をもって行動する。
② いろいろな遊びの中で十分に体を動かす。
③ 進んで戸外で遊ぶ。
④ 様々な活動に親しみ、楽しんで取り組む。
⑤ 保育士等や友達と食べることを楽しみ、食べ物への興味や関心をもつ。
⑥ 健康な生活のリズムを身に付ける。
⑦ 身の回りを清潔にし、衣服の着脱、食事、排泄などの生活に必要な活動を自分でする。
⑧ 保育所における生活の仕方を知り、自分たちで生活の場を整えながら見通しをもって行動する。
⑨ 自分の健康に関心をもち、病気の予防などに必要な活動を進んで行う。
⑩ 危険な場所、危険な遊び方、災害時などの行動の仕方が分かり、安全に気を付けて行動する。
(ｳ) 内容の取扱い
上記の取扱いに当たっては、次の事

項に留意する必要がある。
① 心と体の健康は、相互に密接な関連があるものであることを踏まえ、子どもが保育士等や他の子どもとの温かい触れ合いの中で自己の存在感や充実感を味わうことなどを基盤として、しなやかな心と体の発達を促すこと。特に、十分に体を動かす気持ちよさを体験し、自ら体を動かそうとする意欲が育つようにすること。
② 様々な遊びの中で、子どもが興味や関心、能力に応じて全身を使って活動することにより、体を動かす楽しさを味わい、自分の体を大切にしようとする気持ちが育つようにすること。その際、多様な動きを経験する中で、体の動きを調整するようにすること。
③ 自然の中で伸び伸びと体を動かして遊ぶことにより、体の諸機能の発達が促されることに留意し、子どもの興味や関心が戸外にも向くようにすること。その際、子どもの動線に配慮した園庭や遊具の配置などを工夫すること。
④ 健康な心と体を育てるためには食育を通じた望ましい食習慣の形成が大切であることを踏まえ、子どもの食生活の実情に配慮し、和やかな雰囲気の中で保育士等や他の子どもと食べる喜びや楽しさを味わったり、様々な食べ物への興味や関心をもったりするなどし、食の大切さに気付き、進んで食べようとする気持ちが育つようにすること。
⑤ 基本的な生活習慣の形成に当たっては、家庭での生活経験に配慮し、子どもの自立心を育て、子どもが他の子どもと関わりながら主体的な活動を展開する中で、生活に必要な習慣を身に付け、次第に見通しをもって行動できるようにすること。
⑥ 安全に関する指導に当たっては、情緒の安定を図り、遊びを通して安全についての構えを身に付け、危険な場所や事物などが分かり、安全についての理解を深めるようにすること。また、交通安全の習慣を身に付けるようにするとともに、避難訓練などを通して、災害などの緊急時に適切な行動がとれるようにすること。

イ 人間関係
　他の人々と親しみ、支え合って生活するために、自立心を育て、人と関わる力を養う。
(ア) ねらい
① 保育所の生活を楽しみ、自分の力で行動することの充実感を味わう。
② 身近な人と親しみ、関わりを深め、工夫したり、協力したりして一緒に活動する楽しさを味わい、愛情や信頼感をもつ。
③ 社会生活における望ましい習慣や態度を身に付ける。
(イ) 内容
① 保育士等や友達と共に過ごすことの喜びを味わう。
② 自分で考え、自分で行動する。
③ 自分でできることは自分でする。
④ いろいろな遊びを楽しみながら物事をやり遂げようとする気持ちをもつ。
⑤ 友達と積極的に関わりながら喜びや悲しみを共感し合う。
⑥ 自分の思ったことを相手に伝え、相手の思っていることに気付く。
⑦ 友達のよさに気付き、一緒に活動する楽しさを味わう。
⑧ 友達と楽しく活動する中で、共通の目的を見いだし、工夫したり、協力したりなどする。
⑨ よいことや悪いことがあることに気付き、考えながら行動する。
⑩ 友達との関わりを深め、思いやりをもつ。
⑪ 友達と楽しく生活する中できまりの大切さに気付き、守ろうとする。
⑫ 共同の遊具や用具を大切にし、皆で使う。
⑬ 高齢者をはじめ地域の人々などの

自分の生活に関係の深いいろいろな人に親しみをもつ。
(ウ) 内容の取扱い
上記の取扱いに当たっては、次の事項に留意する必要がある。
① 保育士等との信頼関係に支えられて自分自身の生活を確立していくことが人と関わる基盤となることを考慮し、子どもが自ら周囲に働き掛けることにより多様な感情を体験し、試行錯誤しながら諦めずにやり遂げることの達成感や、前向きな見通しをもって自分の力で行うことの充実感を味わうことができるよう、子どもの行動を見守りながら適切な援助を行うようにすること。
② 一人一人を生かした集団を形成しながら人と関わる力を育てていくようにすること。その際、集団の生活の中で、子どもが自己を発揮し、保育士等や他の子どもに認められる体験をし、自分のよさや特徴に気付き、自信をもって行動できるようにすること。
③ 子どもが互いに関わりを深め、協同して遊ぶようになるため、自ら行動する力を育てるとともに、他の子どもと試行錯誤しながら活動を展開する楽しさや共通の目的が実現する喜びを味わうことができるようにすること。
④ 道徳性の芽生えを培うに当たっては、基本的な生活習慣の形成を図るとともに、子どもが他の子どもとの関わりの中で他人の存在に気付き、相手を尊重する気持ちをもって行動できるようにし、また、自然や身近な動植物に親しむことなどを通して豊かな心情が育つようにすること。特に、人に対する信頼感や思いやりの気持ちは、葛藤やつまずきをも体験し、それらを乗り越えることにより次第に芽生えてくることに配慮すること。
⑤ 集団の生活を通して、子どもが人との関わりを深め、規範意識の芽生えが培われることを考慮し、子どもが保育士等との信頼関係に支えられて自己を発揮する中で、互いに思いを主張し、折り合いを付ける体験をし、きまりの必要性などに気付き、自分の気持ちを調整する力が育つようにすること。
⑥ 高齢者をはじめ地域の人々などの自分の生活に関係の深いいろいろな人と触れ合い、自分の感情や意志を表現しながら共に楽しみ、共感し合う体験を通して、これらの人々などに親しみをもち、人と関わることの楽しさや人の役に立つ喜びを味わうことができるようにすること。また、生活を通して親や祖父母などの家族の愛情に気付き、家族を大切にしようとする気持ちが育つようにすること。

ウ 環境
周囲の様々な環境に好奇心や探究心をもって関わり、それらを生活に取り入れていこうとする力を養う。
(ア) ねらい
① 身近な環境に親しみ、自然と触れ合う中で様々な事象に興味や関心をもつ。
② 身近な環境に自分から関わり、発見を楽しんだり、考えたりし、それを生活に取り入れようとする。
③ 身近な事象を見たり、考えたり、扱ったりする中で、物の性質や数量、文字などに対する感覚を豊かにする。
(イ) 内容
① 自然に触れて生活し、その大きさ、美しさ、不思議さなどに気付く。
② 生活の中で、様々な物に触れ、その性質や仕組みに興味や関心をもつ。
③ 季節により自然や人間の生活に変化のあることに気付く。
④ 自然などの身近な事象に関心をもち、取り入れて遊ぶ。
⑤ 身近な動植物に親しみをもって接

し、生命の尊さに気付き、いたわったり、大切にしたりする。
⑥ 日常生活の中で、我が国や地域社会における様々な文化や伝統に親しむ。
⑦ 身近な物を大切にする。
⑧ 身近な物や遊具に興味をもって関わり、自分なりに比べたり、関連付けたりしながら考えたり、試したりして工夫して遊ぶ。
⑨ 日常生活の中で数量や図形などに関心をもつ。
⑩ 日常生活の中で簡単な標識や文字などに関心をもつ。
⑪ 生活に関係の深い情報や施設などに興味や関心をもつ。
⑫ 保育所内外の行事において国旗に親しむ。
(ウ) 内容の取扱い
上記の取扱いに当たっては、次の事項に留意する必要がある。
① 子どもが、遊びの中で周囲の環境と関わり、次第に周囲の世界に好奇心を抱き、その意味や操作の仕方に関心をもち、物事の法則性に気付き、自分なりに考えることができるようになる過程を大切にすること。また、他の子どもの考えなどに触れて新しい考えを生み出す喜びや楽しさを味わい、自分の考えをよりよいものにしようとする気持ちが育つようにすること。
② 幼児期において自然のもつ意味は大きく、自然の大きさ、美しさ、不思議さなどに直接触れる体験を通して、子どもの心が安らぎ、豊かな感情、好奇心、思考力、表現力の基礎が培われることを踏まえ、子どもが自然との関わりを深めることができるよう工夫すること。
③ 身近な事象や動植物に対する感動を伝え合い、共感し合うことなどを通して自分から関わろうとする意欲を育てるとともに、様々な関わり方を通してそれらに対する親しみや畏敬の念、生命を大切にする気持ち、公共心、探究心などが養われるようにすること。
④ 文化や伝統に親しむ際には、正月や節句など我が国の伝統的な行事、国歌、唱歌、わらべうたや我が国の伝統的な遊びに親しんだり、異なる文化に触れる活動に親しんだりすることを通じて、社会とのつながりの意識や国際理解の意識の芽生えなどが養われるようにすること。
⑤ 数量や文字などに関しては、日常生活の中で子ども自身の必要感に基づく体験を大切にし、数量や文字などに関する興味や関心、感覚が養われるようにすること。
エ 言葉
経験したことや考えたことなどを自分なりの言葉で表現し、相手の話す言葉を聞こうとする意欲や態度を育て、言葉に対する感覚や言葉で表現する力を養う。
(ア) ねらい
① 自分の気持ちを言葉で表現する楽しさを味わう。
② 人の言葉や話などをよく聞き、自分の経験したことや考えたことを話し、伝え合う喜びを味わう。
③ 日常生活に必要な言葉が分かるようになるとともに、絵本や物語などに親しみ、言葉に対する感覚を豊かにし、保育士等や友達と心を通わせる。
(イ) 内容
① 保育士等や友達の言葉や話に興味や関心をもち、親しみをもって聞いたり、話したりする。
② したり、見たり、聞いたり、感じたり、考えたりなどしたことを自分なりに言葉で表現する。
③ したいこと、してほしいことを言葉で表現したり、分からないことを尋ねたりする。
④ 人の話を注意して聞き、相手に分かるように話す。
⑤ 生活の中で必要な言葉が分かり、使う。
⑥ 親しみをもって日常の挨拶をす

る。
- ⑦ 生活の中で言葉の楽しさや美しさに気付く。
- ⑧ いろいろな体験を通じてイメージや言葉を豊かにする。
- ⑨ 絵本や物語などに親しみ、興味をもって聞き、想像をする楽しさを味わう。
- ⑩ 日常生活の中で、文字などで伝える楽しさを味わう。

(ウ) 内容の取扱い

上記の取扱いに当たっては、次の事項に留意する必要がある。
- ① 言葉は、身近な人に親しみをもって接し、自分の感情や意志などを伝え、それに相手が応答し、その言葉を聞くことを通して次第に獲得されていくものであることを考慮して、子どもが保育士等や他の子どもと関わることにより心を動かされるような体験をし、言葉を交わす喜びを味わえるようにすること。
- ② 子どもが自分の思いを言葉で伝えるとともに、保育士等や他の子どもなどの話を興味をもって注意して聞くことを通して次第に話を理解するようになっていき、言葉による伝え合いができるようにすること。
- ③ 絵本や物語などで、その内容と自分の経験とを結び付けたり、想像を巡らせたりするなど、楽しみを十分に味わうことによって、次第に豊かなイメージをもち、言葉に対する感覚が養われるようにすること。
- ④ 子どもが生活の中で、言葉の響きやリズム、新しい言葉や表現などに触れ、これらを使う楽しさを味わえるようにすること。その際、絵本や物語に親しんだり、言葉遊びなどをしたりすることを通して、言葉が豊かになるようにすること。
- ⑤ 子どもが日常生活の中で、文字などを使いながら思ったことや考えたことを伝える喜びや楽しさを味わい、文字に対する興味や関心をもつようにすること。

オ 表現

感じたことや考えたことを自分なりに表現することを通して、豊かな感性や表現する力を養い、創造性を豊かにする。

(ア) ねらい
- ① いろいろなものの美しさなどに対する豊かな感性をもつ。
- ② 感じたことや考えたことを自分なりに表現して楽しむ。
- ③ 生活の中でイメージを豊かにし、様々な表現を楽しむ。

(イ) 内容
- ① 生活の中で様々な音、形、色、手触り、動きなどに気付いたり、感じたりするなどして楽しむ。
- ② 生活の中で美しいものや心を動かす出来事に触れ、イメージを豊かにする。
- ③ 様々な出来事の中で、感動したことを伝え合う楽しさを味わう。
- ④ 感じたこと、考えたことなどを音や動きなどで表現したり、自由にかいたり、つくったりなどする。
- ⑤ いろいろな素材に親しみ、工夫して遊ぶ。
- ⑥ 音楽に親しみ、歌を歌ったり、簡単なリズム楽器を使ったりなどする楽しさを味わう。
- ⑦ かいたり、つくったりすることを楽しみ、遊びに使ったり、飾ったりなどする。
- ⑧ 自分のイメージを動きや言葉などで表現したり、演じて遊んだりするなどの楽しさを味わう。

(ウ) 内容の取扱い

上記の取扱いに当たっては、次の事項に留意する必要がある。
- ① 豊かな感性は、身近な環境と十分に関わる中で美しいもの、優れたもの、心を動かす出来事などに出会い、そこから得た感動を他の子どもや保育士等と共有し、様々に表現することなどを通して養われるようにすること。その際、風の音や雨の音、身近にある草や花の形や色など自然の中にある音、形、色などに気

付くようにすること。
② 子どもの自己表現は素朴な形で行われることが多いので、保育士等はそのような表現を受容し、子ども自身の表現しようとする意欲を受け止めて、子どもが生活の中で子どもらしい様々な表現を楽しむことができるようにすること。
③ 生活経験や発達に応じ、自ら様々な表現を楽しみ、表現する意欲を十分に発揮させることができるように、遊具や用具などを整えたり、様々な素材や表現の仕方に親しんだり、他の子どもの表現に触れられるよう配慮したりし、表現する過程を大切にして自己表現を楽しめるように工夫すること。

(3) 保育の実施に関わる配慮事項
ア 第1章の4の(2)に示す「幼児期の終わりまでに育ってほしい姿」が、ねらい及び内容に基づく活動全体を通して資質・能力が育まれている子どもの小学校就学時の具体的な姿であることを踏まえ、指導を行う際には適宜考慮すること。
イ 子どもの発達や成長の援助をねらいとした活動の時間については、意識的に保育の計画等において位置付けて、実施することが重要であること。なお、そのような活動の時間については、保護者の就労状況等に応じて子どもが保育所で過ごす時間がそれぞれ異なることに留意して設定すること。
ウ 特に必要な場合には、各領域に示すねらいの趣旨に基づいて、具体的な内容を工夫し、それを加えても差し支えないが、その場合には、それが第1章の1に示す保育所保育に関する基本原則を逸脱しないよう慎重に配慮する必要があること。

4 保育の実施に関して留意すべき事項
(1) 保育全般に関わる配慮事項
ア 子どもの心身の発達及び活動の実態などの個人差を踏まえるとともに、一人一人の子どもの気持ちを受け止め、援助すること。
イ 子どもの健康は、生理的・身体的な育ちとともに、自主性や社会性、豊かな感性の育ちとがあいまってもたらされることに留意すること。
ウ 子どもが自ら周囲に働きかけ、試行錯誤しつつ自分の力で行う活動を見守りながら、適切に援助すること。
エ 子どもの入所時の保育に当たっては、できるだけ個別的に対応し、子どもが安定感を得て、次第に保育所の生活になじんでいくようにするとともに、既に入所している子どもに不安や動揺を与えないようにすること。
オ 子どもの国籍や文化の違いを認め、互いに尊重する心を育てるようにすること。
カ 子どもの性差や個人差にも留意しつつ、性別などによる固定的な意識を植え付けることがないようにすること。

(2) 小学校との連携
ア 保育所においては、保育所保育が、小学校以降の生活や学習の基盤の育成につながることに配慮し、幼児期にふさわしい生活を通じて、創造的な思考や主体的な生活態度などの基礎を培うようにすること。
イ 保育所保育において育まれた資質・能力を踏まえ、小学校教育が円滑に行われるよう、小学校教師との意見交換や合同の研究の機会などを設け、第1章の4の(2)に示す「幼児期の終わりまでに育って欲しい姿」を共有するなど連携を図り、保育所保育と小学校教育との円滑な接続を図るよう努めること。
ウ 子どもに関する情報共有に関して、保育所に入所している子どもの就学に際し、市町村の支援の下に、子どもの育ちを支えるための資料が保育所から小学校へ送付されるようにすること。

(3) 家庭及び地域社会との連携
子どもの生活の連続性を踏まえ、家庭及び地域社会と連携して保育が展開されるよう配慮すること。その際、家庭や地域の機関及び団体の協力を得て、地域の自然、高齢者や異年齢の子ども等を含む人材、行事、施設等の地域の資源を積極的に活用し、豊かな生活体験をはじめ保育内容の充

実が図られるよう配慮すること。

第3章　健康及び安全

保育所保育において、子どもの健康及び安全の確保は、子どもの生命の保持と健やかな生活の基本であり、一人一人の子どもの健康の保持及び増進並びに安全の確保とともに、保育所全体における健康及び安全の確保に努めることが重要となる。

また、子どもが、自らの体や健康に関心をもち、心身の機能を高めていくことが大切である。

このため、第1章及び第2章等の関連する事項に留意し、次に示す事項を踏まえ、保育を行うこととする。

1　子どもの健康支援

（1）子どもの健康状態並びに発育及び発達状態の把握

ア　子どもの心身の状態に応じて保育するために、子どもの健康状態並びに発育及び発達状態について、定期的・継続的に、また、必要に応じて随時、把握すること。

イ　保護者からの情報とともに、登所時及び保育中を通じて子どもの状態を観察し、何らかの疾病が疑われる状態や傷害が認められた場合には、保護者に連絡するとともに、嘱託医と相談するなど適切な対応を図ること。看護師等が配置されている場合には、その専門性を生かした対応を図ること。

ウ　子どもの心身の状態等を観察し、不適切な養育の兆候が見られる場合には、市町村や関係機関と連携し、児童福祉法第25条に基づき、適切な対応を図ること。また、虐待が疑われる場合には、速やかに市町村又は児童相談所に通告し、適切な対応を図ること。

（2）健康増進

ア　子どもの健康に関する保健計画を全体的な計画に基づいて作成し、全職員がそのねらいや内容を踏まえ、一人一人の子どもの健康の保持及び増進に努めていくこと。

イ　子どもの心身の健康状態や疾病等の把握のために、嘱託医等により定期的に健康診断を行い、その結果を記録し、保育に活用するとともに、保護者が子どもの状態を理解し、日常生活に活用できるようにすること。

（3）疾病等への対応

ア　保育中に体調不良や傷害が発生した場合には、その子どもの状態等に応じて、保護者に連絡するとともに、適宜、嘱託医や子どものかかりつけ医等と相談し、適切な処置を行うこと。看護師等が配置されている場合には、その専門性を生かした対応を図ること。

イ　感染症やその他の疾病の発生予防に努め、その発生や疑いがある場合には、必要に応じて嘱託医、市町村、保健所等に連絡し、その指示に従うとともに、保護者や全職員に連絡し、予防等について協力を求めること。また、感染症に関する保育所の対応方法等について、あらかじめ関係機関の協力を得ておくこと。看護師等が配置されている場合には、その専門性を生かした対応を図ること。

ウ　アレルギー疾患を有する子どもの保育については、保護者と連携し、医師の診断及び指示に基づき、適切な対応を行うこと。また、食物アレルギーに関して、関係機関と連携して、当該保育所の体制構築など、安全な環境の整備を行うこと。看護師や栄養士等が配置されている場合には、その専門性を生かした対応を図ること。

エ　子どもの疾病等の事態に備え、医務室等の環境を整え、救急用の薬品、材料等を適切な管理の下に常備し、全職員が対応できるようにしておくこと。

2　食育の推進

（1）保育所の特性を生かした食育

ア　保育所における食育は、健康な生活の基本としての「食を営む力」の育成に向け、その基礎を培うことを目標とすること。

イ　子どもが生活と遊びの中で、意欲をもって食に関わる体験を積み重ね、食べることを楽しみ、食事を楽しみ合う子どもに成長していくことを期待するものであること。

ウ　乳幼児期にふさわしい食生活が展開さ

れ、適切な援助が行われるよう、食事の提供を含む食育計画を全体的な計画に基づいて作成し、その評価及び改善に努めること。栄養士が配置されている場合は、専門性を生かした対応を図ること。
(2) 食育の環境の整備等
ア 子どもが自らの感覚や体験を通して、自然の恵みとしての食材や食の循環・環境への意識、調理する人への感謝の気持ちが育つように、子どもと調理員等との関わりや、調理室など食に関わる保育環境に配慮すること。
イ 保護者や地域の多様な関係者との連携及び協働の下で、食に関する取組が進められること。また、市町村の支援の下に、地域の関係機関等との日常的な連携を図り、必要な協力が得られるよう努めること。
ウ 体調不良、食物アレルギー、障害のある子どもなど、一人一人の子どもの心身の状態等に応じ、嘱託医、かかりつけ医等の指示や協力の下に適切に対応すること。栄養士が配置されている場合は、専門性を生かした対応を図ること。

3 環境及び衛生管理並びに安全管理
(1) 環境及び衛生管理
ア 施設の温度、湿度、換気、採光、音などの環境を常に適切な状態に保持するとともに、施設内外の設備及び用具等の衛生管理に努めること。
イ 施設内外の適切な環境の維持に努めるとともに、子ども及び全職員が清潔を保つようにすること。また、職員は衛生知識の向上に努めること。
(2) 事故防止及び安全対策
ア 保育中の事故防止のために、子どもの心身の状態等を踏まえつつ、施設内外の安全点検に努め、安全対策のために全職員の共通理解や体制づくりを図るとともに、家庭や地域の関係機関の協力の下に安全指導を行うこと。
イ 事故防止の取組を行う際には、特に、睡眠中、プール活動・水遊び中、食事中等の場面では重大事故が発生しやすいことを踏まえ、子どもの主体的な活動を大切にしつつ、施設内外の環境の配慮や指導の工夫を行うなど、必要な対策を講じること。
ウ 保育中の事故の発生に備え、施設内外の危険箇所の点検や訓練を実施するとともに、外部からの不審者等の侵入防止のための措置や訓練など不測の事態に備えて必要な対応を行うこと。また、子どもの精神保健面における対応に留意すること。

4 災害への備え
(1) 施設・設備等の安全確保
ア 防火設備、避難経路等の安全性が確保されるよう、定期的にこれらの安全点検を行うこと。
イ 備品、遊具等の配置、保管を適切に行い、日頃から、安全環境の整備に努めること。
(2) 災害発生時の対応体制及び避難への備え
ア 火災や地震などの災害の発生に備え、緊急時の対応の具体的内容及び手順、職員の役割分担、避難訓練計画等に関するマニュアルを作成すること。
イ 定期的に避難訓練を実施するなど、必要な対応を図ること。
ウ 災害の発生時に、保護者等への連絡及び子どもの引渡しを円滑に行うため、日頃から保護者との密接な連携に努め、連絡体制や引渡し方法等について確認をしておくこと。
(3) 地域の関係機関等との連携
ア 市町村の支援の下に、地域の関係機関との日常的な連携を図り、必要な協力が得られるよう努めること。
イ 避難訓練については、地域の関係機関や保護者との連携の下に行うなど工夫すること。

第4章 子育て支援

保育所における保護者に対する子育て支援は、全ての子どもの健やかな育ちを実現することができるよう、第1章及び第2章等の関連する事項を踏まえ、子どもの育ちを家庭と連携して支援していくとともに、保護者及び地域が有する子育てを自ら実践する力の向上に資するよう、次の事項に留意するものとする。

1 保育所における子育て支援に関する基本的事項

(1) 保育所の特性を生かした子育て支援
 ア 保護者に対する子育て支援を行う際には、各地域や家庭の実態等を踏まえるとともに、保護者の気持ちを受け止め、相互の信頼関係を基本に、保護者の自己決定を尊重すること。
 イ 保育及び子育てに関する知識や技術など、保育士等の専門性や、子どもが常に存在する環境など、保育所の特性を生かし、保護者が子どもの成長に気付き子育ての喜びを感じられるように努めること。
(2) 子育て支援に関して留意すべき事項
 ア 保護者に対する子育て支援における地域の関係機関等との連携及び協働を図り、保育所全体の体制構築に努めること。
 イ 子どもの利益に反しない限りにおいて、保護者や子どものプライバシーを保護し、知り得た事柄の秘密を保持すること。
2 保育所を利用している保護者に対する子育て支援
(1) 保護者との相互理解
 ア 日常の保育に関連した様々な機会を活用し子どもの日々の様子の伝達や収集、保育所保育の意図の説明などを通じて、保護者との相互理解を図るよう努めること。
 イ 保育の活動に対する保護者の積極的な参加は、保護者の子育てを自ら実践する力の向上に寄与することから、これを促すこと。
(2) 保護者の状況に配慮した個別の支援
 ア 保護者の就労と子育ての両立等を支援するため、保護者の多様化した保育の需要に応じ、病児保育事業など多様な事業を実施する場合には、保護者の状況に配慮するとともに、子どもの福祉が尊重されるよう努め、子どもの生活の連続性を考慮すること。
 イ 子どもに障害や発達上の課題が見られる場合には、市町村や関係機関と連携及び協力を図りつつ、保護者に対する個別の支援を行うよう努めること。
 ウ 外国籍家庭など、特別な配慮を必要とする家庭の場合には、状況等に応じて個別の支援を行うよう努めること。
(3) 不適切な養育等が疑われる家庭への支援
 ア 保護者に育児不安等が見られる場合には、保護者の希望に応じて個別の支援を行うよう努めること。
 イ 保護者に不適切な養育等が疑われる場合には、市町村や関係機関と連携し、要保護児童対策地域協議会で検討するなど適切な対応を図ること。また、虐待が疑われる場合には、速やかに市町村又は児童相談所に通告し、適切な対応を図ること。
3 地域の保護者等に対する子育て支援
(1) 地域に開かれた子育て支援
 ア 保育所は、児童福祉法第48条の4の規定に基づき、その行う保育に支障がない限りにおいて、地域の実情や当該保育所の体制等を踏まえ、地域の保護者等に対して、保育所保育の専門性を生かした子育て支援を積極的に行うよう努めること。
 イ 地域の子どもに対する一時預かり事業などの活動を行う際には、一人一人の子どもの心身の状態などを考慮するとともに、日常の保育との関連に配慮するなど、柔軟に活動を展開できるようにすること。
(2) 地域の関係機関等との連携
 ア 市町村の支援を得て、地域の関係機関等との積極的な連携及び協働を図るとともに、子育て支援に関する地域の人材と積極的に連携を図るよう努めること。
 イ 地域の要保護児童への対応など、地域の子どもを巡る諸課題に対し、要保護児童対策地域協議会など関係機関等と連携及び協力して取り組むよう努めること。

第5章 職員の資質向上

第1章から前章までに示された事項を踏まえ、保育所は、質の高い保育を展開するため、絶えず、一人一人の職員についての資質向上及び職員全体の専門性の向上を図るよう努めなければならない。

1 職員の資質向上に関する基本的事項
(1) 保育所職員に求められる専門性
  子どもの最善の利益を考慮し、人権に配

慮した保育を行うためには、職員一人一人の倫理観、人間性並びに保育所職員としての職務及び責任の理解と自覚が基盤となる。

各職員は、自己評価に基づく課題等を踏まえ、保育所内外の研修等を通じて、保育士・看護師・調理員・栄養士等、それぞれの職務内容に応じた専門性を高めるため、必要な知識及び技術の修得、維持及び向上に努めなければならない。

(2) 保育の質の向上に向けた組織的な取組

保育所においては、保育の内容等に関する自己評価等を通じて把握した、保育の質の向上に向けた課題に組織的に対応するため、保育内容の改善や保育士等の役割分担の見直し等に取り組むとともに、それぞれの職位や職務内容等に応じて、各職員が必要な知識及び技能を身につけられるよう努めなければならない。

2 施設長の責務
(1) 施設長の責務と専門性の向上

施設長は、保育所の役割や社会的責任を遂行するために、法令等を遵守し、保育所を取り巻く社会情勢等を踏まえ、施設長としての専門性等の向上に努め、当該保育所における保育の質及び職員の専門性向上のために必要な環境の確保に努めなければならない。

(2) 職員の研修機会の確保等

施設長は、保育所の全体的な計画や、各職員の研修の必要性等を踏まえて、体系的・計画的な研修機会を確保するとともに、職員の勤務体制の工夫等により、職員が計画的に研修等に参加し、その専門性の向上が図られるよう努めなければならない。

3 職員の研修等
(1) 職場における研修

職員が日々の保育実践を通じて、必要な知識及び技術の修得、維持及び向上を図るとともに、保育の課題等への共通理解や協働性を高め、保育所全体としての保育の質の向上を図っていくためには、日常的に職員同士が主体的に学び合う姿勢と環境が重要であり、職場内での研修の充実が図られなければならない。

(2) 外部研修の活用

各保育所における保育の課題への的確な対応や、保育士等の専門性の向上を図るためには、職場内での研修に加え、関係機関等による研修の活用が有効であることから、必要に応じて、こうした外部研修への参加機会が確保されるよう努めなければならない。

4 研修の実施体制等
(1) 体系的な研修計画の作成

保育所においては、当該保育所における保育の課題や各職員のキャリアパス等も見据えて、初任者から管理職員までの職位や職務内容等を踏まえた体系的な研修計画を作成しなければならない。

(2) 組織内での研修成果の活用

外部研修に参加する職員は、自らの専門性の向上を図るとともに、保育所における保育の課題を理解し、その解決を実践できる力を身に付けることが重要である。また、研修で得た知識及び技能を他の職員と共有することにより、保育所全体としての保育実践の質及び専門性の向上につなげていくことが求められる。

(3) 研修の実施に関する留意事項

施設長等は保育所全体としての保育実践の質及び専門性の向上のために、研修の受講は特定の職員に偏ることなく行われるよう、配慮する必要がある。また、研修を修了した職員については、その職務内容等において、当該研修の成果等が適切に勘案されることが望ましい。

索引

あ〜お

愛染橋保育所	157
赤沢鐘美	156
アクション・リサーチ	166
アクティブ・ラーニング	112
足利学校	153
預かり保育	42
遊び	72,97
アテネ	140
アドボカシー	23
アドボケート	23
亜米利加婦人教授所	155
アリエス，P.	144
アレルギー疾患	54
安全管理	101
安全・防災対策	24
ECERS	174
イエス・キリスト	140
育児休暇	92
育児休業取得率	177
1号認定	44,46
一時預かり	17,89
一時預かり事業	29,34
一斉活動	74
1.57ショック	176
ウェルビーイング	6
ウェルフェア	6
エコール・マテルネル	169
SSTEW	124,174
エピソード記録	130
エミール	141
エレン・ケイ	146
エンゼルプラン	177
園庭	74
及川平治	160,162
オウエン，R.	142
応能負担	28,48
近江聖人	153
往来物	154
OECD	172
大原左金吾	155
岡山学校	154
岡山孤児院	157
屋外遊戯場	40
恩物	143,158

か〜こ

カー，M.	171
改善	125
核家族化	68
学制	155
学令	152
筧雄平	156
鹿児島女子師範学校附属幼稚園	156
学校教育法	8
学校教育法施行規則	41
活動的作業	147
家庭教育	140,142
家庭支援専門相談員	37
家庭的保育	28
家庭的保育事業	32,181
家庭的保育者	32
家庭養護	36
金沢文庫	153
カリキュラム	125
カリキュラム・マネジメント	58,63,125
感覚教具	147
環境	57,70,98,138
…の再構成	73,122
環境構成	74,105,122
監査	14
虐待	21,46,80
キャリアパス	54,183
給付費	48
教育	4,42
…の目的	8
教育課程	41,63,107,118,125,132
教育基本法	8,181
教育基本法前文	8
教育水準監査院	168
『教育に関する考察』	150
教会学校	140
きょうだい	46
協同的な学び	110
興味関心	76
教諭	41
居宅訪問型保育	28,33
居宅訪問型保育事業	181
キリスト教	140
記録	118,129
Kindergarten	143
近代家族	144
空海	152
苦情解決	19
CLASS	174
倉橋惣三	2,159
桑田親五	156
ケイ，E. K. S.	146
計画	58,125
軽減措置	49
減災	26
権利擁護	23
誤飲	101
公開保育	126
合計特殊出生率	176
厚生労働省	62
公定価格	48
誤嚥	101
戸外保育学校	145
個人記録	129
個人情報の保護	19
子育て支援	16,54,60,89,165
子宝思想	152
国家資格	16
ごっこ遊び	72
子どもオンブズパーソン制度	167
子ども家庭福祉	16
子ども・子育て応援プラン	178
子ども・子育て会議	29,180
子ども・子育て関連3法	28,179
子ども・子育て支援	184
子ども・子育て支援給付	180
子ども・子育て支援新制度	28
子ども・子育てビジョン	179,184
子どもセンター	167
子どもの家	147
子どもの健康と安全	93
子どもの権利条約	5
子どもの最善の利益	4,29,52
子どもの貧困	23
子どもの貧困率	183
子ども理解	117,128
子どもを守る地域ネットワーク	22
個別計画	85
コメニウス，J. A.	141
子守学校	155,156
子守教育法	156
こんにちは赤ちゃん事業	23

さ〜そ

災害への備え　24,54
最澄　152
佐藤信淵　155
里親　37
3号認定　44,46
CIS　174
慈育館　155
事業所内保育　28
事業所内保育事業　181
事業所内保育施設　32
事故　101
試行錯誤　76
自己肯定感　58,99,105,164
自己評価　85
事故防止　101
自己有能感　164
私塾　154
閑谷学校　154
次世代育成支援対策推進法　178
施設型給付　28,180
施設型給付費　48
施設養護　36
自然災害　24
自尊心　105
市町村子ども・子育て支援事業計画　29
実験学校　142,147
実行　125
児童家庭福祉　16
児童虐待　20,36,80
児童虐待の防止に関する法律（児童虐待防止法）　20
児童ケア法　168
指導計画　85,120,132
児童指導員　37
児童神性論　143
児童相談所　20
児童中心主義　146,158
児童手当　180
児童の権利に関する条約　5
児童の世紀　146
児童福祉　16
児童福祉施設　14
児童福祉施設最低基準　14
児童福祉施設の設備及び運営に関する基準
　4,14,36,40,52,92
児童福祉法　6
　…第2条〔児童育成の責任〕　2

児童養護施設　37
社会資源　18
社会的責任　18,57
社会的発達　80
社会的養護　36
シュア・スタート　167
自由遊び　74
就学前の子どもに関する教育、保育等の総合的な提供の推進に関する法律
　30,42,64
集団教育　185
修道院学校　140
綜芸種智院　152
手工教育　141
主席保姆　156
主体性　73
主体的な活動　73
小1プロブレム　77
頌栄保姆伝習所　156
小学　155
小学校学習指導要領　112
小学校学習指導要領解説　136
小学校との連携　111
小規模保育　28
小規模保育事業　32,181
消極教育　141
少子化　68
少子化社会対策基本法　178,179
少子化社会対策大綱　179
少子化対策推進基本方針　177
少子化対策プラスワン　178
象徴機能　98
情緒の安定　82,105
昌平坂学問所　153
初等教育法　144
新エンゼルプラン　177
新教育運動　146,162
人権　18
尋常小学　155
親族里親　37
新待機児童ゼロ作戦　178
身体教育　141
身体的発達　80
人的環境　70
人文主義　141
垂統秘録　155
スタート・カリキュラム　77,112,137
スパルタ　140
すべての子どもへの幼児教育　172
性格形成学院　142

生活　72
生活習慣　100
生活保護世帯　46
省察　124,137
精神的発達　80
生命の保持　82,105
世界図絵　141
関信三　156
接続　77,136
説明責任　18
潜在的待機児童　182
潜在保育士　182
戦争孤児の教育　142
全体的な計画　54,118,132
全米乳幼児教育協会　170
専門里親　37
創意工夫　125
総合的な保育　72
相談援助　88
ソーンダイク，E.L.　145
措置制度　14

た〜と

待機児童　6,28,30,50,80,92,182
待機児童ゼロ作戦　178
大教授学　141
大宝律令　152
田中不二麻呂　156
多様性　11
短期指導計画　120,132
探索活動　93
担当制　86
地域型保育　32,80,92
地域型保育給付　28,180
地域型保育給付費　48
地域子育て支援拠点事業　28,33
地域子ども・子育て支援事業
　23,28,33,180
地域連携　35
地方裁量型認定こども園　30
長期指導計画　120,132
直観教育　141
チルドレン・ファースト　184
通告　19
通告義務　20,21
積み木　99
DV　46
テ・ファリキ　124,171
デューイ，J.　125,145,147,158

寺子屋	154
伝統的家族	144
ドイツ語幼稚園	145
東京女子師範学校附属幼稚園	8,156
東京女子師範学校附属幼稚園保姆練習科	156
藤樹書院	153
道徳教育	141
ドキュメンテーション	166
徳育	150
ドメスティック・バイオレンス	46
豊田芙雄	156

な〜の

内容	59,82,107,133
…に関する取扱い	59
…の取扱い	82,102
中江藤樹	153
中村五六	158
中村正直	156
新潟静修学校	156
2号認定	44,46
ニッポン一億総活躍プラン	179
ニュージーランド・プランケット協会	170
乳児院	36
乳児家庭全戸訪問事業	23
乳児室	40
乳児保育	80
認可外保育施設	14,32
認可保育所	52
人間中心主義	141
認定こども園	28,30,64
認定こども園法	30,42,64
認定証	47
ねらい	82,107,122,133
ねらい及び内容	59,105

は〜ほ

配置基準	92
配慮義務	46
配慮事項	86
ハウ,A.L.	156
育みたい資質・能力	9,53,59
白紙説	150
発達過程	85
母親学校	141
母親教育	148
母の歌と愛撫の歌	143
藩校	154
万人のための教育	172
万有在神論	143
PDCAサイクル	125,137
ピーボディ,E.P.	145
ひとり親家庭	23,46
避難訓練	24,26
秘密保持義務	19
ヒヤリハット	101
ヒューマニズム	141
評価	58,123,125,173
病児保育	35
病児保育事業	29
敏感期	147
貧民教育	142
深い学び	77
二葉幼稚園	157
物的環境	70
不適切な養育	21,60
不慮の事故	101
プレイセンター	170
フレーベル,F.W.	143,145,158
フレーベル主義	145
プレスクール・カリキュラム	166
プロジェクト	160
文芸復興	141
ペスタロッチー,J.H.	142
ヘックマン,J.J.	165
ヘッド・スタート計画	169
ベビーホテル	14
保育	3,4,8,164
…に欠ける	45,176
…の環境	57,138
…の計画	117
…の質	173
…の実施に関わる配慮事項	82
…の特性	4
…の内容	52,59
…の必要量	46
…の方法	57,69
…の目標	56,68
…を必要とする	45,176
保育園	52
保育学校	145
保育学校規程	145
保育環境評価スケール	124,174
保育教諭	42,185
保育士	16,40,62,185
…の定義	6
保育時間	40
保育士等キャリアアップ研修ガイドライン	54,183,186
保育所	14,30,40
…の社会的責任	5
…の目的	4
保育所型認定こども園	30
保育所児童保育要録	129
保育所保育指針	4,9,52,104
…第2章(保育の内容)	59
…第4章(子育て支援)	60
保育短時間	46
保育標準時間	46
「保育プロセスの質」評価スケール	124,174
放課後児童クラブ	29
放課後児童健全育成事業	29
防災	24,26
法定代理受領	48
ポートフォリオ	129
保活	50
保護者支援	88
母子及び父子並びに寡婦福祉法	46
保姆	8,156
保母	16

ま〜も

マクミラン姉妹	144
学びの評価	171
学びの物語	171
名称独占	16
モニタリング	125
模倣	72
モンテッソーリ,M.	147
モンテッソーリ教具	147
文部科学省	62

や〜よ

火傷	101
山上憶良	152
遊戯	140
遊戯室	40
遊戯廠	155
優先利用	46
誘導保育	159
ユニセフ(UNICEF)	172
ユネスコ(UNESCO)	172
養育里親	37

養育支援訪問事業 23
養育の館 155
養護 4,56,58,86,116
養子縁組里親 37
幼児学校 142
幼児期の終わりまでに育ってほしい姿 9,53,59,63,107,132
幼児期の教育 9
幼児教育 53
幼稚園 8,30,41,143,156
幼稚園型認定こども園 30
幼稚園記 156
幼稚園教育要領 9,63
幼稚園教諭 8,62,185
幼稚園設置基準 41
幼稚園保育及設備規程 157
幼稚園令 157
幼稚小学 155
幼穉遊嬉場 155
要保護児童 22
要保護児童対策地域協議会 22
幼保連携型認定こども園 28,30,42
幼保連携型認定こども園教育・保育要領 9,64
幼保連携型認定こども園の学級の編制、職員、設備及び運営に関する基準 42

ら〜ろ

ラーニング・ストーリー 124
六諭衍義大意 154
リスクマネジメント 24
柳池小学校 155
利用者支援 35
利用者支援事業 29,35,50
利用者負担額 48
利用料 48
倫理 10
倫理観 10
ルソー, J. J. 140,141
ルネサンス 141
連携施設 32
連絡帳 129
ロック, J. 150

わ〜ん

渡辺嘉重 156
わらべうた 90

新・基本保育シリーズ

【企画委員一覧】(五十音順)

◎ 委員長　○ 副委員長

相澤　仁(あいざわ・まさし)	大分大学教授、元厚生労働省児童福祉専門官
天野珠路(あまの・たまじ)	鶴見大学短期大学部教授、元厚生労働省保育指導専門官
石川昭義(いしかわ・あきよし)	仁愛大学教授
近喰晴子(こんじき・はるこ)	東京教育専門学校専任講師、秋草学園短期大学特任教授
清水益治(しみず・ますはる)	帝塚山大学教授
新保幸男(しんぽ・ゆきお)	神奈川県立保健福祉大学教授
千葉武夫(ちば・たけお)	聖和短期大学学長
寺田清美(てらだ・きよみ)	東京成徳短期大学教授
◎西村重稀(にしむら・しげき)	仁愛大学名誉教授、元厚生省保育指導専門官
○松原康雄(まつばら・やすお)	明治学院大学学長
矢藤誠慈郎(やとう・せいじろう)	岡崎女子大学教授

(2018年12月1日現在)

【編集・執筆者一覧】

編集

天野珠路(あまの・たまじ)　　　　鶴見大学短期大学部教授、元厚生労働省保育指導専門官
北野幸子(きたの・さちこ)　　　　神戸大学大学院准教授

執筆者(五十音順)

天野珠路(あまの・たまじ)	(前掲)	第1講・第2講・第5講・第7講・第8講
金子　幸(かねこ・さち)	南九州大学講師	第11講
北野幸子(きたの・さちこ)	(前掲)	第9講・第10講・第13講・第14講・第15講
竹石聖子(たけいし・しょうこ)	常葉大学短期大学部准教授	第6講
中谷奈津子(なかたに・なつこ)	神戸大学大学院准教授	第3講・第4講
椋木香子(むくぎ・きょうこ)	宮崎大学大学院教授	第12講

保育原理
新・基本保育シリーズ①

2019年2月1日　初　版　発　行
2025年2月1日　初版第2刷発行

監　修	公益財団法人 児童育成協会
編　集	天野珠路・北野幸子
発行者	荘村明彦
発行所	中央法規出版株式会社
	〒110-0016 東京都台東区台東3-29-1　中央法規ビル
	営　　業　Tel 03(3834)5817　Fax 03(3837)8037
	書店窓口　Tel 03(3834)5815　Fax 03(3837)8035
	編　　集　Tel 03(3834)5812　Fax 03(3837)8032
	https://www.chuohoki.co.jp/
印刷・製本	株式会社太洋社
装　幀	甲賀友章(Magic-room Boys)
カバーイラスト	永井貴治(社会福祉法人 富岳会)
本文デザイン	タイプフェイス

定価はカバーに表示してあります。
ISBN978-4-8058-5781-6

本書のコピー、スキャン、デジタル化等の無断複製は、著作権法上での例外を除き禁じられています。また、本書を代行業者等の第三者に依頼してコピー、スキャン、デジタル化することは、たとえ個人や家庭内での利用であっても著作権法違反です。

落丁本・乱丁本はお取替えいたします。

本書の内容に関するご質問については、下記URLから「お問い合わせフォーム」にご入力いただきますようお願いいたします。
https://www.chuohoki.co.jp/contact/